行动学习内部促动师培养工作坊

行动学习提升组织绩效与核心竞争力

行动学习鱼缸会议工作坊

行动学习项目启动会

行动学习

让培训直接产生绩效

觉知行行动学习研究院　刘世龙◎著

北京联合出版公司
Beijing United Publishing Co.,Ltd.

图书在版编目（CIP）数据

行动学习 : 让培训直接产生绩效 / 刘世龙著. -- 北京 : 北京联合出版公司，2018.6

ISBN 978-7-5596-1921-1

Ⅰ. ①行… Ⅱ. ①刘… Ⅲ. ①企业管理—职工培训 Ⅳ. ① F272.921

中国版本图书馆 CIP 数据核字（2018）第068079号

行动学习：让培训直接产生绩效

作　　者：刘世龙

选题策划：北京时代光华图书有限公司

责任编辑：郑晓斌　徐　樟

特约编辑：卢倩倩

封面设计：新艺书文化

版式设计：曾　放　程海林

北京联合出版公司出版

（北京市西城区德外大街83号楼9层　100088）

北京晨旭印刷厂印刷　新华书店经销

字数278千字　787毫米×1092毫米　1/16　19.5印张

2018年6月第1版　2018年6月第1次印刷

ISBN 978-7-5596-1921-1

定价：68.00元

推荐语

尹薇

美的学院院长

历年来，美的集团培养梯队人才都是不遗余力的。集团近年来致力于培养“85后”未来领导者的“新睿远航”项目，更是倾注了从集团人力资源部门、美的学院到业务部门高管的心血。除了定制化培训和标杆学习，行动学习是项目的一大亮点。刘世龙老师在行动学习教学引导方面独树一帜，循循善诱，善于使用方法与工具，使学员悟到如何学习；与美的高管导师一起，悉心指导学员，借由行动真正带来业务价值。刘老师直言不讳，是年轻的“新睿远航人”的良师益友。愿这本凝聚了他行动学习实践精粹的书为更多的年轻管理者带来养分，让更多的企业受益于行动学习。

李国峰

中信银行资产管理业务中心总裁

刘世龙老师的行动学习顺应了时代发展的变化，创新了绩效突破的思维，颠覆了传统培训的模式，彰显了第一生产力的价值！

周早林
高级经济师
中国银行湖北省分行营业部原总经理
教育部教育发展研究中心特聘专家

正在爆发的第四次工业革命，即是以人工智能为代表的新一代信息技术革命，把人（组织、团队）与人（组织、团队）之间的竞争，最终升级到人（组织、团队）与人（组织、团队）之间学习和学习能力的竞争。

刘世龙老师书中所提倡的行动学习，强调边干边学，干中学、学中干，就是当前教育界正在兴起的产教融合的成教版。从解决实际问题出发，将工作过程学习化、学习过程工作化，或将成为未来人类社会发展进步的一大趋势。

我们每个社会组织、每个团队都希望实现自身团队成员的自我认识和自我突破，走出原有学习、生活习惯的心理舒适区，不断地学习、质疑、反思、行动，最终完成心智模式再造、理念重塑、能力提升和绩效倍增，本书或许会带给读者们有益的帮助。

高旭升
方太大学执行校长

刘世龙老师是第一位正式将行动学习带到方太的顾问专家。行动学习自那时起就在方太遍地开花。它不仅仅是一种学习技术，更是一种工作方式。它颠覆了传统讲授的方式，让学员们围绕实际业务问题相互启发和学习，不仅提高了学员的参与度，发挥了创造力和主观能动性，而且直接提供了问题的解决方案，提高了工作绩效。

目前，方太在企业文化学习、战略会议研讨、业务问题解决等方面都广泛运用行动学习的方法，深受广大员工的好评。“一时劝人以口，百世劝人以书。”希望借助这本书的出版，让更多人与行动学习结缘，让刘老师多年沉淀的智慧发扬光大。

王自生

美国注册财务策划师学会中国理事会理事

刘世龙老师倡导的行动学习犹如打开了一扇窗，一扇反思之窗、一扇总结之窗、一扇自我认知之窗、一扇自我突破之窗，给人拨云见日、迷津识途的感觉。

前　言

当金融危机席卷全球之时，企业的外部经营环境急剧恶化，去产能、调结构的客观要求使得诸多企业无法置身事外。加上近几年来企业业绩下滑、利润下滑、人才流失对企业管理者，尤其是高层管理者提出了新的挑战。因此，迅速提升企业管理者的领导力和管理效能，开发企业员工智能因应环境的急剧变化，成为摆在很多企业面前的核心任务。同时，它也是企业进一步发展、实现基业长青必须跨越的障碍。

企业管理者接触了不少理论、理念和方法，而能真正辅助实践、施之有效的又有多少呢？企业每年用在管理与领导能力方面的培训占用了大量的经费，但真正对团队业绩产生推动的价值又有多少呢？基于传统经典领导管理理论的各种培训课程，真正对现代新型企业团队发挥作用的又能有多少呢？

对此，恐怕很多人心里都有数，投入的人力、物力、财力不少，但收效并不大。那么，如何才能解决这一难题呢？答案就是“行动学习”。

行动学习对不少中国企业来说，还算是一个新生事物。

如果您：

用习惯的管理模式发觉无法达到预期的效果；

感觉自己现在已经做得很好，还想做得更好；

想拥有主动思考的员工，提升员工的执行力；

希望应对环境的急剧变化，创造满意的业绩；

就需要完成从传统学习到行动学习（即从传统管理者到促动型管理者）的转型！

行动学习，这几年在国内的培训领域和企业界很火爆，成了热点词汇和高频词汇。与此同时，国内外还出版了很多关于行动学习的专业书籍。大家对行动学习的理解和出发点不尽相同，出现了很多行动学习的流派。

比如，科学方法流派，就是主要基于雷格·瑞文斯的研究的一种流派。它主张学习通过提问而发生，并形成了一个学习公式——“L=P+Q”。其中，L代表学习，P代表程序性知识，Q代表质疑性见解。

比如，经验流派，就是主要基于库伯经验学习圈（experiential learning）的一种学派。库伯经验学习圈强调，经验由模拟进入人的内心，再形成对经验的看法与反思，通过理论检验这些看法进一步做出解释，最后将新的理解应用到实践中，形成新的学习环。行动学习可以使这样的学习环在每个阶段都发生，从而提升工作效果。

比如，批判性反思流派认为，行动学习要超越经验流派的简单反思，应该更注重批判性反思。所谓批判性反思，即人在反思时应该超越自己的预设立场与心智模式，跳出自己原本的环境因素影响形成的思维定式和行为定式。这种方式能更好地超越个人立场或个人假设，并且对组织存在的或想当然设定的标准进行检视与反思。

比如，绩效流派的主要关注点是组织的经营绩效通过行动和挑战性课题获得最终结果。绩效流派的假设通过群策群力、全力以赴，使参与者共同努力，将组织系统内部互通互联，同时得到来自企业内外部专家提供的专业引导促动。在参与者达成组织目标的过程中，学习就会发生。学习过程中，以克服组织的挑战性目标作为明确的关注点，基于此进行能力短板或相关技能的系列学习。

综上所述，行动学习正呈现出一种“百花齐放”的局面。与此同时，行动学习也成了企业界关注的焦点。其实，行动学习对于很多世界 500 强企业来说，已经是内化至各种管理活动、培训项目、绩效发展项目中的一套流程了。尽管不同企业给它起了不同的名字，如 GE（通用电气公司）的“群策群力”、微软的“团队精神”、摩托罗拉的“六西格玛”、丰田的“KAIZEN（持续改善）”等，但其实质都是行动学习。

遗憾的是，行动学习由于带了“学习”两个字，总是被国内许多企业管理者忽略。看到“学习”这两个字，他们往往认为是人力资源部门的事情，将其扔给人力资源部门就好。在他们看来，这不过又是一套什么培训项目，就犹如当初的学习型组织[①]一样，根本没有兴趣去探究其实质。

事实上，行动学习的本质就是一场“赢的游戏”。它赋予团队梦想，

---

① 学习型组织是美国学者彼得·圣吉在《第五项修炼》一书中提出的管理观念。其主要观点是，面临变化剧烈的外在环境，组织应力求精简、扁平化、弹性因应、终生学习，不断自我组织再造，以维持竞争力。

让团队树立起一定创造奇迹的信念，鼓励团队在曲折与泥泞中坚持到无能为力（“打通最后一米”），同时不断完善创新游戏规则（精神与物质）。在这场“赢的游戏”当中，梦想是牵引，信念是基石，坚持是根本，创新是源泉。

既然如此，我们该怎么去赢得行动学习这场“赢的游戏”呢？目前，除了上面提到的国内外出版的相关专业书籍，以及一些有志于行动学习的有识之士已经翻译或撰写过有关行动学习的研究文章，很多组织还进行了大量的行动学习实践，比如华润集团、中粮集团等诸多企业。就是笔者自己，也在众多企业，比如中粮集团、vivo、美的集团、艾默生、广百集团、中国移动、华立仪表集团、大铲湾码头、韩泰轮胎、方太集团、海大集团等，特别是银行系统，如农业银行、工商银行、建设银行、中国银行、招商银行、中信银行等，导入了不少行动学习项目。

有鉴于此，在这本书里，笔者没有花大量的篇幅去讲解“什么是行动学习”“为什么要进行行动学习”等问题。毕竟，在这个知识一点即得的时代，关于“是什么”和“为什么”这类问题的答案，用搜索引擎很容易就可以查到。而且，一些相关的专业书籍也会为此提供系统准确的回答。

同时，笔者也发现，目前有关行动学习的书籍不少，侧重点也各有不同，有的是谈理论，有的是谈某项专门的行动学习促动技术，还有的是谈一些基本流程等，但很少有既能真正将东方的哲学思想和西方的科学管理技术完美融合，又能结合本土实战案例的实操性强的行动学习项目落地指南。这就使得很多学员在组织中推行行动学习时还是困惑不已，困难重重，犹如老虎吃刺猬一样，无从下口。

笔者写这本书就是希望能解决他们的困惑。跟以往的同类图书不同，本书主要回答了关注行动学习的企业的经营者、管理者，人力资源、培训管理者，在了解、体验、参与行动学习过程中遇到的一些困惑、问题。另外，本书还基于笔者十多年的行动学习项目实践经验，尤其是行动学习如何在组织中落地的实操经验，进行了分享。

提到行动学习落地，就不能不提到培训。目前，企业培训的效果多数情况下并不理想，“培训时激动，培训中感动，培训后不动”是家常便饭。很多培训师也因为“培训满意度调研表”的制约，只把关注点放在如何让学员感受快乐，而非学习上。这样一来，再好的技术和方法也只能停留在知识传授层面，而不能实现“行为—绩效”的转变。

笔者之所以矢志不渝地推广行动学习，就是因为不愿意再受“培训娱乐化”“知识碎片化”等行业现状的影响，不愿意再去迎合行业中的种种乱象。笔者很赞同 GE 的前 CEO 杰克·韦尔奇先生所说的，“行动学习是促使 GE 转变的最主要方式。”

笔者接触过很多企业的人力资源部门和培训部门的管理者。虽然大部分人认为现有的传统课堂的培训效果不理想，都认为行动学习这个方式很好，真正要去践行与推行的时候却没多少人愿意尝试。他们要么是嫌麻烦，感觉需要协调的事很多；要么是叶公好龙，仅仅停留在口头赞成上；要么是浅尝辄止。试想，如果连长期专门从事培训领域研究培训技术工作的人都不愿意改变他们的行为，作为培训的组织者又如何奢谈让学员去改变呢？

如何帮助国内企业快速地走出学习技术落后的困境，将东方的哲学思想与西方的科学精神有机地结合，将传统哲学的智慧与真正的领导技术，比如促动技术（facilitation skill）结合起来，将行动学习真正在组织中用起来推动组织发展呢？这就需要更多的有识之士能“铁肩担道义，妙手著文章”，克服自身的惯性和惰性，共同承担起传播先进的学习技术与管理技术的责任。

现在，国内了解掌握培训技能（TTT 技术）和教练技术（coaching skill）的人很多，但是了解促动技术的人还很少；行动学习中的重要角色——促动师（facilitator）目前在国内也很少。而促动师需要掌握促动技术来推进组织学习和组织发展，促发组织的内生智慧。期望在未来推动行动学习的路上，用行动学习推动组织学习与发展的路上，有更多的志同道合者。

为了尽自己的绵薄之力，笔者在写作本书时把握了以下三个宗旨。

第一个宗旨，要强调突破性。

本书从行动学习如何让管理者突破传统管理思维模式、学习模式与心智模式入手，探讨行动学习让企业管理中人和事平衡的有效途径，建立以人为本的行动学习促动教练信念和促动教练原则，掌握提升促动与教练型领导力的核心剑法、兵法与心法。

第二个宗旨，要强调体验性。

书中提供了大量的行动学习实战案例，引发大家的“全脑学习”，帮助大家在自己的体验中反思学习、提升实际的能力。这不仅是知识的传授，也为行动学习在组织中的落地提供了有效的途径。

第三个宗旨，要强调操作性。

本书的方法和大家的实际工作紧密结合，提供了一系列关于行动学习项目如何设计，如何让大家提高自我认知能力，学会自我管理、员工发展辅导、工作绩效辅导和团队合作辅导的工具和方法，具有很强的实战性和可操作性。

本书中行动学习落地工具和方法是上百个项目的实践总结和沉淀的

结果。笔者在书中选择了若干相关经典的具有代表性的案例，比如中粮集团、海大集团、广百集团等，限于篇幅不能穷尽。

感谢彭磊老师对本书给予的大力支持及帮助。

感谢曾经合作过的伙伴和领导在合作期间对笔者及参与团队在行动学习项目上的支持。

同时，也希望这本书能对更多的行动学习爱好者有所帮助。

目 录

Contents

| 第四篇 |

行动学习心法及运用——让管理者成为行动学习的高手

| 第五篇 |

行动学习实战案例——让绩效提升成为一场“赢的游戏”

行动学习是 21 世纪最有效的成人学习方式。它不仅引导了管理模式、经营模式和学习模式的变革，还能在变革时代成为企业获得高绩效的利器。

行动学习引导了管理、经营、学习模式的变革

○ 管理模式的变革——从管理到促动教练

自从2008年金融危机席卷全球，众多企业无不殚精竭虑，苦思应对之道。时至今日，全球经济依然没有走出这场危机带来的深远影响，企业或扩展新的营销渠道，或创新产品，或裁员降薪降低成本。这些应对策略原本无可厚非，但众多企业将关注重点放在战术角度的因应之“策”上，而忽略了战略角度的因应之“道”。这也预示着金融危机之后，采用不同因应之道的企业在发展过程中会有一个标志性的分水岭。

重在战术角度的因应之“策”，忽略战略角度的因应之“道”的企业，因无法超越“事本”固有的管理模式，将在花样翻新的各式危机中轮回。“策”“道”并举的企业，因其实现了事本管理向人本管理的跨越，必将步入基业长青之路。

工业经济时代靠管理咨询就可以解决企业的问题，而知识经济时代最重要的是解决人的问题，所以促动式领导力的作用显得尤为重要。如何使员工的成长与企业的战略目标相匹配，最终形成和谐管理，成为每位管理者必须

面对的问题。

具体来说，传统管理强调的是 PDCA 循环[①]，这是硬技能。不过，这个循环往往忽略了“人”的因素。实际上，**人是这个循环的润滑剂，人是使 PDCA 流动起来的关键因素**（管理的人性假设如图 1-1 所示），对人的管理属于软技能。只有硬技能和软技能达到平衡，才能使这个循环有效。否则，管理者和被管理者之间就会不断地重复“猫抓耗子”的游戏，并不能解决问题。

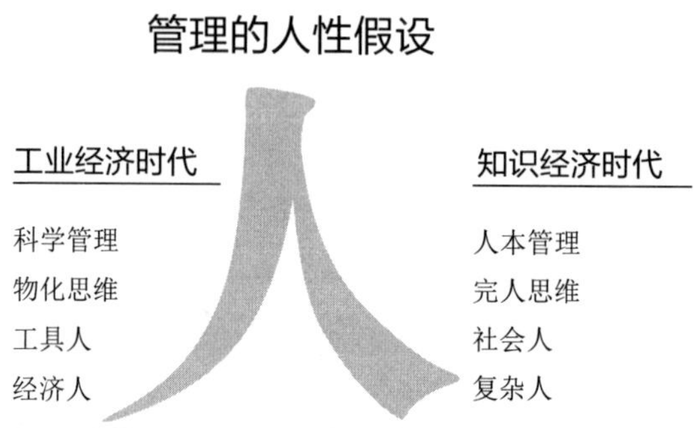

图 1-1　管理的人性假设

而且，有关调查发现，依然有不少人难以在工作中找到满足感，大多数组织无法激发员工的才能、机智与创造性，无法成为卓越而持久的组织机构。《高效能人士的七个习惯》的作者史蒂芬·柯维认为，这一切都是人们对本真的自我、对人类天性的基本观点不完整的思维模式造成的。在他看来，**人不是需要被外界激发或者控制的物体，只有当一个人作为一个干着“完整工作”的“完人”受到尊重时，也就是说，当他的报酬不错，并且受到和善对待，能发挥创造性的时候，他才会选择快乐的合作、衷心的奉献或者创造性的振奋。**

① 质量管理分为四个阶段，即计划（plan）、执行（do）、检查（check）、处理（action）。

这个全新的"完人思维"将是培养第八个习惯的基础。**只有遵循自己的内心进行选择，才能激发自己最大的潜能；**只有遵循这个全新的思维模式，才可能在组织中激发出卓越的创造性。员工非常抗拒仅仅把他们看作"经济人"和"工具人"，他们需要的是还原人本身。他们同时是社会人，是复杂的人，他们拒绝简化人，需要的是"完人思维"。

于是，行动学习促动式管理就变成了这个时代的管理趋势，行动学习促动型管理者就成为适应这个时代管理趋势的管理者（其与传统管理者的不同点具体如表1-1所示）。这点与中粮集团原董事长宁高宁提出的"学习型管理者"[①]不谋而合。21世纪的管理是人本管理时代，我们需要实现从传统的"管事"到"管人"的质的飞跃。

表1-1　传统管理者和促动型管理者的不同点

传统管理者	促动型管理者
多言	多听
给指令	发问
解决问题	防范问题
事前假设	探讨，开放心怀
寻求监控	寻求承诺
命令	挑战
以成果为先	以过程为先
保持距离	经常接触
指挥者	支持者

杰克·韦尔奇认为，CEO首先是一名教练，伟大的CEO应该是一名伟

① 学习型管理者不仅做好了企业在业务上的战略和执行，更把创新和进步的精神根植于企业组织中。他们优化组织架构，培育团队，使企业的成长不仅仅由少数人的进步，而是由整个组织的共同进步推动；不仅仅由竞争压力，更是由企业自身理念和文化推动。这样的企业才更有生命力，进步也更持久。

大的教练。教练不会替球员打球，但他会让球员成为冠军。这是“管人”和“管事”的本质区别。“我想提醒你们，我观念中的领导艺术是什么，它只跟人有关。没有最好的教练，你就不会有最好的球队，企业队伍也是如此—最好的领导人实际上是教练！”韦尔奇如是说。

领导艺术只跟人有关。知识爆炸的时代，没有人能知晓一切问题的答案，即使是领导者！会用人，用合适的人，给人才以空间，这样才能充分激发人的创造力，才能留得住人，进而实现组织愿景和目标—管理最终的目的要通过人来实现。

我们在为企业提供咨询培训服务时，听到过很多这样的声音：“我们企业的管理者领导力不足。”“我们企业现在的瓶颈是领导力问题。”“我们企业急需加强领导力的提升训练，看看你们顾问公司有什么好的建议？”……企业的焦虑之情溢于言表，但也在不经意间表达了对促动式管理的呼唤。他们面对的问题正是行动学习促动技术要解决的问题。

当下企业员工大多属于知识型员工，有着多元化的价值观，追求彰显个性，不盲从权威。面对这样一个有着鲜明个性的群体，如果企业管理者还用过去传统的思维方式和管理方式和他们打交道，势必就会遇到重大的管理挑战。所以，当管理对象发生结构性变化的时候，企业管理者必须要与时俱进，要真正具备人本管理的思想，要建立行动学习促动式管理体系，才能适应未来的发展环境。任正非所说的“让听得见炮火的人来决策”该如何实现，是所有管理者都需要面对和思考的问题。在当下这个剧变的时代，管理者必须高瞻远瞩，有洞见性。同样地，**如果管理模式不能与时俱进，企业只能是死路一条**！

○ 经营模式的变革——以快制变

“互联网 +”及 AI 时代的来临，对时下所有企业的经营模式、管理模式、营销模式、服务模式，乃至于学习模式，都带来了极大的冲击和挑战。

这种挑战几乎是全方位的、立体化的，就连企业的资产质量、赢利能力都深受影响。

就在几年之前，腾讯还没推出微信，P2P还是个新鲜概念，大规模移动支付还未见端倪……我们惊讶地发现，过去需要几十年才能完成的行业更迭，现在却只需要短短数年的时间。就连有"宇宙之王"之称的高盛，其曾容纳六百多位交易员的纽约总部交易大厅如今也只剩下了两位交易员。

这样一来，如果知识储备、思维方式、见识格局不足以应对世界的变化和高速发展，那么即使是行业内的精英，在不久的未来也会随时被淘汰。而且，在目前这个混业经营、技术支撑发展的大背景下，任何一家企业的竞争优势都将变得不再绝对和明显。以差异化、个性化、多元化为关键词的转型成为所有企业的竞争趋势。

"互联网+"时代的特点是什么？如果用三个词表示就是一速度、变化、危机。

速度，即经济发展的周期变得越来越急剧、越来越短促；

变化，即层出不穷的新技术的大量运用将改变和颠覆一切旧有事物与格局；

危机，即旧有的心智模式、思维模式、行为模式、商业模式将受到剧烈的冲击。

在"互联网+"的推动下，中国企业的效率、交易结构，甚至整体架构，都正在发生着深刻变革，传统企业需要用自省和发展的眼光来应对这种迅速的市场变化，实现"互联网+"时代的创新发展。作为企业的管理者，我们该如何应对变革做出快速反应，并能更好地去构想和驾驭变革呢？面临变幻莫测、凶险异常的市场环境，我们又该如何保持业绩的高速增长呢？如果一味地固守原有的经营模式，就很难适应时代的发展。

现在是我国商业领域大规模变革的时代，因为消费者的生活方式和行为方式将发生根本性的变化，来不及变革的企业定将遭遇前所未有的强大挑战。

越来越快的迭代效应，使得一切都在一种大规模变革之中。无论是哪家企业，如果不能深刻地意识到金钱正随着消费体验的改变而改变流向，那么，无论过去他们有多成功，未来都只能苟延残喘，直到被尘土掩埋。比如，优步、滴滴[①]的出现，几乎是在一夜之间就颠覆了整个出租车行业，"润物细无声"地让在我国具有一百多年历史的出租车行业欲哭无泪。

更何况，人类即将进入人工智能时代，人工智能或许会让一些行业永久消失。马斯克预测，在未来 20 年，全球 12% 至 15% 的劳动力将因为人工智能而失业。李开复的预测更大胆，他认为，10 到 15 年之后，世界上 90% 的工作，也许 50% 的人类可能都要面临工作部分或全部被取代。

尽管离证实上述预测还有一段时间，但人工智能带来的影响力确实不容小觑。2017 年，长期排名世界第一的围棋国手柯洁与 AlphaGo（阿尔法狗）一共对战三局，结果以 0∶3 败北。

知名财经类杂志《经济学人》2017 年 4 月专刊也提到，目前世界进入了后金融资本主义时代，数据已经成为 21 世纪的"石油"。

由此，我们可以感知，现在进入了一个"数据重构商业，流量改写未来"的时代，旧的思想逐渐落伍慢慢消失，逐渐变成数据代码，一切都在经历一个推倒重来的过程。海尔集团 CEO 张瑞敏就曾说过，所有的企业无非就是两种结局：一种是"他杀身亡"，一种就是"自杀重生"。所有的百年老企业都是"自杀重生"的典范。

天下武功，唯快不破。昨天的技术无法打赢明天的商战，今天的优势会被明天的趋势取代。谁把握了趋势，谁就把握了未来！企业的经营模式如果不转型，那么企业还能活多久呢？而行动学习就是企业以快制变的重要手段。

---

① 优步中国和滴滴于 2016 年 8 月 1 日合并。

○ 学习模式的变革——从个人学习到组织学习

网店正在冲击实体店，滴滴正在冲击出租车，自媒体正在冲击报纸，直播正在冲击电视，平台化正在冲击公司化，合伙人制正在冲击雇佣制……

这就是互联网对传统行业的不断吞噬，也是“新世界”对“旧世界”的猛烈撞击。基于21世纪的技术发展及愈演愈烈的全球化趋势，组织的学习与发展已经到了变革的临界点。投机企业可能会“死”于一场金融风暴，大部分组织却“死”于学习模式的僵化、学习力低下，即学习的转化和整合能力低下。

巴菲特说过，只有海水退潮了，才知道谁在裸泳！大部分组织“死”于学习力低下而浑然不觉，依然困扰于战略决策失误、市场分析错误、品牌定位错误这些表象。

为什么一个看似运作良好的组织会与竞争对手在同一市场上竞争的过程中逐步“死亡”？从表面上看，原因也许是多样的，比如战略决策失误、市场分析错误、品牌定位错误等；然而，其深层的原因都只有一个—竞争对手能比我们更快地转化与整合知识，实现知识创新，从而使我们的组织逐步迈向“风险区”。直到最后，我们的组织转化、整合知识能力的速度一直落后于竞争对手。

于是，我们的组织在一系列的落后中逐渐“死亡”，或者被驱逐出市场，或者被兼并收购，品牌被“消灭”。而曾经累积起来的核心竞争力（组织的知识、技能的组合），会被收购兼并者强大的具备高度整合和转化能力的学习与发展系统吞并。

过去，我们的组织之所以领先竞争对手，也许是因为我们掌握或者拥有比竞争对手更快的学习能力，更多的创新性隐性知识。一旦对手也拥有上述知识和能力的时候，我们的竞争优势就会失去。如何才能确保持续性的领先呢？答案是显而易见的，那就是不断学习。

正因为如此，彼得·圣吉才会在《第五项修炼》里面说，“从长远来看，你的组织唯一可持续的竞争优势，就是比对手更好、更快的学习能力。学习力决定了竞争力。”

为了提升学习力，不少企业选择了培训。实际上，传统培训的做法是伴随着西方大工业而来的工厂化教育的副产品。国内企业从原来不关注培训，到学习外资企业的经验、重视培训，这是一个可喜的转变。

遗憾的是，传统培训中，知识的掌握往往体现为短期效果。基于艾宾浩斯遗忘曲线，培训结束后一个月，大多数学员已经遗忘了80%以上的培训内容。而且，由于没有采取任何有效的举措，也无法促进认知到行为的转变。

我们经常看到的情况是，企业派员工出去参加各种培训，这些员工回来后往往一开始也心潮澎湃，希望有所变化，然而组织内有强大的组织惯性，受训员工最自然的做法就是逐渐回到以前的状态。这样一来，学习自然也就停止了。组织行为转变需要及时将学习者新的行为固化下来，形成组织能力，从而促进组织绩效有效提升。

行动学习的方式（行动学习的流程如图1-2所示），是传统管理模式和传统培训理念的升级，在企业的实践中获得了巨大的成功。行动学习也因此在世界范围内得到了广泛的认同，成为主流的学习方式、领导力发展和组织发展方式。

杰克·韦尔奇就曾说过：“GE向全世界宣布行动学习是GE改变成‘全球思想’、‘快速转变组织’的主要策略。群策群力（行动学习）帮助我们创建了一种每个人都开始积极参与，每个人的想法都开始被注意，领导者更多的是促动员工，而不是控制员工的文化。”

华润集团原董事长陈新华也曾提及：“行动学习是真正具有华润特色的组织发展方式，是华润核心竞争力的重要组成部分，对于‘再造一个新华润’一定会起到巨大的推动作用。”

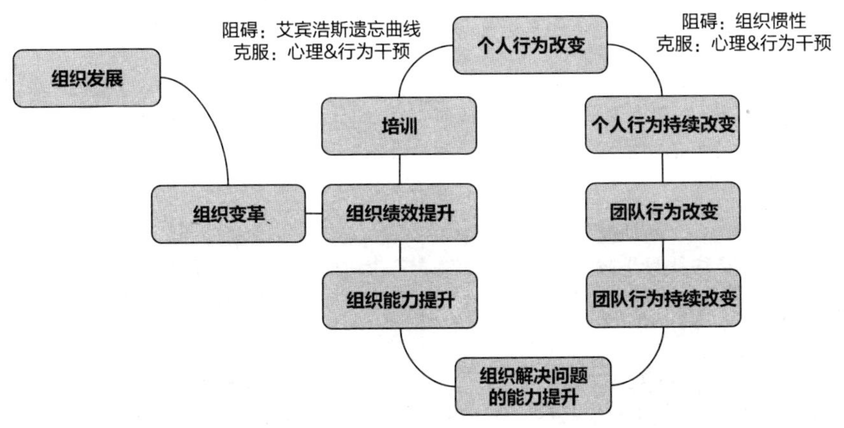

图1-2　行动学习的流程

那么，行动学习和传统学习相比，到底有什么不同呢（如表1-2所示）？

传统学习更多的是属于个人学习，你悟到了并不能代表我也悟到了，个人悟到了更不能代表团队也悟到了。而行动学习才是真正意义上的组织学习，它**是以组织的实际经营单元为团队在解决实际问题过程中边干边学的组织发展技术和保障流程。**

ATD（美国人才发展协会）指出，89%的培训从业者认为“非常同意”或“同意”培训向绩效改进转移是培训领域的首要趋势，“培训人员必须想着绩效问题。在竞争的组织环境中，唯一要紧的事是更好的绩效，只要培训可以帮助他人取得更好的绩效，培训对组织才更有价值……不要将方法的选择仅仅局限于培训上。”

所以，传统的培训管理者就要开始升级成为WLP（职场学习与绩效者）。WLP是ATD提出的培训与发展行业的新趋势。自2004年起，ATD就开始倡导WLP，以其作为企业培训与发展的专业人员的职能模式，期许和培育WLP专业人员以全球、企业和科技观点，发挥学习与绩效职能。

表 1-2 传统培训课程 VS 行动学习工作坊

传统培训课程	行动学习工作坊
滞后性 将培训与工作区分开，培训的内容通常滞后于工作或者并非参与者的兴趣所在，而是基于企业培训学时、学分或者能力模型的需要	**及时性** 打开学习与工作的边界，“工作坑”的内容即参与者目前正在思考的工作或项目，“工作坑”的开展基于组织发展及组织变革过程中的重要项目的运作
被动性 培训中学员往往只是被动的听众，无法或者较少有机会将自己拥有的知识与现场其他学员共享	**创造性** 工作坊中学员是知识的创造者。针对企业隐性知识的挖掘，所有参与者都在贡献与创造知识
个人学习 在培训结束后，通常只能获得大量知识，或者心态的改进	**组织学习** 在培训结束后，可获得立即运用的行动计划及项目组成员对行动计划的承诺
知识遗忘 回到工作中，学员往往由于无法记住大量的知识而无法快速运用培训所学	**顿悟学习** 回到工作中，学员往往怀着极大的热情实施工作坊中获得的技能及行动计划
学习与绩效关联性低 通常由企业培训部门提供，或是企业内部由经理、技术专家兼任的培训师，可能具备培训技巧，但缺乏促动技巧，无法将自己的知识与技能转化为参与者的可内化的能力	**学习与绩效关联性高** 由组织内经过培养、认证的促动师担任工作坊促动师，根据商业运营的需要、重大项目进展实际情况的参与者的需求，设计、开发工作坊，在工作坊中帮助参与者发现问题，获得达成共识的行动计划，以及参与者的承诺

ATD 认为，职场界定了学习与绩效的情境，强调把学习作为在组织环境中增长工作绩效的一种工具。与培训不同的是，培训是作用于人，而学习是通过人产生作用。所以，行动学习就成为帮助传统的培训管理者升级的有效手段。

由此可见，我们的学习模式也面临着一场深刻的变革。

行动学习——变革时代企业实现高绩效的利器

○ 反思的深度决定了业绩增长的速度

工作在最前线的员工比任何其他人更了解如何将工作做得更好!

——杰克·韦尔奇

GE 业绩提升与行动学习

1981 年，杰克·韦尔奇接手了世界上最古老的公司之一——GE。

1988 年，韦尔奇与当时的管理发展中心主管吉姆·鲍曼，去了 GE 位于路易斯维尔的家电园。由于担心主要家电业务的恶劣质量和低生产效率，韦尔奇接见了不同组别的一线员工。因为经理阶层不在，员工们减少了心中的顾虑，变得畅所欲言。当问及有哪些改善方法时，他多次听到了这样的回应:“我们有很多想法，也知道要做什么，可是无人愿意聆听，也无人批准我们去做。”

当韦尔奇问及经理阶层为何不依照员工的提议去做时，他们则回答:“我们没有时间。我们只有约以往一半的管理人手，但工作跟以往一样多。我们要回应组织的要求，要填表，要开会。当要做出新尝试时，我们要通过很多重‘人’关，才能获得批准和金钱，最后换来的，却是错过开展项目的时机。既然如此，又何必去试呢？”

一路走来，韦尔奇几乎在所到之处都听到了类似的说法。具体来说，就是员工有点子却无权执行，经理有权却无时间去评估和批核，以致形成了公司发展的瓶颈，僵化的官僚体制令公司无法以最佳状态去营运。另一方面，来自管理发展中心的培训者和职员，以及一些顾问，也在不断指出：“工作太多，但人太少了。”

在回公司的飞机上，韦尔奇和鲍曼都在思考着这些问题。“我们需要找到一种令工作暴露于系统之外的方法，”他们对对方说道，“就把这个过程叫‘群策群力’吧。”

正是基于此，韦尔奇在谈到“群策群力重塑 GE 企业文化”时才说，行动学习是 GE 转变为“全球思想”、“快速转变组织”的主要策略。

群策群力这种促动技术帮助我们创建了一种每个人都开始积极参与，每个人的想法都开始被注意，领导者更多的是促动员工，而不是控制员工的文化。通过图 1-3，我们可以看见行动学习在 GE 所取得的经营成果。

行动学习的最佳实践——GE

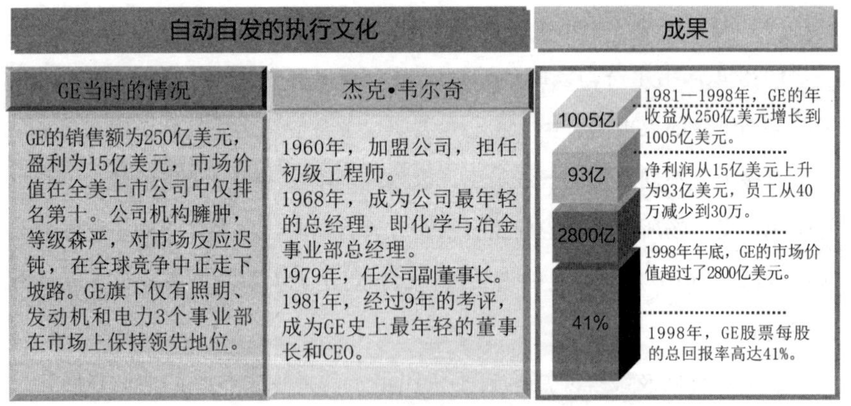

图 1-3　行动学习在 GE 取得的成果

雷格·瑞文斯与行动学习

“行动学习法”（action learning）是英国管理思想家雷格·瑞文斯于1938年最早提出的。他于1971年出版了《发展高效管理者》一书，正式提出了行动学习的理论与方法。

所谓行动学习法，就是通过让受训者参与实际工作项目或解决实际问题，来发展他们的领导能力，从而协助组织对变化做出更有效的反应的学习方法。行动学习建立在反思与行动相互联系的基础之上，是一个计划、实施、总结、反思，进而制订下一步行动计划的循环学习过程。简单地说，行动学习就是一个寓教于行的过程。

瑞文斯在比利时和英国实践的行动学习项目，都取得了辉煌的成绩。1965年，他在比利时为当地高潜管理人员举办的新的管理发展课程，就是一个具有代表性的成功案例。在这个课程中，每位参与者所在的机构都提出了一个棘手的问题。这些参与者被交换到不同于自己原有专长的题目下，在较长的一段时间内，依靠学习团队群策群力，互相支持、分享知识与经验。课程结束后，参与者不但解决了这些棘手的难题，还大大提升了自身的管理能力。

此外，在比利时，一套以瑞文斯的行动学习理论为基础的改革方案，在1971—1981年使比利时的国家工业生产提高了102%。

瑞文斯及其他一些行动学习专业人士的成功，使得专家们普遍认为，行动学习这种方法是可以与案例教学方法并列的、理论与实践密切结合的另一种学习发展工具。自20世纪80年代开始，行动学习被引入管理教育，现在已经成为世界管理教育界的最新潮流。

从定义层面上来看，行动学习主要包括以下四个层面。

第一，行动学习是一小组人共同解决组织实际存在问题的过程和方法。行动学习不仅关注问题的解决，也关注小组成员的学习和发展，以及整个组织的进步。

第二，行动学习是一个从自己行动中学习的过程。行动学习的关键原则在于，每个人都有潜能，而在真正做的过程中，这种潜能会在行动中最大限度地发挥出来。

第三，行动学习通过一套完善的框架，保证小组成员能够在高效地解决实际存在的问题的过程中实现学习和发展。行动学习的力量来源于小组成员对已有知识和经验的相互质疑与在行动基础上的深刻反思。

第四，行动学习是一种综合的学习模式（如图 1-4 所示）。

行动学习主要包含四类重要的学习过程：

学习知识，即从已有的知识中学习；

体验经验，即从个人的经验中学习；

团队学习，即从小组其他成员的经验中学习；

探索性地解决问题，即在解决实际问题的过程中学习。

简而言之，行动学习就是我们经常谈到的“干中学，学中干”。

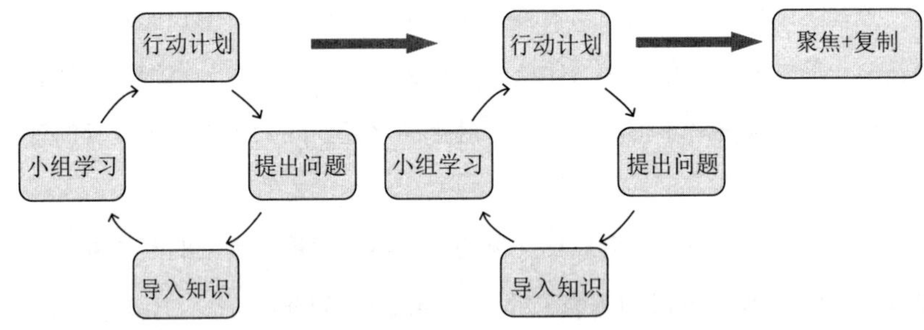

图 1-4　行动学习是一种综合的学习模式

瑞文斯认为，只有将“指导”与“询问”结合起来，才是完整的、更有效的学习。他用公式“L = P + Q”来说明他的基本观点。

应该如何理解“L = P + Q”中的“P”呢？

P 是 programmed knowledge 的简称，即“程序性知识”，获取程序性知识是现代教育或培训的主要形式。我们通过接受指导，学习那些已经成型的思路和方法，从而帮助自己更好地理解面对的事物，更有效地应对所在的环境，更聪明地解决遇到的问题。

对于组织来说，程序性知识可理解为在组织当中已固化的某种流程、程序性文件；管理者已固化的管理模式、员工已经固化的某种工作方式等。人们通过传授、互相学习这些“P”来维护组织的运转。当然，在某种程度上，它也限制了组织的创新与发展。

如何理解“L ＝ P ＋ Q”中的“Q”呢？

快速变革的时代，我们需要“主动自觉地探索我们所不熟悉的领域，在未知的、冒险的和混乱的条件下提出有用的、有洞察力的问题”。瑞文斯用“Q”（Questioning Insight）表示这种以“询问”为主的学习方式。

传统培训背后的假设是我们面临的问题有正确答案，传统培训希望帮助人们提高寻找正确答案的技能。行动学习背后的假设则是没有一个现成的行动课程能帮助所有人解决所面对的问题。

“Q”是成人根据自己的经验对所学知识的质疑吗？显然不是。Q是指在不确知情况下提出有洞察力、有启迪性的问题，问题引发反思和模式转换。Q不是带着个人心智模式（即个人经验）去质疑、诘难他人的想法，而是不断提出引发个人、小组中的他人、团队整体思考的问题，从而获得有创造力的解决方法。

在行动学习过程中，我们会发现，那些业绩出众或解决问题能力强的团队有个共同的特点，那就是团队的心智比较开放，能迅速地学以致用。对此，我们的结论就是：**团队反思的深度决定了业绩增长的速度和成长的高度。**

后来，国际行动学习协会创始人兼主席，美国乔治•华盛顿大学的人力资源开发教授迈克尔•马奎特在此基础之上发展了2.0版的行动学习公式。该公式在他出版的《行动学习进行时》（*Action Learning in Action*）一书中提出，即“AL=P+Q+R+I”。对比早期的公式，2.0版公式明晰了小组成员反思、讨论与行动的环节，使行动学习更具系统性与流程性。2.0版公式不仅仅是一个定义，更是一种组织学习模型（如图1-5所示）。

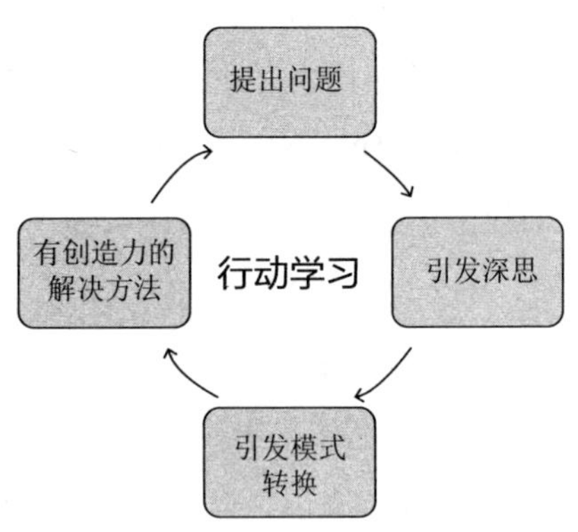

图 1-5　行动学习 2.0 模型

在这个公式中，AL 即 action learning，行动学习；P 即 programmed knowledge，程序性知识；Q 即 questions，质疑（提出有洞察性的问题）；R 即 reflection，反思；I 即 implementation，执行。

其实，我们可以通过《礼记·中庸》中提到的“博学之，审问之，慎思之，明辨之，笃行之”来看这个公式。孔子在两千多年前提到的这个观点和西方现代提出的行动学习公式有异曲同工之处。孔子当年带着他的弟子周游列国的游学不就是“在行动中学习，在学习中行动”吗？由此看来，孔子应该才是真正的“行动学习之父”。

○ 行动学习打造了内圣外王的高绩效组织

行动学习如何为组织创造价值呢？过去，传统培训无法与绩效紧密联系起来，导致培训的结果就是为了培训而培训，更多体现为成员的个人学习。现在，许多组织对于学习活动的关注重点已经从个人学习转移到了组织学习上。学习是个人成长的要素，学习对组织成长同样重要。作为个人集合体的组织，必须以一种适当的形式、流程来保证组织学习，从而应对不断变化的环境。

传统培训主要是以解决问题为导向的单环学习，结果导致学员在学了那么多工具方法和技术之后，依然用不好。因为没有从根本上解决心智模式的问题，最后就无法转化成智慧，更不用说破迷开悟了。

行动学习项目强调“知行合一”，是21世纪最有效的成人学习模式（行动学习模型如图1-6所示）。具体来说，就是通过聚焦组织当前的问题，通过精心设计的行动学习流程，在促动师引导下，促使个人在学习活动中充分参与，团队成员共同交流，直面工作中的问题或者困惑，激发个人内在的动力与参与者共同的智慧，以及个人自动自发、积极行动的意愿，从而获得创造性的解决方案，并积极在工作中实践。在积极实践行动计划的过程中，个人能力获得了成长，组织能力获得了提升。

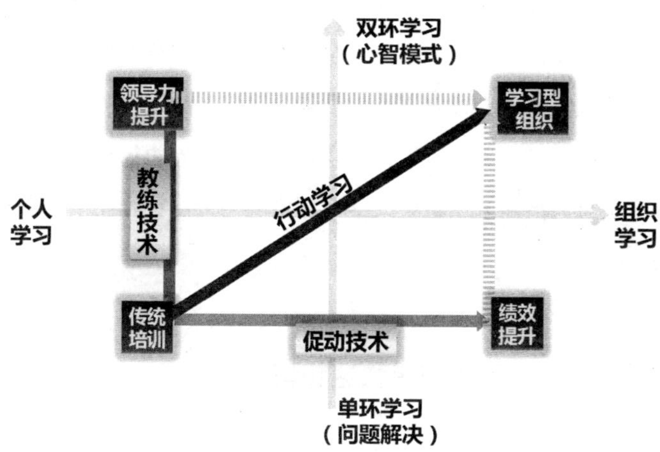

图1-6　打造高绩效组织的行动学习模型（内圣外王）

行动学习项目与传统培训模式最根本的区别，就在于行动学习项目以组织学习为导向，以学员学习—绩效转化为中心（以知识转化与整合为主），而传统的培训模式以个人学习为主，知识学习为中心（以知识传授为主），且知识习得不一定转化为工作绩效。

在行动学习项目中，学员在促动师的引导下进行学习及知识转化与整合，而不仅仅是知识习得。学员运用自己的头脑去学习，挑战自己的头脑，形成自己的结论，并且最终积极地、自动自发地运用到工作中去。

现在，许多培训管理者都非常清楚：现有的、传统的培训形式的效果正在逐步减退；传统培训常常只能使参与者在知识上得到满足，却无法解决他们工作中的实际问题；甚至付出学习这些知识的时间都让参与者感到厌烦，因为他们可以更快速地从互联网上获得这些知识和信息。

21 世纪学习与发展的转型告诉我们：问题不在于如何使培训更有现场效果，而在于如何让学员学以致用，解决实际问题。我们需要有一个根本上的转变——从强调培训的观念转向一个侧重于学习的观念，从灌输外部知识的培训课程转向引导组织内部智慧解决企业实际问题的行动学习工作坊。

随着科技的不断发展，当前的网络技术、移动信息技术、Web2.0 应用等都可用于学习，显性知识极易通过搜索引擎的快速查找而获得，组织中最有价值的隐性知识却往往被忽略。组织智慧中有一部分能被捕捉并流程化，成为组织的管理体系，同样有不小的一部分散落在组织中的专家、个人的大脑中。因此，组织需要迅速应用打破学习与工作边界的行动学习工作坊，激发组织内部员工的潜能，创造个人学习环境的连接，将企业学习力转化为企业竞争力。

○ 行动学习让参与的管理者快速顿悟

顿悟有醍醐灌顶的功效，需要的是特定的环境和因素；渐悟则不同，如静坐参禅，需要经过内心空灵状态下长时间的思考而领悟。正因为如此，禅宗后来产生了以惠能系为代表的顿悟派和以神秀系为代表的渐悟派。

同样地，行动学习也有顿悟和渐悟两种模式。不过，通过多年的组织实践，我们发现，如果没有促动师强有力的、具有冲击性的提问，参与者是很难真正实现反思的。毕竟，人的惯性、惰性和习惯性防卫的力量太强大了。这一点可以从图 1-7 的记忆保留比率图中明确地显示出来。

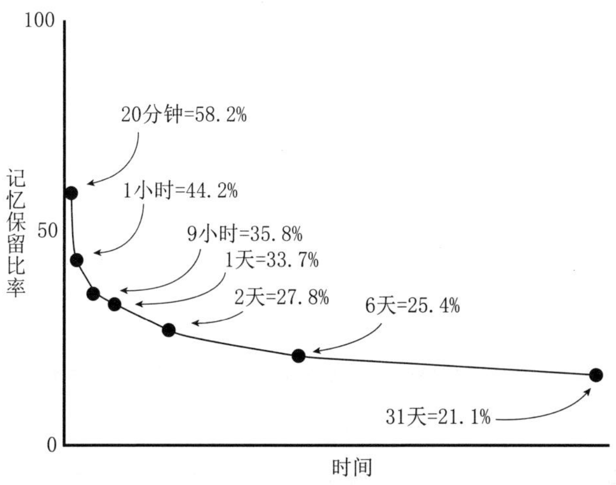

图 1-7 记忆保留比率图

渐悟学习需要长期不断地慢慢积累，而且还需要人在此过程中能将自己的知识体系结构化，从中找到内在的相关性，并慢慢明白其规律。

顿悟学习就好比牛顿那样整天坐到苹果树下思考，突然一天那个神奇的苹果掉下来砸到他头上，他忽然开悟了，发现了“万有引力定律”。但如果是笔者，估计头上砸了无数个大疙瘩也无济于事。这是因为，第一，笔者不是牛顿；第二，笔者也从来没去思考过这类问题。同样地，如果行动学习脱离了与个人工作的强相关性，最后的结果也显而易见。

顿悟就是对问题情境的突然理解，它导致了迅速地学习（顿悟学习后保持曲线如图 1-8 所示）。要做到顿悟学习，必须发挥对问题思考的量的积累、外界情境的触发等要素的综合作用。

思考的过程很重要，且过程越长越深入，转变的冲击性也就越强。顿悟还需要有一个触发的情境。在学习中注意结合学习的内容，积极创造一个相应的学习环境，对于激发顿悟的感觉十分有益。而且，顿悟完全是一种个人体验，与个人的领悟力有着紧密联系。

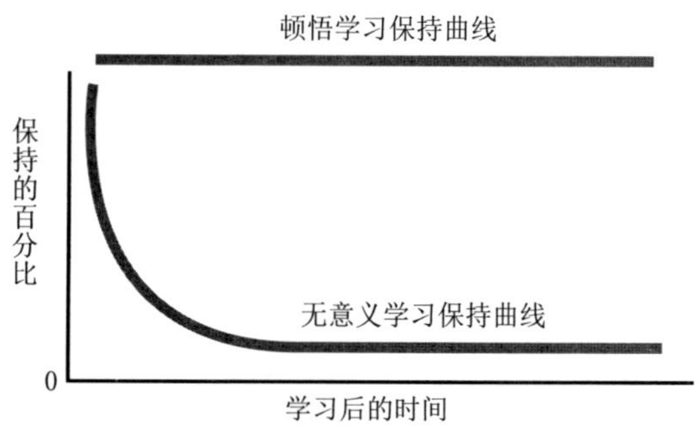

图 1-8　顿悟学习保持曲线与无意义学习保持曲线的比较

最后是观念的接受和转变。观念的接受必然带来行为的转变，因为观念接受不是最终的目的，转变行为才是最终的结果。所以，一定要注意学会在观念接受以后，尽快实现行为的转变。

一般人总认为牛顿是先看到苹果落地，才偶然发现这个定律的，因此，把这棵为牛顿带来巨大荣誉的苹果树视为珍宝，树倒了以后还把树砍为若干段，妥为保管。事实上，万有引力定律的发现，是牛顿在多年观察和学习的过程中艰苦思考的成果。他说："我并没有什么方法，只是对一些问题用了很长时间去思考罢了。""我一直在思考、思考、思考……"这里，牛顿说出了他的两条秘诀：一要继承前人的科学成果，二要在研究中勤于思考。

学习意味着要觉察特定情境中的关键性要素，了解这些要素是如何联系在一起的，识别其中内在的结构。

如何才能让参与的管理者通过行动学习快速顿悟呢？

首先，要接纳事实，直面需求。每个过度忙碌的人都会有属于自己的问题，也终将会找到属于自己的答案。认清真相，接纳忙碌的事实，然后才能挖掘到事实背后的、隐藏着的、未满足的需求。

其次，更新方法，提高效率，用对的方法做事，才能事半功倍，从而让我们更快地跳出忙碌的泥潭。善于总结、乐于交流、创新都是从模仿开始的！

最后，马上行动，减少拖延。想太多做太少就是这种毛病。既然认定了行动学习是个能让人快速顿悟的好东西，就不要犹豫，马上行动起来。

○“破茧化蝶·绩效倍增”的秘密行动学习案例剖析

“江山易改，本性难移”“做一件好事容易，难的是一辈子做好事”……这些讲的都是一件事，就是改变行为、塑造习惯非常难。管理的本质，就是改变团队的行为，塑造团队的习惯，提升团队的绩效。这件事做起来难不难？难！非常难！

不过，这也只代表了这件事做起来不容易，并非没办法去做。而且，有位专家早在1990年就提出了行为改变的规律（如图1-9所示）。他就是彼得·圣吉。

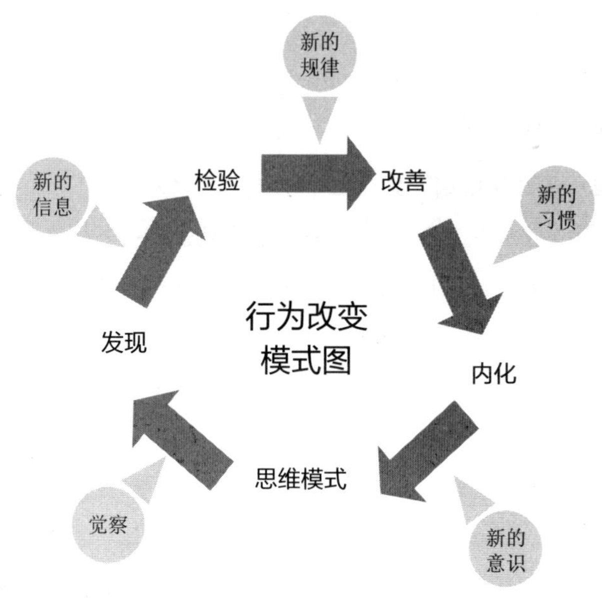

图1-9　行为改变循环

彼得·圣吉说，人的行为改变分成这几个步骤：在原先思维模式的基础上，自我觉察，发现问题，更新信息，检验效果，发现规律，改善行为，养成习惯，内化理念，形成意识。经过这一轮周折，这个人就“螺旋上升”了，跟以前比做出了改变，而且这种改变是发自内心的、深入持久的。

下面我们用一个例子观察下行为改变的真实过程。

S银行广州增城支行（以下简称“增城支行”）希望业绩在2013年有大的突破，开展了“破茧化蝶·绩效倍增”的行动学习项目。项目启动之前的2012年，该行在总行十几个一级中心支行中排名中下游；项目完成之后的2013年年底，在总行考核中获得了“三冠王”（零售业务第一、对公业务第一、综合第一）。其中，年度利润增幅57%，中收增幅43%，存款总额占增城地区份额的20%。全行业绩全面飙升，人员面貌焕然一新。

其实，业绩巨变不是最重要的，更重要的是这个变化背后的机理。变化何以发生，如何让变化一再发生成为常态，这才是最需要关注的。

一、近在眼前的行为改变

1. 高层：从“无所谓”到“五个字”

行长们的工作状态，就一个字——忙！忽然启动一个行动学习项目，除了发起人之外，其他行长基本上是持无所谓的态度。不过，两个月后，高层通过亲眼所见，态度发生了180度大转弯。

主管对公业务的Y行长说：“我对行动学习的态度可以用五个字概括：疑、惊、信、服、敬。”

“何谓疑？开始，我不了解行动学习，对行动学习怎么做，有没有效果，员工会不会有情绪，还是挺怀疑的，心里没底。惊，是惊讶，在行动学习启动会现场，感觉很惊讶，开会可以开出这种效果，可以用这样的方法，走这样的流程，没搞过，很惊奇！信，是相信，通过这几次行动学习会议，里面的逻辑、方法、效果摆在眼前，让人难以置信，又不得不相信。服，是服气，行动学习解决了以前没能解决的问题，真的是服气！敬，是尊敬，越学‘水’越深，才知道看起来简单的行动学习背后有很多理论和方法，让人敬佩！”

这是高层的行为改变。这个改变经历了发现问题、检验效果、改善行为、内化理念几个环节，正是沿着彼得·圣吉的“行为改变循环”走了一圈。在这个过程中，行动学习项目主导者是总导演，他并没有刻意去改变某个人，但是高层在体系化的设计和效果面前，发生了深刻的行为改变。

2. 中层：学会做计划管理

在增城支行，项目顾问刚刚开始和中层打交道的时候，还是很痛苦的。

在项目启动前的一次通气会上，顾问老师介绍行动学习的理念，现场鸦雀无声。顾问老师后来笑谈：“现场那些中层看我的眼光，差不多就是在说：‘这是哪里跳出来的一棵葱啊？没洗没切就摆上台了？’”

项目启动会上，中层们再次让顾问老师和高层碰了个“软钉子”。开上百人的启动会，有人是穿着拖鞋、短裤来的，有人在现场挑战老师：“我们当了这么多年（支）行长，没有做过行动学习，不是照样当得好好的？现在年纪一把，就等着退休了，还折腾什么？”

按照规划，启动会第一天，顾问老师讲怎么做年度工作计划，中层第二天就汇报年度计划。

第二天，丑媳妇见公婆了！高层和顾问老师在台下做评委，听取汇报。第一位上台了，那个计划做得，一个字，烂！第二位上台了，那个计划，一个字，差！第三位上台，评委打开了一瓶凉茶！高层真是如坐针毡：“停！后面的团队，你要是觉得比前三个做得好，就上台汇报。否则就不要上来了！”结果，没有人上台了。

“全部推翻重做！”

第二天后续的时间，中层全部返工，重新做年度计划。后续一周，重新安排时间，做年度计划汇报。

第二次汇报，年度计划的质量全面改善。

然后，每个月总结汇报，循环改进，面貌不断变化，计划 SMART[①]（具体、量化、可衡量）达标，面对现实，自我剖析，盘查数据，反省突破，创新对策……正面行为、正面能量不断涌现，与之同步的是业绩的节节上升！

这是中层的行为改变。通过行动学习的多次训练，中层领导的团队从传统团队变成了参与式团队（两类团队的区别如表 1-3 所示）。

表 1-3 参与式团队与传统团队的区别

参与式团队	传统团队
每个人都参与，而不是只限于少数几位善于表达的成员	脑筋动得最快、最能言善道的人拥有最多发言的机会
大家给予彼此思考与尽情表达想法的空间	大家时常打断彼此的发言
相反的观点可以共处一堂	视不同意见为冲突，必须尽快遏止或化解
以类似“你说的是这个意思吗”的支持性问题，相互引导他人充分表达想法	发问通常被视为挑战，好像被问的人犯了什么错似的
大家能倾听彼此的想法，因为大家知道自己的想法也会被倾听	不太能听到别人的想法，因为大家都忙着准备自己要说的话
每位成员会对富争议性的议题发表意见，每个人都了解其他人的立场	有些成员对富有争议性的议题保持沉默，不是每个人都真正知道其他人的立场
成员即使不同意彼此的看法，也能坦诚地表达各自不同的观点	在意见相左时，大家很少能够坦诚表达自己的意见和做坦诚的分析
大家不会在背地里表达意见	由于大家觉得不被允许在会议中畅所欲言，所以会在会议场合外背地里表达意见
在每位会受到决策影响的人都了解决策背后的分析思路后，问题才算解决	脑筋动得最快的人想到一个答案，问题就算是解决了。其他人无论是否了解决策的逻辑，都得“从善如流”

① 即目标管理原则。S 即 specific，代表具体的；M 即 measurable，代表可度量的；A 即 attainable，代表可实现的；R 即 relevant，代表相关性；T 即 time-based，代表有时限。

通过该支行中层先前的表现，我们不难发现，其实很多中层不会做计划。很多人说起做计划不屑一顾，真正做的时候却漏洞百出。就算是计划做出来了，也不会实施。行动学习就是要督促大家做计划，用计划推动实施的。

在“行为改变循环”里，中层的路更曲折，部分人用过去的行动和理念，在新的环境里尝试再尝试，发现此路不通，连连碰壁，引发了冲突和反思，进而实现思想上的“惊人一跃”。中层的行为改变来自内因和外因的相互作用，与高层又有不同。

3. 基层：追寻“幸福网点”

和其他银行一样，增城支行有大量的基层网点员工，他们平均年龄达到38岁，大多数在基层十几年，工作强度大，晋升机会不多。怎么激发大家的工作积极性呢？如果能够盘活基层，激活终端，组织绩效改进的大业就完成了一半。

项目组启动了一项专题工作——幸福网点。

“在大家朝夕相伴、比陪伴家人的时间还要多的环境里，我们希望大家是开开心心、满怀喜悦的，而不是严肃沉闷、刻板无聊的。那大家群策群力，全员参与，出出主意，怎样让我们的网点变得更幸福？”

……

群众的智慧真是汪洋大海，大家鼓足了劲儿出主意：

装饰美化环境，把网点打扮得“花枝招展”；

使用温馨自然的客户服务技巧；

网点团队建设；

给优秀员工别致的小礼物，比如奖励广州塔“小蛮腰”的电影券、一天带薪假、一打彩票……

过程中有幸福网点的展示、评比，表彰优秀者。

一个月后暗访，客户满意度、员工敬业度得到了显著提升。

基层员工行为改变的过程比我们预想的更加顺利。在行动学习项目中，他们自我觉察，发现问题，检验效果，改善行为，内化理念。他们的行为改变更加淳朴自然，他们生机勃勃，充满感情。

长久以来，很多人都有个误解，认为银行里的大龄员工观念老化，技能落后，不愿改变，是发展过程中的包袱。而增城支行的行动学习实践告诉我们，大龄员工不是包袱，而是财富。只是，到底是包袱，还是财富，关键要看管理者有没有找到让“芝麻开门”的密码。基层员工的行为改变，关键在于找准他们的需求点，疏导他们的能量。我们给他们一个机会，他们就会给我们一个奇迹。

二、“破茧化蝶·绩效倍增”的秘密

在上面的案例里，我们看到了增城支行各级干部、员工的行为改变。大家在高兴之余，会进一步想：改变背后有怎样的逻辑？他们又是如何复制成功、延续成功的呢？行动学习帮助增城支行实现了业绩奇迹，秘密在哪里呢？

核心的秘密就在于，行动学习作为一种升级的管理模式，一种感性与理性并重、管理效率大大超过普通培训的管理方式，它重视人性，强调参与，激发情绪，把PDCA的过程还原成了为梦想而战的快乐体验；它通过流水线式的枯燥作业，寻找到努力工作的本源，实现了现代管理领域的革命性突破。

当然，光有核心理念还不够，还要有系统设计。

行动学习的系统设计要满足以下两个条件：

第一，要和具体业务结合。

比如，行动学习会议能代替管理周会、经营月会、战略年会，扎扎实实谈工作，谈的效果比传统会议还好！行动学习导师和公司业务团队在一年时间里，并肩战斗，持续辅导，解决具体的战略问题、战术问题，用实际行动证明，行动学习，靠谱！

第二，简化。

管理招式越简化，可行度越高。花拳绣腿中看不中用，真正的杀手级动作往往是一招制敌。管理者精力有限，能抓的核心就那么一两个，核心跑偏，全局皆输。

行动学习的流程设计，一定要简单。一个典型的行动学习项目流程可以这样设计：

第一步，项目启动前，安排一天深度会谈，先和高层领导达成共识。当然，在此过程中，要对“什么是行动学习”“要做什么事情”“期望达成什么目标”“用什么指标衡量”“如何激励”等进行沟通……行动学习是管理升级，是组织变革，需要领导率先示范。

第二步，举行两天一晚的启动会，充分调动员工情绪，让全员鼓足干劲儿，力争上游。启动会既是工作计划的启动，也是员工激情的启动。从这天起，全员就开始全身心地投入一种新的管理模式中。

第三步，进行三天的促动技术学习，以便在企业里培养更多的内部促动师，让这些内部促动师成为企业今后发展过程中的火种。

第四步，安排四次复盘和辅导会议（所有的环节都会根据实际需要做调整）。复盘就是总结，反省，提升，“在战争中学习战争”。复盘每月一次，可以持续半年，也可以延续一年。

第五步，能力补缺，进行专题学习。这种学习不是应付式学习，而是根据工作总结和业务辅导中暴露的问题进行的有针对性的学习。

第六步，举办成果总结会，回顾过程，展示成绩，提炼方法，感恩团队，升华情绪。

通过以上严密的流程，行动学习把突破性的理念融入管理的每个关键时刻，导演出一场全员逐梦的大戏。在增城支行的这场大戏里，行动学习项目的主导者是总导演，项目组是舞美、灯光、摄影，各层级员工各司其职，自定角色。他们身处新环境，接收新信息，迎接冲突，改变思路，检验效果，改善行为。他们的成长取决于自身的努力和悟性，而组织只是创造变革的土壤，给个人留足了独立发挥的空间。

行动学习虽好，还是要试试才知道。与其隔岸观火，不如踏浪弄潮。

力强迫他们改变的，因此，无须领导者强迫或者勉强的沟通，这些行动方案及计划更容易赢得大家寻求改变的承诺，并自动自发地执行。能量在整个组织中和谐、流畅地流动，不会发生破坏性的力量，就会自然地到达我们变革想要去的地方，并且所用的时间更短。

行动学习的重要理论之三：群体动力学

库尔特·勒温是“场论”的创始人，社会心理学的先驱，传播学研究中守门理论的创立者，以研究人类动机和群体动力学著称。他提出“场论”，并用群体动力学的理论来解决社会实际问题，对以后的社会心理学发展有很大的影响。

勒温有个著名的“参与改变理论”。该理论提出，改变个体态度的方法不能离开群体的规范和价值。个体态度的改变依赖于个体在群体中参与活动的方式。越是主动参与到群体的活动中，态度改变就越容易，也越迅速。

这一理论是他在让美国家庭主妇改变吃杂碎（动物内脏）的态度的实验中发现的。在实验中，控制组（被试者中只听解说的）只有3%的人改变了态度，而采用杂碎为菜；实验组（被试者中参与讨论的）则有32%的人改变了态度，而采用杂碎为菜。实验组因为是主动参与群体活动的，自己提出并解决了难题，因而态度改变较容易、速度较快；控制组是被动参与群体活动的，因而态度改变较难较慢。

随着脑科学的发展，神经学家解释了这个过程的秘密。他们提出，人类的大脑是一个社交器官。它的生理和神经反应与社交互动有着非常直接和深刻的联系。个人的意识总是很容易被团队的共识影响。

因此，无论是改变饮食习惯，还是提升员工的能力等，通过群体来改变个体的行为，效果远比直接去改变一个个具体的个体更好。群体做出的决定比个体单独做出的决定对个人有更持久的影响。后来，很多企业基于此理论的实践获益匪浅。比如，丰田的全员决策模式、GE的群策群力模式等。小米公司的联合创始人黎万强撰写的图书《参与感》也是这种理论最直接的体现。

○ 行动学习“独孤九剑”的使用要诀

那些拥有旺盛生命力的企业到底用了什么样的学习方法来面对复杂多变的环境呢？又是如何将知识快速转化为竞争力的？如何缩短知识学习到员工绩效产出的物理距离与心理距离？如何减少管理层与员工的沟通差距？如何让来自不同部门的专家愿意放下专业，积极交流，从更大的系统角度来看待组织面临的问题，提出各个部门都愿意支持的行动方案，并自动自发地承诺执行呢？

答案都是行动学习。行动学习能帮助这些企业超越普通培训的简单知识传授与心态短期变化，以更快的时间、更少的费用达成咨询效果，改变员工行为，提升对组织的承诺与奉献，改善组织绩效，以风险最低的温和、良性的方式帮助组织实现产业升级、组织转型与组织变革。

而且，诸多企业实践经验还表明，行动学习帮助组织持续获得成功的关键是，企业必须拥有一支促动师队伍。促动师不同于培训师、咨询师、指导者，不是方案提供者，而是倾听者、思考引导者、不良互动方式的干预者。

在整个行动学习过程中，促动师帮助小组将注意力放在团队的工作方法和对话方式上，并在恰当的时候进行干预。促动师能够改善学习小组的行为能力，以便使小组成员回到工作岗位与其他团队成员一起工作时，和他们进行良好的沟通，从而发挥团队最大潜能，实现组织目标。企业的经营者、管理者必须要掌握促动技术，成为企业的内部促动师，促发团队的内生智慧。

当然，成为一名促动师，首先必须具备“以人为本”的促动教练思维（促动技术的“人”字模型具体如图 2-2 所示），其次是具备基本的促动能力，最后才是学习和掌握促动技术的策略和工具。思路决定出路，态度决定高度，企图决定版图，格局决定结局。促动师如果没有构建起“以人为本”的理念，就算是学了促动技术，也不过是让自己的工具箱里多了几件工具，与过去其实并无多大不同，并且在执行行动学习项目过程中，碰到稍微复杂一点的局面就会驾驭不住。

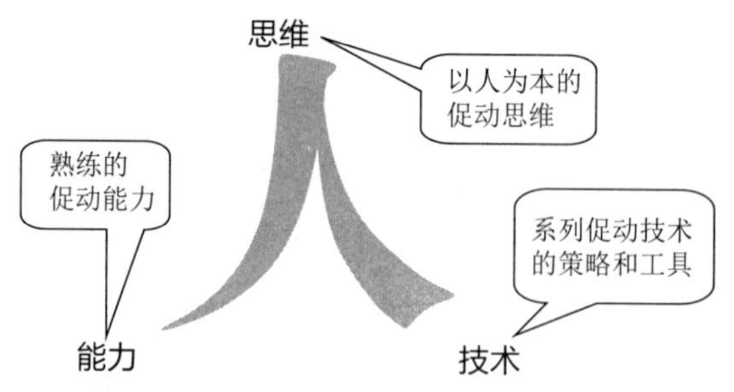

图 2-2　促动技术的“人”字模型

行动学习的成功必须有促动技术贯穿其中。俗话说得好，工欲善其事，必先利其器。那么，促动师应该掌握哪些促动技术呢？

促动技术目前总计大约有 60 多种，其中常用的大概有 9 种，笔者把它们称之为“独孤九剑”。由于之前已有专门的书籍对这 9 种技术进行过详解，本书就不再对此进行重点介绍，而是简单地介绍一下每种技术的特点及其运用情况。

行动学习“独孤九剑”分别为：

第一剑：总决式——work out（群策群力）；

第二剑：破剑式——future search（探索未来）；

第三剑：破刀式——open space（开放空间）；

第四剑：破枪式——world cafe（世界咖啡）；

第五剑：破鞭式——appreciate inquiry（欣赏式探询）；

第六剑：破索式——dialogue（聚焦式会话法）；

第七剑：破掌式——consensus workshop method（团队共创）；

第八剑：破箭式——aquarium meeting（鱼缸会议）；

第九剑：破气式——after action review（简称 AAR，复盘）。

这些被世界 500 强企业积极实践的行动学习方法，有效地解决了“要我学”到“我要学”、“要我做”到“我要做”的问题。

我们充分考虑国内企业中管理人员及员工的特点，运用以上 9 种促动技术，专门设计与研发了行动学习工作坊（如表2-1所示），旨在帮助国内企业有效地实践世界500强企业的优秀学习技术，在面对21世纪善变、无常、复杂、模糊的商业环境时，把握住时代脉搏，在新的全球化商业浪潮中，通过快人一步的学习法赢得先机。

表2-1　行动学习“独孤九剑”工作坊的特点与作用

组织促动法	短期目标	长期目的
群策群力工作坊	快速发现投资少、花费时间短、收益高的赢利机会	1. 组织文化变革； 2. 发现及培养敢于担当的领导者； 3. 基于组织变革的学习与发展体系建设
探索未来工作坊	1. 帮助组织内各部门跳出部门的局限，站在组织整体的立场来看待问题的解决方案，并制订各个部门都参与其中的行动计划； 2. 帮助组织内外的利益相关者跳出各自的组织，站在一个更大的系统上达成共识	1. 培养组织系统思考的能力； 2. 帮助组织进行渐进式变革，并取得变革成功； 3. 让组织的全供应链的利益相关者达成实际共识，以及形成一个良性的生态系统
开放空间工作坊	1. 解决复杂的冲突； 2. 创造性地解决问题并获得行动计划	1. 为组织建立一种良性的、有效的沟通环境； 2. 为组织建立充满能量、创造性解决问题的环境
世界咖啡工作坊	1. 创设轻松的、创造性的环境，以便参与者能够进行深度会谈； 2. 通过跨行业的专家进行深度交流，以产生未来领先的技术或管理创意	1. 创造开放的组织沟通环境； 2. 快速获得领先的技术创新
欣赏式探询工作坊	1. 激发团队士气； 2. 产生强烈的激励作用； 3. 减缓压力，提升员工幸福感	1. 用全新的假设和眼光看待组织； 2. 把“积极变革核心”带给所有的组织成员，并以此来影响他们； 3. 不断强化组织系统正向潜能培育能力

（续表）

组织促动法	短期目标	长期目的
基于聚焦式会话法的深度会谈工作坊	1. 掌握聚焦式会话法的汇谈技术，可以在面对面沟通或开会时，快速让与会者抛开防御心理，坦诚沟通； 2. 学习过程中，快速分享参与者的内隐知识，使信息有效地快速传递	解决过去会议、研讨、学习、沟通中没有考虑参与者不同的思维速度、限制了参与者的智慧贡献的问题
基于团队共创的愿景共识工作坊	1. 让管理者掌握领导力的相关知识和技巧，有效地运用于整个团队，调动团队成员的积极性； 2. 解决愿景分享的方法和手段单一的缺憾，运用脑科学知识促动员工的思维方式转化	有针对性地解决组织变革的过程中，面对人们的质疑与抗拒，无法有效采用激发人们积极情绪模式的宣导方式
鱼缸会议工作坊	1. 能帮助我们提升自我观察的能力，这种能力包括对自己的感知、思维和意向等方面的觉察； 2. 会丰富、完善我们的自我评价，这种评价包括对自己的想法、期望、行为及人格特征的判断与评估，这是自我调节与人格完善的重要条件	可以从组织内的其他部门获知部门的一些不当的行为或动作对组织所造成的各种影响。因此，要求提建议的部门参与者通过全方位地提出建议与质疑，从组织的利益出发，提出对被促动部门有用的客观意见，并能将所提的方案转换成具有实操价值的方案
复盘工作坊	1. 为了知其然与知其所以然； 2. 为了同样的错误不要再犯； 3. 为了传承经验和提升能力； 4. 为了总结规律和固化流程	1. 复盘是为了把失败转化为财富，把成功转化为能力。 通过复盘，当某种熟悉的、类似的局面出现在面前的时候，我们往往能够知道自己将如何去应对，在我们的脑海中就会出现好多种应对的方法；或者我们可以敏锐地感觉到当前所处的状态，从而对自己下一步的走向做出判断。 2. 复盘是一种学习能力。 最好的学习来自工作时间，最好的从实践中学习的工具是复盘

（续表）

组织促动法	短期目标	长期目的
适用对象	组织内部人员， 包括企业中、高层管理人员， 企业内全体员工， 组织内部虚拟团队	组织内外部人员， 包括组织与客户、供应商、消费者； 组织与所在社区、组织与利益相关者，如银行、学校等
项目实施周期	短期：4 个月	长期：5~36 个月
工作坊周期	1~6 天	
实施方式	1. 以某个主题为导向进行学习； 2. 在某次具体的会议中运用； 3. 结合公司的某个咨询项目进行落地	

行动学习不能光有流程，还要参与者端正心态，创造出良好的气氛。我们不能走形式，不能避重就轻，必须明确只有认识上到位，行动学习工作坊才能做出成效。行动学习促动的过程，就是组织和个人不断成长的过程。

作为一名行动学习促动师，要想在组织中成功地推行行动学习，熟练地掌握并能很好地运用促动技术是基本功。而作为促动师而言，掌握运用技术也是分为三个阶段的（这里借用武林高手的剑术境界晋级作为比喻方式）：

第一阶段是“手中有剑，心中有剑”。

在这个阶段，不要想着如何打组合套路，而要基于不同的对象和课题，先把自己学到的促动技术按照流程要求一板一眼地用出来，然后在过程中检验一下自己的心理预期与实际结果之间的差距。这时，促动师不要去做太大的行动学习课题，可以挑选一些实际工作中的小课题来切入、练手，关键是能做到熟练掌握使用促动技术。

第二阶段是“手中无剑，心中有剑”。

这个阶段可以考虑做一些稍微复杂有难度的、规模稍大的课题，也可以在掌握现有促动技术的前提下，将流程中的关键动作运用一些工具进行组合，从而达到更理想的行动学习目标。

第三阶段是“手中无剑，心中无剑”。

这个阶段就可以做一些更大的、更复杂的，甚至是跨团队协作的课题。如果条件允许，还可以做一些推进组织变革和组织发展的大型行动学习项目。到了这个阶段，促动师不仅需要熟练地掌握促动技术，还需要能基于组织要解决的课题进行行动学习项目的整体设计，将不同的促动技术进行组合使用，将所有的管理技术、教练技术、行动学习促动技术实现完美整合。也就是说，到了这个阶段，促动师就要成为能“集百家之长，成一家之言”的主导促动师。

行动学习剑法实战篇——主导促动师和教练推动行动学习项目在企业落地

○ 屡创奇迹的“行动学习五线谱”模型

前文已经讲了行动学习的基本知识，那么学了促动技术以后该如何在组织中去实践呢？该怎样规避一些暗礁和风险呢？如何将传统培训与行动学习结合起来？行动学习过程中学员暴露出来的能力短板该如何弥补？针对组织，该如何发动全员参与全覆盖？针对学员的心理干预、行为干预及绩效干预的辅导周期应该间隔多久？大型的集中式辅导与小型的分散式辅导该如何做？如何将外部的促动与内部的教练相结合？内部促动师和教练该如何培养？要保证行动学习项目的成功，我们应该建立哪些相应的机制？……这一系列问题该如何进行有效的设计管控？基于十多年来的上百个行动学习项目经验，我们总结了一套成熟的操作系统，并把它称为“行动学习五线谱”，而它通常表现为“1234N1”项目流程（如图 2-3 所示）。

1	2	3	4	5	6
深度会谈	工作坊启动	促动技术学习	行为干预	能力补缺	成果汇报

时间	1天	2天	3天	4个月	N	1天
学员	——	启动行动学习，探讨学习主题	学习促动技术，检讨行动方案	细化行动方案，汇报阶段成果	检视为完成计划自身欠缺的知识和技能	整理实施成果
促动师	与高层管理者现场汇谈	辅导选题，组织高层进行方案评审	教授促动技术与教练技术	30/60/90/120天关键节点现场辅导，进行团队行为干预	基于任务模型，对学员进行能力补缺培训	包装学习成果，汇编经典案例
方法技术	聚焦式会话法深度汇谈	未来探索，群策群力，开放空间	聚焦式会话法深度汇谈、团队共创、行动计划法，头脑风暴、思维导图、盈利矩阵，促动师培养、学习地图制作			——
阶段成果	结合企业年度经营战略，明确学习主题，制定评估标准	凝聚共识，探索发展、初步行动方案，给出方案评审意见	掌握深度汇谈的沟通技术；帮助团队达成有效共识，提升团队协作与绩效提升；团队自动自发承诺与高效执行力；完成学习主题目标			成果展示，实施奖励，经典案例集

图 2-3 行动学习与传统培训结合的“1234N1”流程

“行动学习五线谱”的纬线是按项目的时间线、学员线、促动师线、方法技术线和阶段成果线来划分的，经线则是按项目任务的进度和工作内容来划分的（行动学习流程网络图如图 2-4 所示）。按照经线脉络，“行动学习五线谱”包含深度会谈、工作坊启动、促动技术学习、行为干预（月度复盘＋月度辅导）、能力补缺（基于任务模型的能力提升）、成果汇报（总复盘）等关键动作。

从行动学习项目设计的角度来看，我们必须要有很清晰的顶层设计，要将参与学员的学习与工作过程紧密结合起来，通过以赛代练的方式保证行动方案的落实，同时基于能力短板的辅导随时动态地调整补缺，不能“为了学习而学习”。当然，为了不偏离航向，必须要配套相应的机制保障和激发大家。最后，因为行动学习和绩效的强相关性紧盯目标，从而最终实现绩效和

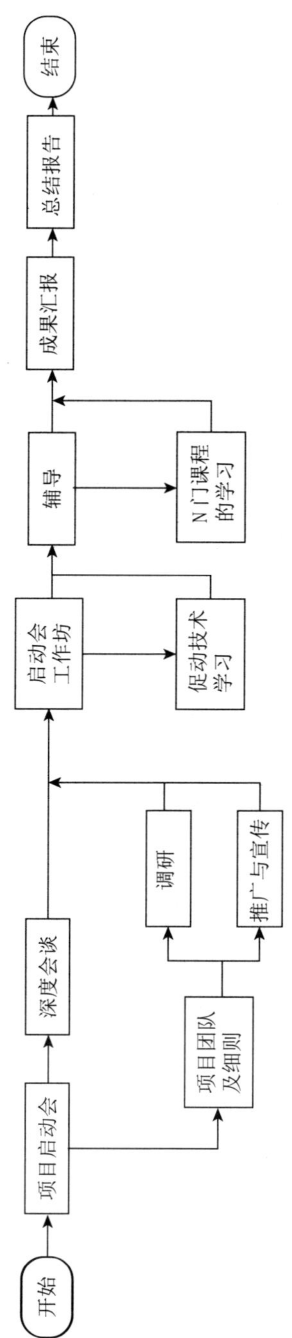

备注：1. 工作坊启动后，约 15 天发放问卷调研和进行电话访问，辅导前 5 天发汇报模板。
2. 工作坊启动后 30 天，第一次辅导；60 天，第二次辅导；90 天，第三次辅导……以此类推。

图 2-4 行动学习流程网络图

能力的双提升（如图 2-5 所示）。

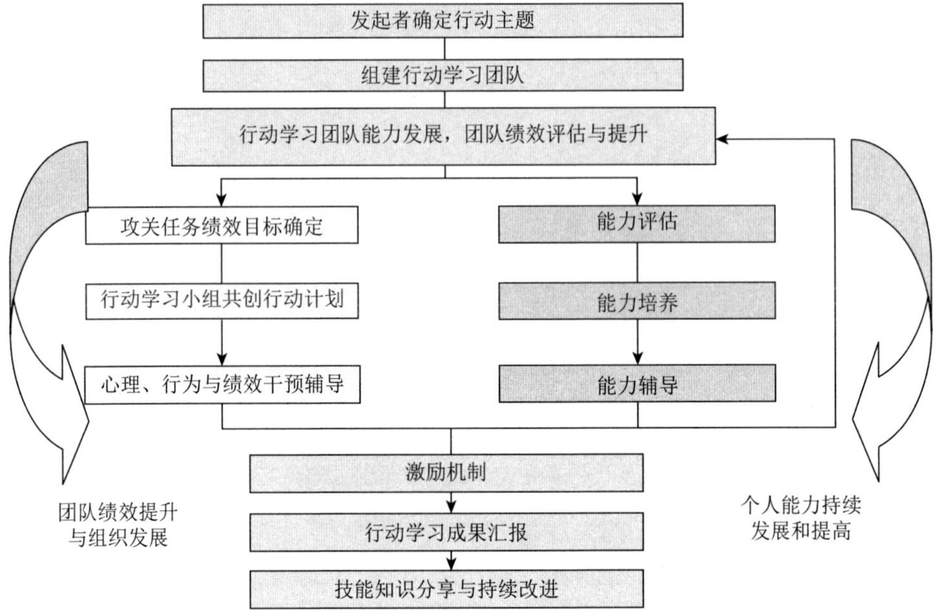

图 2-5　行动学习最终是为了实现个人能力与团队绩效双提升

具体来说，行动学习项目进行顶层设计时，要考虑以下五个因素：

一是学习。

具体来说，就是将学员个人学习跟团队学习结合起来，以团队的力量支持每位成员进步。企业的学员将以分组的形式进行团队学习。

二是竞赛。

具体来说，就是将学员组织起来，按阶段进行的现场行动成果汇报，现场进行城镇会议，领导和各小组学员参与质疑和建议，帮助各行动小组及时进行反思和调整，保证行动方案按计划落实。

三是辅导。

具体来说，就是通过行动实践辅导，克服知识的高遗忘性及学员个人的惯性，打破组织惯性对学员知识运用的阻碍，辅导学员运用及深化促动技术的应用，帮助学员掌握愿景力、协作力和执行力工具，共享心智模式，群策群力、自动自发地运用所学解决工作中的实际问题。

四是机制。

具体来说，就是通过建立一套能力补缺的行动学习流程和机制，帮助企业加速高潜质人才在学习中行动，在行动中提升能力。

五是绩效。

具体来说，就是通过聚焦主题，将学员所学与企业快速发展过程中需要学员掌握的能力，与组织发展、组织绩效提升中的关键问题关联起来；通过能力与绩效双提升的评估方法，来推动学习与绩效关联。

思路决定出路。行动学习项目的顶层设计决定了项目的成败，我们必须要将学习、竞赛、辅导、机制及绩效进行综合考虑。下面我们将详细介绍基于“行动学习五线谱”设计的“1234N1”流程及操作中的注意事项。

“1”：主要指深度会谈

在这个阶段，行动学习项目的主导促动师将对企业的高层进行有关项目的深度会谈和深度调研。

那么，如何有效开展行动学习项目的深度会谈呢？

俗话说，万丈高楼平地起。一座房子未来的高度是由它的地基决定的。地基打得深不深、牢不牢，决定了这座房子未来坚固不坚固。同样地，一个行动学习项目未来在执行的过程中跑偏与否，是由前期与高管团队或者项目发起人的深度会谈的深度决定的。

深度会谈是行动学习项目的第一阶段，其主要内容是组织企业高管及利益相关者进行深度交流，设定行动学习的主题，明确关键问题及行动学习的目标，并设定目标的衡量标准及绩效标准。

深度会谈的目的是，通过与企业的领导层及各部门负责人、各片区负责人的深度交流碰撞，了解目前整个企业的部门结构、人员结构、经营状况等情况，并明确企业目前的处境与存在的问题，设定行动并学习未来参与者在参与过程中需达成的管理目标、参与者需要提升的能力目标及挑战性的业绩目标，设定目标的衡量标准及绩效标准。

我们通过这些目标的达成情况来检核所有参与者的学习成效，以便让所有未来的参与者明白行动学习与传统培训的区别所在。行动学习不会像过去一样，不是培训对象来到学习现场听听课，听完了就没有其他事情了，而是带着工作中的挑战目标来，带着实际工作中需要重点解决的关键问题来，通过在“干中学，学中干”来解决组织发展过程中的问题，实现每位参与者的蜕变、突破与成长。

深度会谈的过程是一个项目的主导顾问和促动师对企业深度调研和了解掌握企业经营信息的过程，同时也是了解组织在发展过程中面临的关键障碍到底在哪里的过程。通过深度会谈，我们发现了一个有趣的现象，那就是目前大多数企业都面临着一些共性问题。

这些共性问题主要包括以下几个方面：

第一，管理者大多缺乏经营思维。

目前大多数企业管理者都缺乏经营思维，他们没有将经营当作一门生意来对待，只是机械地执行管理要求，而且还执行得不到位。他们缺乏对经营数据的分析能力，不懂得通过数据分析到寻找工作中的突破口。

第二，团队建设、团队管理不到位。

目前很多企业管理者属于“技而优则仕”的情况。他们往往是因某项专业能力比较突出而被提拔的，比如做营销工作的因为积累的资源多、人脉广，业绩突出，被提拔为营销经理或营销总监。但是，如果要带团队，他们会不清楚自己的角色，不知道如何去做团队建设。这类管理者往往管理比较粗放，工作没有重点。特别是那些职场中的“老油条”，他们既不带头提升业绩，也不懂得如何安排人员去提升业绩，对业务人员的工作也没有通过有效的手段去推进。

第三，学习意识薄弱。

目前大多数企业管理者被事务缠身，很少花时间学习，甚至根本就不学，少数学习的也只是碎片化的学习。这种情况与群体中学习者分布的“163法则”极其符合。所谓“163 法则”，就是如美国领导力发展公司洛美哥（Lominger）指出的那样，世界上只有 10% 的人是主动学习者，60% 的人是被动学习者，剩下的 30% 甚至不愿意去听说或尝试学习新事物。被动学习者的普遍存在，使促进主动学习成为学习领导者们面临的重大挑战之一。

很多人能大量吸收新知识，却极少有人能够主动应用新知识。比如，一些银行的支行长对自身的资源不熟悉，对客户结构不了解，而且很多部门负责人对产品很难做到如数家珍，却又不愿意花时间、花精力去学习，还徜徉在过去那种“躺着就能赚钱”的时代里做梦。若想使他们的行为发生改变，领导者应当学会“**制造场域**”（即营造适合成员行为改变的网络），让学习者融入新的环境。

第四，营销团队缺乏狼性意识。

很多企业的营销团队都是一群“绵羊”，缺乏狼性意识。很多营销人员进取心不强，工作主动性缺乏，推一推，动一动，不推就不动，还总喜欢给自己找一堆完不成工作的借口。所以，我们要通过与高层的深度会谈，务必要使高层明白此次行动学习项目的目的。

具体来说，此次行动学习项目要实现以下几个目的：

一是必须让管理者都能建立起经营思维；

二是必须使管理者学会如何打造自己的团队，做好团队建设，让团队成员充满激情和斗志；

三是必须将组织打造成学习型组织，因为企业的唯一核心竞争力就是具有比竞争对手更快的学习能力；

四是改变“推一下，动一下，领导怎么说就怎么做”的现状，从“要我做”转变到“我要做”，从“要我学”进化到“我要学”，把团队打造成具有进取心、充满狼性的团队。

深度会谈的关键流程和关键动作：

项目宣贯：解读为什么要开展行动学习项目（即此次行动学习项目的背景分析）。

聚焦目标：明确企业的年度经营目标、行动学习的项目目标，找准未来的发力方向和突破口；完善现有绩效管理制度与考核机制，明确衡量标准及制定相关配套激励制度，不断调动激发所有员工拼搏进取的精神和斗志。

经营分析：明确企业的现状，通过现状分析了解本次行动学习的主题及目标，分析其可实现性。

组建团队：基于组织架构，选定参与对象及利益相关者。

明确分工：确定各配套相关小组的工作内容及相关事项。

深度会谈中一定会设定一个具有高挑战性的绩效目标，因为对任何企业而言只有唯一的指向，那就是“利润”，所以绩效目标与企业经营战略目标是紧密结合的。只有高绩效目标，才能够引起管理者与员工高度的共同关注，并使其产生兴奋感与热情，从而能够牵引组织变革、锻造执行文化。

行动学习项目通常是以经营业务单元或者职能部门来分组的。这样，同一个组的成员就拥有共同的目标，面临共同的问题，在一起沟通和交流会更有针对性。大家凝聚在一起，通过行动学习完成从松散的集合体向团队的蜕变，同心打造命运共同体。

深度会谈让企业看清了自己面临的问题和挑战，也厘清了企业未来的经营目标和前进方向，即通过行动学习的手段促进组织的管理升级，从粗放型走向集约型，实现管理精细化，同时在行动学习过程中凝聚团队的士气，使团队建设更上一层楼，打造一支充满正能量、永不言败的队伍。

深度会谈是整个行动学习项目中的关键步骤，深度会谈中设定的目标为下阶段的工作锁定了方向。如果说行动学习是一场推动组织变革的逆袭反击战，深度会谈就是确保前进路线正确方向的一盏指路明灯。而下阶段的行动学习项目启动会工作坊，将会是点亮梦想、奋勇追梦的开始。

深度会谈具体细化操作流程：

目的：

促动师通过与企业方高层深度会谈，为本次行动学习项目精准确定选题，输出可供后续操作的目标、评估标准和激励机制。

主题及目标要求：

1. 主题要聚焦，宜小不宜大。

2. 目标包括绩效目标和能力项目标。能力项目标能为后续 4~6 个月的辅导提供课题；目标必须符合 SMART 标准，时间方面是 4 个月内能落地、可执行的。

3. 阶段性目标是项目双方均能接受的。

评定标准：

按照平衡计分卡制定绩效标准和能力标准。

输入：

1. 前期信息收集。

2. 汇谈框架发送与回收。

3. 汇谈邀请书发送。

4. 促动师执行深度会谈。

5. 深度会谈 PPT。

通过以下提问得出深度会谈的结果：

1. 我们公司未来 3 年的经营战略是什么？

2. 本年度的经营目标是什么？本次行动学习的目标是什么？

3. 本年上一季度我们遇到的困难是什么？接下来还可能遇到的挑战是什么？

4. 藉由本年度的目标，我们需要学员提升的能力是什么？（核心三项）

5. 如果上述能力有所提高，他们对应的行为改善表现在哪些方面？

6. 在可控范围内，我们愿意给予此项目的激励机制是什么？

输出：

参与深度会谈的人员需对信息加以整理，得出满足上述要求的主题、目标、能力项目、标准和激励机制，并成立行动学习委员会，明确参与者的职责。

“2”：主要指项目启动会工作坊

在这个阶段，主导促动师会基于前期行动学习项目与客户深度会谈的结果，设计出覆盖客户参与对象的整个启动会的流程，实施过程中的学习工具、分析工具，以及最后产出的行动计划。通俗地说，这个阶段是一个“造梦”的阶段，是一个**“缩小分歧、求同存异、凝聚共识、共创双赢”**的阶段，是一个为团队注入梦想，激发团队敢于挑战、能够挑战的阶段。

在这个阶段，我们通常会用群策群力来设计启动会的工作坊。当然，我们还可以基于行动学习课题的不同、时间长度的不同等用探索未来、开放空间、世界咖啡、欣赏式探询等不同形式的引导设计，也可以在此过程中使用一种或几种促动技术的组合。

通过行动学习启动会工作坊，我们必须让所有参与者通过群策群力厘清组织未来的前进方向，要让他们在此过程中看清团队要实现的目标，并基于将来的行动策略达成共识，有效实施下一步所有参与者的行动计划，实现从过去的希望式管理到承诺式管理的转变。

项目启动会工作坊：

形式：

启动会 + 群策群力工作坊。

步骤：

1. 愿景共识：通过对达成目标的胜利景象描绘，激发学员的成就梦想。

2. 现状分析：通过 SWOT 分析或商业模式画布分析，让所有人从战略结构角度看清当前的商业模式，聚焦业务或问题核心。

3. 自愿承诺：愿意为自己的行为承担责任。

4. 团队共创：输出行动策略，由“要我做”变成“我要做”。

5. 制定行动方案：将行动策略细化为每个人的行动计划，引导和激发学员自动自发地执行。

6. 城镇会议：行动方案 PK，通过现场工作汇报，接受领导与教练组的质询行动的合理性、可行性，最终确定可执行的行动计划。

关键结果：

学员明确本场学习的目的、目标和规则；

组建行动小组，承诺执行；

基于目标达成和能力提升设计行动计划。

导师解读：

群策群力在组织中营造了一个全体成员能平等、无拘无束、坦诚地沟通与交流的环境，并通过这样的环境来凝聚组织的智慧。**群策群力能高度有效、快速解决企业中跨部门的扯皮问题，打破“部门墙”**。国内很多企业都是按照直线职能的部门组织结构来进行管理的，而且缺乏面向流程的管理方法，造成企业内部时常出现扯皮现象，责任人与所有者不能清楚界定的现象十分普遍。总的来说，群策群力消除了常见的推诿和“议而不决”的现象。

群策群力强调对问题的快速解决，在解决问题的过程中依赖于各个部门与该问题直接相关的人员的参与及贡献，而不依赖于领导者。群策群力工作坊就是将前期与高管深度会谈达成的组织战略目标，通过启动会工作坊在促动师的引导下落实下去，变成所有参与者的行动策略和行动计划，以达到组织内各团队“缩小分歧、求同存异、凝聚共识、共创双赢”的目的，为未来行动学习的全面展开奠定良好的基础。

“3”：主要指内部促动师的促动技术学习

这个阶段的主要动作是，在组织的大规模启动会完成后，未来组织内部如何将外部的知识进行有效的内化，行动学习的团队长或者相关的职能管理部门在项目开始后怎样才能更好地利用行动学习的促动技术推进目标的达成，以及如何运用这些方法高效地辅导纠偏团队的航向。为了实现上述目标，教会大家掌握行动学习的促动技术，或者说提升领导力的技术，就很有必要了。

大家应该知道，行动学习过程中很重要的一点，就是我们一定要改变学员的行为模式，最后才能实现组织绩效的提升。内部的管理者学习掌握促动技术的目的，就是在达成组织目标的过程中，不断进行心理干预和行为干预。

行为转变理论模式认为，人的行为改变是一个复杂、渐进、连续的过程，可分为五个阶段，即打算转变前阶段、打算转变阶段、准备行动阶段、行动阶段、巩固阶段。如果干预不成功，目标人群会停在某一行为阶段，甚至出现倒退。

所以，企业管理者掌握促动技术是基于组织发展的需要，而组织发展是以提高组织效率和活力为目的的。要实现这个目的，企业管理者需要利用行为科学知识在组织的进程中实施有计划的干预，发展组织的自我更新能力。促动技术正是基于行为科学知识而设计的领导力发展课程。

为了保障行动学习项目的顺利实施，该项目的主导者将会协助企业从内部选拔一批核心管理者作为内部促动师，学习相关的促动技术与教练技术。而这些被选中的管理者将承担起内部促动师的角色，负责下属的教练辅导工作，实现外部促动与内部教练的无缝对接。

“4”：主要指基于行为干预的“月度复盘 + 月度辅导”

这个阶段主要就是要对前期输出的行动计划进行核检。张瑞敏说，管理是盯出来的。所以，我们仅靠希望和期望是无法拿到组织成果的。俗话说，**销售不跟踪，结果一场空；工作不反馈，管理全作废**。所以，每个月一次的复盘就是不断地紧盯目标，不断地让参与者学会去总结经验和教训，并从中找出规律。正因为如此，每个月的行动学习就有了两个关键动作——月度复盘和月度辅导。

关键动作一，月度复盘。

复盘是行动学习项目的重中之重。通过复盘不断地发现问题、聚焦问题、解决问题的过程，就是组织和个人不断成长的过程，而这里至少包括两个曲线上升的循环。

一是行动改善循环，即从工作实践，学习知识，进而通过复盘做反思，提炼出行为背后的内在思想，总结出可以普遍适用的规律，在下一阶段的行动中进行复制和传承；

二是心智改善循环，即从工作思路、思维方式的改善，到实践检验，到心智模式的内化更新。

从多年的行动学习项目操作经验来看，整个行动学习项目成功与否，复盘起着决定性作用。复盘是否到位，促动师对企业经营的理解、对行业的理解，能否在复盘过程中抓住关键问题，能否引导学员走出自己的惯性和舒适区，以及整个复盘流程的设计等，都是复盘成功与否的核心。

复盘是围棋术语，也称“复局”，是指对局完毕后，复演该盘棋的记录，以检查对局中招法的优劣与得失关键，一般用以自学，或请高手给予指导分析。

围棋高手都有复盘的习惯。这样可以有效地加深对这盘棋的印象，也可以找出双方攻守中的漏洞，是提高自己水平的好方法。在复盘中，双方的思维不断碰撞，不断激发新的方案、新的思路、新的思维，新的理论可能在此萌发。

后来，复盘又被广泛运用于企业的日常经营管理中。像联想、IBM 等这样的知名企业，也都采用了这种方法。

特别是在联想，复盘已经成了企业文化中的重要方法论之一。柳传志强调，复盘即指做过的事情，再从头过一遍，目的是不断检验和校正目标，不断分析过程中的得失，便于改进，不断深化认识和总结规律。对于联想的发展和组织智慧的积累，复盘起到了非常重要的作用。

复盘的本质是解决问题。联想式复盘就是要考查“当初是怎么定目标的”和“现在做成的结果”之间的差异，然后根据差异分析原因，寻找解决方案，并开展后续的行动。联想式复盘就是不断地小步迭代，把做过的事情重新推演一遍，通过反思与总结，可以将经历转化为经验。

复盘的关键动作：

行动之后必有总结，有反思才能有进步。在行动计划实施的过程中，我们每个月都必须进行复盘总结。而完成月度复盘总结，需要完成以下四个重要步骤（如图 2-6 所示）。

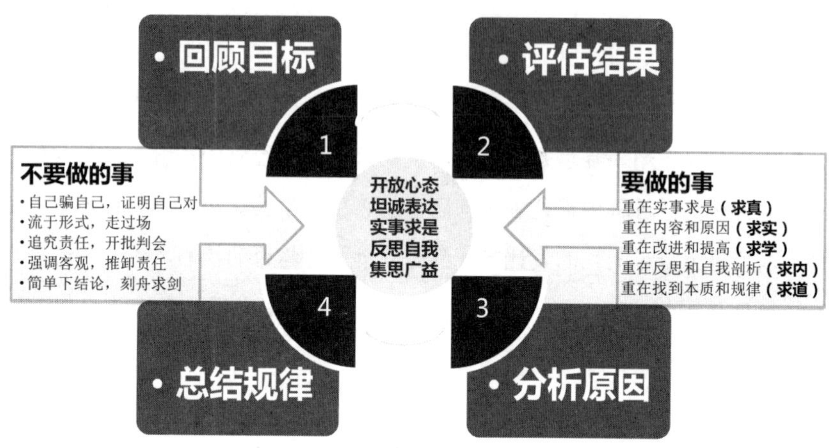

图 2-6　复盘的步骤

第一步，回顾目标。

不忘初心，方得始终。在冲锋前进的路上，切忌目光局限、迷失方向。我们应该定期盘点，回顾自己的目标。这些目标包括整体目标、分类目标、阶段任务目标等。

第二步，评估结果。

每个阶段，我们的工作状态怎样，工作成果怎样，哪些工作有计划并且完成了，哪些工作有计划但没有完成，出现了哪些计划外的临时状况；上个阶段，哪些工作做得很出色，有什么数据支持，哪些工作遭遇了挫折，又有哪些量化的损失。这些客观事实，能够把团队上一阶段的行动状态展现在领导和全体员工面前，以便为我们进行准确的判断提供帮助。

第三步，分析原因。

我们需要分析自己上一阶段的工作亮点在哪里，原因是什么；短板在哪里，背后有哪些因素。

第四步，总结规律。

成功的原因是否可以复制？失败的因素是否可以避免？成功和挫折是否可以让我们在后续的竞争中表现更好？我们可以获得哪些理念？需要建立哪些长效机制？下一步的工作是否因此进行调整？这就是我们要总结的规律。

每个人都有自己的个人惯性和组织惯性需要克服，复盘的过程也是一个辅导的过程。复盘辅导要点主要在于以下几个方面：

一是把握关键节点，推动参与者逐步迈向新行为巩固阶段；

二是始终关注主题，牵引参与者分阶段推进目标；

三是重视过程管理，保证项目过程中参与者始终以促动技术在分享经验，互相学习。

所以，在复盘中，我们通常会让学员去觉察怎样才能从过去的经验中间学习，同时更让他们学会从团队的伙伴身上学习。

此外，复盘同样也需要进行流程的设计，要不断对学员进行心理调适。毕竟，复盘还是很有压力的。很多学员在刚开始的时候是敷衍的、茫然的、困惑的、抵触的，甚至是抗拒的，但他们后来变得淡定，坦然地接受了行动学习，最后认同甚至喜欢行动学习。在这个过程中，由主导促动师和组织高层组成的教练团队功不可没。

教练团队重点促使学员思考，让其权衡改变行为带来的利弊，从而产生改变行为的意向、动机；促使他们做出自我决定，找到原行为的替代行为；消除或减少原有行为诱惑，通过自我强化和学会信任来支持行为改变。通过复盘，成功和失败都变成前进路上的营养，让我们走得更快、更远。

关于复盘，除了行动学习项目安排的月度复盘外，我们建议各个小组的复盘要以周为单位展开。总之，就是小事及时复盘，大事阶段复盘，事后全面复盘。

月度复盘小结：

形式：复盘、微课程、解决问题工作坊。

复盘：跟进检查进度，PK比较、筛选出标杆团队和标杆案例，反思成长。

辅导：我们通过解决问题工作坊，帮助学员把学到的技能运用到项目中，去解决实际问题，并融会贯通。

微课程：我们会因应在深度会谈、城镇会议（及每次阶段汇报）、过程调研中获取“学员现在到底缺什么”的信息，再根据个人和团队的具体实际分别进行微课程讲授。

关键结果：

实施过程考验学员的知识转化、执行能力和反思能力；

关注学员个人能力的提升；

关注行动学习团队能力的提升和绩效达成。

复盘会议安排示例：

学员就之前制订的行动计划执行情况进行汇报。

汇报内容包括：

已实施的步骤；

延后实施的步骤；

过程中学习到、悟到的专业领域信息；

过程中学习到、悟到的管理信息；

过程中遇到的疑惑、问题及改善点。

注：根据教练团队提供的辅导模板，实现由促动师及学员上级进行提问，帮助学员反思。

提问内容包括：

是否贯彻了行动方案；

对执行情况进行询问；

对资源运作情况进行了解；

对实施过程进行监控及提示；

了解学员未能察觉的误区。

注：根据教练团队提供的指引实现。

个人进行反思、归纳：

在下一步行动计划中体现反思的成果；

其他学员获取足够的信息，信息流处于同一平台，并能够在下个环节中进行充分的团队学习。

注：根据教练团队提供的归纳模板进行归纳。

月度复盘会议的意义：

一是行动落地。

行动学习工作坊中，学员在现场的分析、输出，无论是在战略层面，还是在策略层面，均是高质量的分析成果及行动计划，但战略、策略是需要执行力去落地的。而落地与否，可以通过质询去引导学员反思与行动获得。

二是团队学习。

无论是在企业中，还是在行动学习中，教练团队不仅希望员工在某一个时间、某一个地点进行团队学习，更希望这种团队学习形成一种文化，形成企业的DNA。要使这种文化传承下去，就须开展持续一段时间的复盘会议，使该学员群体形成习惯。

三是个人能力的提升。

在行动学习的持续过程中，教练团队要不仅能够沉淀文化，而且还能甄别出每位学员的管理理念、计划、组织、领导及控制能力。

四是学员上级能力的提升。

行动学习的真谛不仅仅是一项单纯的培训，而且是一次面向企业战略、学员，乃至学员的上级的甄别与考验。

行动学习过程中，学员的上级不仅需要对学员输出的行动计划进行甄别，还需要就过程中资源配置进行持续的关注与协调，要对下属（学员）进行教练。仅凭学员之力是无法推动整个企业变革的。

学员复盘感悟示例：

行动计划重点在于跟进，集中复盘可以跟进团队负责人，部门复盘可以跟进员工。一些管理者认为“日常沟通已经足够充分了”，事实证明，这往往是一种错觉。在传统的管理模式中，员工的工作思路往往没有正式的机会得到表达，没有机会相互学习借鉴，更没有机会互相督促创新。部门复盘可以有效地激发基层员工活力，在工作一线建立起团结、紧张、严肃、活泼的正能量氛围。

部门复盘的组织流程和部门启动会类似，由行动学习委员会督导组统筹，部门负责人作为主要评委，分管领导和业务条线领导参会指导。

部门复盘为基层提供了下情上达的极好机会，也让管理者有机会在实际工作中发现人才。管理部门参与基层部门复盘，可以用最短的时间了解基层情况，提供支持服务。

当今社会唯一不变的是变化，不去改变只能等待被淘汰。改变是痛苦的，不改变更是痛苦的。行动学习就是通过强刺激性的点评方式，引导着、硬逼着大家去思考、分析、研判，从而脑洞大开，改变固有的思维方式，去做自己不愿意做、不想做、不敢做的事情。怀揣梦想，坚持信念，勇敢去做，加油！

关键动作二，月度辅导。

我们的知识结构，70%来自于在岗位学习，20%来自于人际学习，10%来自于课堂学习。如果有一种学习模式能够带领员工边做边学，他们的成长效率将会大幅度提升！

——麦肯锡咨询

行动学习项目中管理者应提升的关键能力：

前文在讲到“1234N1”流程时，就曾提到针对大团队的能力辅导问题应该如何设计问题。基于我们的实践经验，笔者把它总结为六项关键能力，即自我认知能力、自我管理能力、系统思维能力、问题分析与解决能力、创新能力、教练辅导能力。

鉴于企业的实际需要，我们更多地谈谈作为主导促动师应该如何聚焦关键能力，然后运用行动学习的方法设计出**以提升能力为导向的解决问题工作坊**。

在这个过程中，我们需要把握三个关键点。

一是把传统管理技术、促动技术、教练技术融为一体，让参与者学会提升效能的工具、技术、方法；

二是不断地解决实际问题，脚踏实地，推动组织经营管理计划的落地，提升团队执行力；

三是鉴于员工在实现挑战性目标的过程中所需要的能力环环相扣，我们要通过阶梯性的工作坊帮助员工进行能力提升。

月度解决问题工作坊设计：

形式：解决问题工作坊。

目的：为了后续几个月甚至一年的行动学习计划得以实施，学会深度探讨问题、分析问题及团队学习。

学习以世界咖啡、团队共创、开放空间等讨论及会议促动技术，并在整个项目周期内实施，定期评估挖掘问题能力、提问质量乃至整个讨论、会议的质量，持续至项目结束。

关键结果：

营造学习型文化；

便于行动学习小组在课后能够自发地组织高效会议；

学会发现问题、挖掘问题、分析解决问题的高效方法，对项目实施过程中的质疑、反思，以及项目计划的不断优化，达成目标，有关键性作用。

辅导主要是针对行动计划负责人进行的。辅导的内容（如图 2-7 所示）主要包含四个方面，即如何促动行动小组有效分享，如何达成共识与行动，如何跨部门协调资源，如何进行项目管理。此外，辅导还可深入其中一个小组，协助其促动项目，以建立该组织中行动学习的标杆。

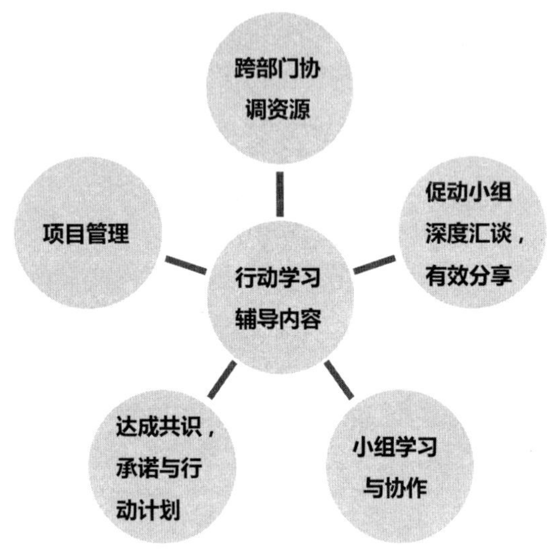

图 2-7　行动学习辅导内容

通常行动学习项目开始以后，参与者的积极性会空前高涨，各团队都会基于自己在项目启动会上输出的行动计划安排去推进。但是，当进行了一段时间后，他们会发现整个团队能力的短板，而且还会发现经过初始阶段的业绩上扬、激情澎湃后，业绩指标的达成逐步回落了。这个时候，团队就会处于一种纠结、迷茫，甚至困惑的状态。这是为什么呢？

因为我们把容易做的事情已经做完了，剩下的事情都是难做的事情、难啃的骨头。这样，我们就面临着对新的能力的挑战，更面临着对过去旧有的工作模式和习惯的挑战。这个阶段大约发生在行动学习启动会后一个月左右。

这个时候怎么办？如何给团队充能加油？如何使团队保持激情走出困

境？这个时候是容易迷茫的时候，也是行动学习促动师或者团队教练开始介入进行相关的心理干预、行为干预和绩效干预的时候。下面笔者将基于多年的行动学习项目经验和大家分享该如何切入，对团队进行有效的教练辅导。

行动学习团队的辅导通常会分为集中式辅导和分散式辅导两种形式。其中，集中式辅导主要是对大团队（即由所有参与部门组成的业务单元或小组）展开的，主要特点是涵盖面广、全辐射、呈放射状开展；分散式辅导主要是针对小团队（即参与其中的各分支机构或部门小组）展开的，主要特点是聚焦锁定小组、个性化、重度垂直、深度教练。

月度集中式辅导：

集中式辅导的注意要点是：

行为干预主要依据行为转变理论模式（SOC），其理论基础是社会心理学。促动师了解目标人群的行为阶段分布，确定各阶段的需求，采取针对性措施，帮助参与者知而信、信而行，逐渐改变原有行为，实践新的行为。

同时，促动师需要促动参与者将前期所学的促动技术完整地运用起来。参与者学习促动技术后，须在之后小组讨论、会议交流的过程中使用促动技术获得会议成果；外部促动师则通过布置任务、过程干预，使参与者必须提交以促动技术为方法的过程成果，以此来保证参与者改变原有行为，反复使用促动技术。

月度分散式辅导：

团队辅导五步法是进行分散式辅导的最佳方法，简单、实用、有效。

所谓团队辅导五步法，就是团队辅导时要使用“复盘回顾—聚焦问题—启发思考—团队共创—形成行动计划”五个步骤。

那么，具体该如何操作呢？

第一步，复盘回顾。

首先，由行动学习本业务单元的负责人，就是本小组的组长，回到自己的业务团队，向所有参与本次辅导的员工通报本组的复盘内容 PPT，以便让本业务单元的全体员工都了解整个部门的工作推进进度。

其次，根据本次复盘汇报过程中导师或者领导提出的团队的问题、工作改善点进行摘录，聚焦后用 PPT 的形式通报给团队本次参与学习的全体员工知晓。

最后，分析导致这些问题的主要原因，以及由此带给下一步工作的影响。

第二步，聚焦问题。

基于上述内容和原因确定各团队或小组的讨论，锁定本次辅导需要解决的关键问题是什么，在众多问题中如何聚焦核心问题。每次辅导只需聚焦解决一个核心问题，且这个问题一定是团队现阶段急需解决的问题。问题的确定可以由团队的每位参与者提出后再汇总确定，亦可由辅导老师或团队长来确定本次辅导的主题。

需要注意的是，每次辅导的问题必须和工作是强相关的，而且越具体越好，宜小不宜大，因为辅导每月都会展开。我们不要指望一次辅导就把所有问题全部解决，这不现实。问题的解决是一个循序渐进、周而复始的过程。

第三步，启发思考（分享资讯）。

根据要解决的问题介绍摘录其他相关兄弟团队的经验分享，或另行准备行业案例及其他与要解决的问题有关的资讯。打开参与者即将参与解决的问题的思路，重点是要启发大家突破固有思维，能更好地提出创新的工作方法，聚焦于经营、管理、营销、服务模式方面的创新。

第四步，团队共创。

担任本次辅导的促动师引导大家深度思考后，进行团队共创，提出解决方案。在共创的过程中，要注意引导大家提出的解决方法的质量，特别是引导过程中的策略澄清，以及区分重在引导大家关注创新的点子。

第五步，形成行动计划。

所有辅导最后的落脚点都必须要落到行动中去，基于以上输出的策略形成下一阶段的行动改善计划。行动计划一定要符合 SMART 的原则，同时要重点引导大家找到对现阶段而言，哪些方法更可行，哪些是最快的方法，哪些是最好的方法，哪些是最省力的方法，哪些是最省钱的方法，如何调整计划才能确保 100% 成功。

重点围绕以上思考点展开并对策略计划进行评估。

行动学习项目的成功与否与我们每个月的辅导是正相关的。行动学习能否迅速地让全员参与进来，能否快速落地，能否不断跨越行进过程中的障碍，能否提高参与者在过程中解决问题的能力，都与组织是否具有强有力的保障机制息息相关。因而，辅导机制是确保把外部智慧进行组织内化的关键动作。

作为一名促动师或者团队教练，必须要学会将专业思考和商业思考相结合。**无专业支撑的商业行为是昙花一现的无源之水，无法商业化的专业行为是孤芳自赏的海市蜃楼。**

其实，智慧就在每个人的大脑中，只是我们在成长的过程中被大量限制性思考遮蔽了心智。所以，我们就更多地把焦点转向外部寻求答案。促动师的工作就是让大家重新恢复“内观”，即独立思考、深度思考，帮助大家重新找到自己“回家”的路。

下面是一个案例。

案例主题：运用情境领导进行内部人员管理。

所在部门：×× 公司休闲食品事业部华中大区。

被辅导对象：四名省区经理。

促动师教练：田经理。

一、辅导背景情况介绍

四名省区经理任职时间长短不一，有的长达四年，有的只有半年。他们加入公司的时间也相差较大，有的已经十一年，有的只有两年多。不同的经历造成了他们对公司文化理解的差异，而性格、处事方法的差异又直接影响到他们处理问题的结果。

教练希望能运用学到的知识对他们进行辅导，使他们掌握科学的、系统的管理和沟通技巧，使他们能够在处理日常工作时游刃有余，取得事半功倍的效果。

二、辅导目的与目标

1. 辅导的目的

使省区经理们能有效地掌握科学、系统的团队管理能力、沟通能力、事务处理能力，以便提高其实际工作效率。

2. 辅导的目标

使省区经理们能更好地适应公司发展的要求，掌握科学的管理方法，迅速提高管理技能和沟通技巧、事务处理技巧，提高工作效率。

三、辅导前的思考与准备工作

1. 辅导前的思考

四名省区经理个人情况相差较大，从工作意愿上来说，都比较强烈，但是也有差别：有的一门心思全在工作上；有的近期家庭琐事多，精力不可避免地被分散了；有的能力存在一定的欠缺。这些差别不可避免地造成了各省区管理上这样那样的问题的出现。

鉴于不同的区域需要有不同的领导风格，因而，如何正确地运用合适的领导风格，使省区经理们掌握科学的管理手段，迅速提高工作效率和管理水平，就成了此次辅导的重点。

2. 将要采取的辅导策略

此次采用的辅导策略，主要是运用李伟老师在情境领导中关于员工在接受、负责并执行一项具体工作中表现的能力与意愿的理论，由教练将各位省区经理按照三种类型进行划分，并针对不同类型的员工采取不同的领导风格进行辅导。

四、具体的辅导方法和步骤

1.R2（能力不足但意愿强烈）

四名省区经理中有一名属于此类型。他对工作有很大的信心及热情，与客户的客情关系处理得比较好，下属团队的凝聚力也不错，但是在个人专业能力及沟通技巧、管理技巧、带队伍的能力等方面还有很大的欠缺。

针对这名经理的情况，教练对他进行了有针对性的培训，主要是使之认识到在处理具体问题上不要不经分析就盲目去做，而要采用科学、专业的技巧及方法去处理问题。尤其在客户沟通、团队成员的沟通上，更要仔细想想有没有更好的沟通方法，多设想可能出现的结果，一定要针对不同人员的特点进行沟通，这样才会取得较好的效果。

同时，安排其具体的工作事项，对安排给他的工作进行跟进，根据他完成的进度进行跟踪，及时指出其不足之处，帮助他找到更好的方法，修正工作方法，分析利弊，并同他一起分析以后处理问题的步骤和可采用的方法、可能取得的效果。

2.R4（有能力也有意愿，但是不能全身心地做好工作）

有一名省区经理属于此类型。他有能力，也有强烈的工作意愿，在下属中威信较高，凝聚力尚可，但近期对工作不够全心全意，以致效率不高，取得的成绩不够理想。

教练通过跟这位经理交流，帮他分析了工作与家庭、个人付出与事业成就、公司工作与个人发展的关系，帮其找到平衡点，使之明确只有公司做强做大，个人发展才会有好的前景，使之明了只有付出才能得到回报，使之找到如何兼顾个人事务和公司工作的技巧。

通过交流使他明白这些关系之后，教练针对其近期工作进行跟踪，因其能力不错，所以对其负责的工作不必过多关心，只是关心一下进度即可。在进度较慢时，及时提醒其要努力；在进度较快时，提醒其要注重工作质量。

通过辅导，这名经理迅速找到了工作方向，较好地处理了工作与个人事务的关系，取得了很大的进步。

3.R3（有能力但工作有顾虑）

有两名省区经理属于此类型。他们工作能力较好，有威信，有凝聚力，在客户中有良好的形象，可信度高，但在工作上有这样那样的顾虑，造成了他工作不能放开手脚去做，近期成绩进步不大。他们自己也感觉很苦恼。

针对这种情况，教练首先跟他们一起分析为什么会出现这种情况，具体做法是拿出他们有顾虑的所有事项来分析，使之明白为什么会这样；让其认识到事情的本来面目，解释清楚误会，消除其疑虑；帮他们找到工作方法，坚定他们的信心，鼓励他们大胆去开展工作，做他们的坚强后盾。

因这两位经理能力不错，经过交流、辅导之后，他们很快坚定了信心，迅速展开了工作。在其工作展开之后，教练又及时根据他们的工作状态的变化，对他们进行了鼓励、提醒，消除了他们的疑虑等。

通过阶段性地了解其工作进度、取得的成绩，观察其工作状态变化，教练得出了结论：本次辅导实现了预期的目的。

五、辅导的结果与成效

通过一个阶段的跟踪验证，各省区经理找到了更好的工作方法和技巧，工作效率也得到了较大幅度的提升，团队凝聚力也得到了一定程度的加强。能力不足的经理个人水平有了较大提升，工作热情也得到了提高；工作意愿有顾虑的经理消除了顾虑，全身心地投入了工作，整体团队工作水平得到了明显提升。

1. 收获与启发

在以前工作和学习中，我也曾运用过类似的技巧和方法。但是，本次系统的情景领导培训结束之后，我对情境领导有了系统性的认识，对人员分类有了清晰的思路，同时也发现效果与之前的管理方式比有了明显的提升。

……

在这一工作行动中，我还使用了老师在课堂中讲过的一些方法和步骤，如五步工作法培育下属的策略等。

……

2. 如何提高学习效果

第一，学习只有转化为生产力才有用。

第二，对下属员工的培养、培育是一项长期的工作。

“N”：主要指学员的能力补缺

这个阶段主要是根据学员在实践的过程中遇到的能力短板的补缺和充能。通常学员自己也会发现或意识到自身能力的缺失，这时他们往往会主动要求人力资源或培训部门进行相关的专业或某项技能培训，因为他们很清楚，如果不解决这些短板，就很难实现目标。这也从根本上解决了从“要我学”到“我要学”的转变。

更通俗一点说，就是以前是培训部门找他们，要安排培训，学员会以工作忙等各种理由应付或敷衍；现在则是因为行动学习和工作的强相关（理论知识深度与工作关联程度的关系如图 2-8 所示）解决了大家的意愿问题。我们会根据组织的能力模型或者任务模型（如图 2-9、图 2-10、图 2-11、图 2-12 所示）来安排适当的课程或者微课来满足大家。以任务为导向的、有针对性的培训更能为学员所接受。

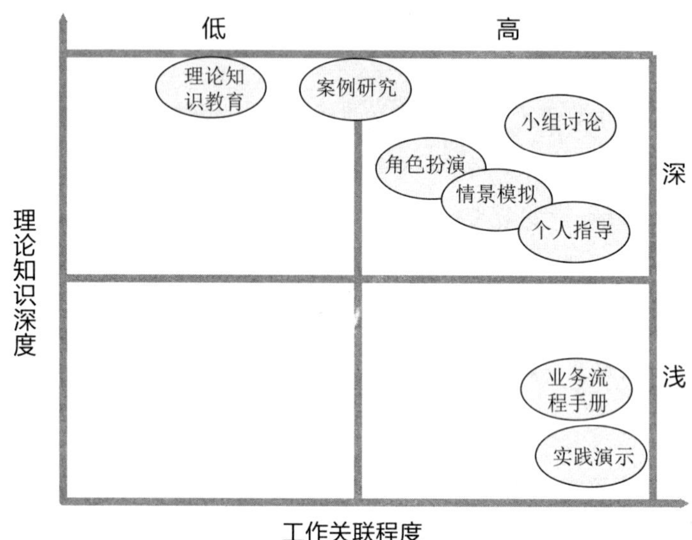

图 2-8　理论知识深度与工作关联程度的关系

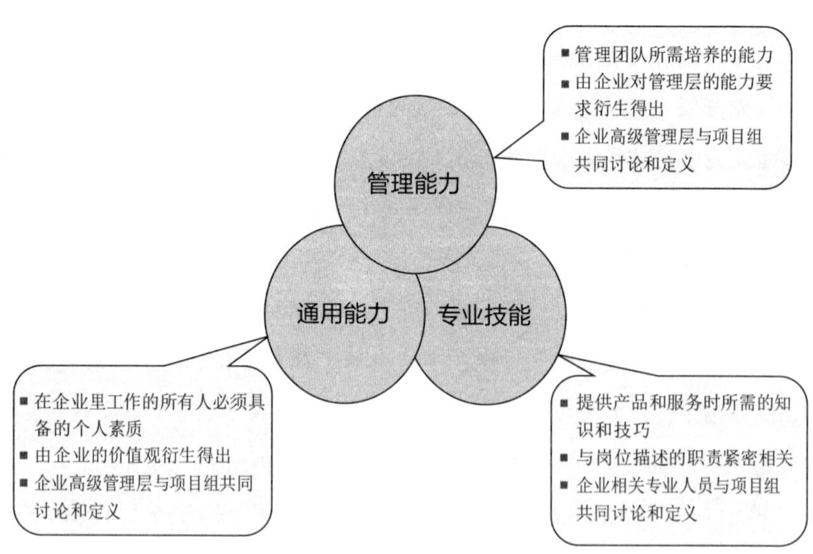

图 2-9　能力模型示例

图 2-10　管理能力模型示例

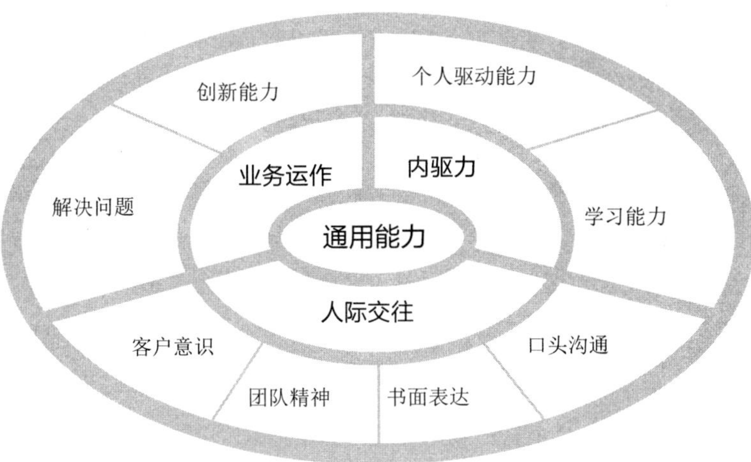

图 2-11　通用能力模型示例

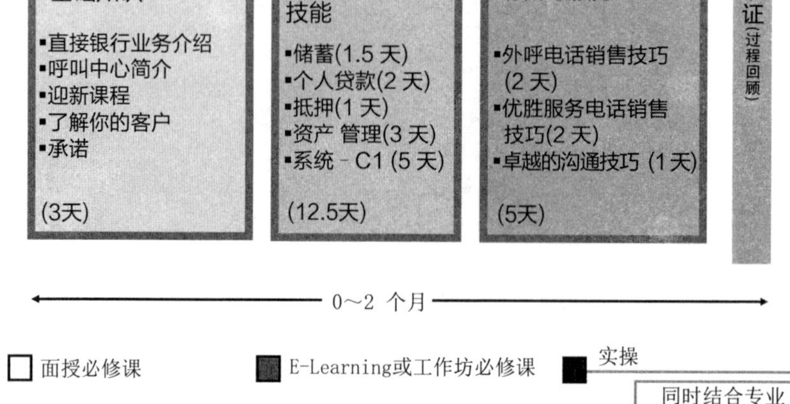

图 2-12　专业能力模型示例（某银行呼叫中心业务代表岗位培训模块）

培训方式是培训模块的另一个重要构成要素，每种培训方式都有各自对应的优缺点。我们可以视具体情况采取不同的、灵活的培训手段进行。

关于技能补缺方面的培训，我们更多的还是建议由企业的内部培训师来完成，最好是以微课和内部案例分享的形式。由此可见，专业能力补缺可以与行动学习同步进行。推动行动学习必须有明确的目的和预先精密的设计，将学员需要学习的知识融入整个行动学习项目之中，采取混合式学习方法，增强学员的学习效果。例如，对于领导力项目，我们需要明确领导力的含义，梳理出关于领导力的“结构化的知识”（“领导力学习地图”），并在行动学习项目设计中将其嵌入。可惜的是，绝大多数促动师只有“形”而无“神”，只是学到一些皮毛而已。

下面是能力补缺的一个实战案例。

案例主题： 运用情境领导进行内部人员管理。

所在部门： ×× 公司休闲食品事业部西北大区西安办事处。

被辅导对象： 五名销售主任。

促动师教练： 秦经理。

一、辅导背景情况介绍

团队中的五名销售主任，他们加入公司的时间从十三年到不足半年不等，个人情况也不尽相同，工作能力及意愿也有高低不同。针对不同的个人风格需要有不同的领导风格相适应，教练希望运用情境领导学到的一些方法，增强团队战斗力。

二、辅导目的与目标

1. 辅导的目的

提升五名销售主任的能力，调动他们的工作积极性，促使他们完成各自的工作目标。

2. 辅导的目标

完成个人及团队销售指标，达成终端市场要求。

三、辅导前的思考与将要采取的辅导策略

1. 辅导前的思考

团队五名销售主任分管不同的销售渠道，每个人的情况都不尽相同，有工作能力高、工作意愿强的，也有工作能力相对低但是工作意愿强的，还有工作能力高但是工作意愿不高的。鉴于不同情况需要有不同的领导风格，如何正确地运用合适的领导风格是此次辅导成败的关键。

2. 将要采取的辅导策略

此次采用的辅导策略主要是运用李伟老师在情境领导中关于员工在接受、负责并执行一项具体的工作中所表现的能力与意愿的理论，将销售主任分为三种类型，并针对不同类型采取不同的领导风格进行辅导。

四、具体的辅导方法和步骤

1. R2（能力不足但意愿强烈）

团队中有两名销售主任属于此类型。他们都对做好工作有很大的信心及热情，其中一位在凝聚力方面做得不错，一位在客户客情关系方面维护得比较好，但是在个人专业能力及经验方面还有一定的欠缺。

针对这两名销售主任的情况，教练对他们进行了有针对性的培训，主要是专业技能及方法。同时，有计划地开始安排一些机会，给他们不同的工作内容，使其对工作更全方位地了解；对交给他们的每项工作不再像过去一样只是进行下发和跟进，而是针对下发工作先与他们进行沟通，了解他们对工作内容的明确度，帮助他们发现工作中存在的问题并及时解决，让他们协助有经验的同事完成工作，增加工作经验。

2. R3（有能力但意愿不足）

团队中有一名销售主任属于此类型。他在工作经验及个人能力方面都很出色，但是并没有尽心尽力去做。通过与各方面的沟通，教练了解到，这位主任已经在公司工作了四年，一直在做同样的工作，感觉自己没有更大的发展空间；同时又被年幼的孩子折腾得人仰马翻，对工作更增添了一定的懈怠情绪。

针对他的情况，教练做出了三方面的努力：

一是在每期制定工作目标时，教练和他一起来制定，包括销售目标，以及他带领的团队建设目标；在每期团队成员的奖金分配之前，与他进行沟通，使他参与到团队中来，进而在团队中找到共同奋斗的动力，激发他的工作热情。

二是在平时的沟通中，帮他分析就业状况，让他看到目前工作给他带来的收益，以及完成指标带来的奖金。

三是针对分配给他的工作，要加强跟踪，避免他因个人意愿造成工作中的失误。

3. R4（有能力有意愿）

团队中有两名销售主任属于此类型。他们在工作经验、工作能力、团队协作方面都做得很不错，工作的主动性也很高，是团队中的重要力量。

针对他们的情况，教练进行了三方面的努力：

一是针对他们的工作重心（一个主力在销售方面，另一个主力在市场方面），在布置工作时更多地设定明确的目标，并保持他们在工作中沟通的畅通。在这一过程中，给予他们一定的自主性。

二是尽量做到授权充分，将他们作为本区域的标杆。这样，在公司的各项评比中，他们也能得到相应的荣誉。

三是让他们意识到自身的不足，这样能更多地提高自己。

五、辅导的结果与成效

通过在一段时间内使用这一方式，每位参与者都找到了更适合自己的位置，在各自的岗位上发挥了最大的作用。能力不足的参与者在能力方面有了很大的提升，其工作热情也得到了提高，整体团队战斗力明显加强。

六、收获与启发

在接受情景领导之前，我们其实也在做类似的工作，但是通过培训对之前做的工作有了系统性的认识，梳理出了条理，同时也发现现在与之前相比有了很大的提升。

在这一方案中，我还使用了老师在课堂中的一些方法和步骤，如五步工作法培育下属的策略等。

好的方法是工具，将好的工具使用到位，进而转化为我们的工作习惯。

七、以后如何提高学习效果

第一，学习固然重要，但是学以致用才是重中之重。

第二，对员工的学习帮助是一项长期的工作。

“1”：主要指成果汇报（即总复盘）

全力以赴地参与为期 4 ～ 6 个月的行动学习项目之后，我们要进行项目的成果盘点。这也是一个总复盘的时刻。

成果汇报，也就是项目的总复盘。这个阶段主要是整理整个项目的实施成果。我们所有的团队在整个行动学习期间到底发生了、经历了什么，又收获了什么。

项目完成情况描述：

1. 项目自开始至今，我们看到了什么事实？

（公司的改变？制度流程的变化？团队的改变？客户因我们发生的变化？员工的变化？或许是自己个人的改变？）

2. 项目自开始至今，我们听到了什么？

（公司领导对我们说的“我们的改善”？我的上级对我说的？我的员工对我说的？）

3. 其中，哪些事件（或大或小的）引起我们的注意？

（陈述出那些促使我们变化的、或大或小的事）

4. 项目自开始至今，让我们印象最深刻的事情、情景是什么？

（那些使我们印象最为深刻的瞬间）

项目中我们的感受：

1. 项目过程中，哪些环节令我们异常兴奋？

（复盘汇报？制作 PPT ？目标达成？团队建设？……）

2. 项目过程中，哪些环节令我们异常纠结？

（复盘汇报？制作 PPT ？目标达成？团队建设？……）

项目中我们的感悟：

1. 这些事实与感受，对我们来说有什么意义？

（归纳总结事实及感受背后的意义）

2. 这会如何影响我们的工作？

（把意义、经验、规律等与我们的工作结合）

3. 我们从中学到了什么？

项目后我们的未来规划：

1. 基于这些，在业绩上，我们明年的目标是什么？（可以是排名、具体的业绩数据）

2. 基于这些，在客户管理维护上，我们下一步打算怎么做？

3. 基于这些，在内部管理上，我们下一步打算怎么做？

4. 基于这些，在团队建设、学习上，我们下一步打算怎么做？

其实，所谓成果汇报，就是对梳理及总结出来的成果进行包装、整理、汇编，形成经典的案例集，将组织的隐性知识显性化，最终形成组织智慧。整个行动学习的过程就是一个从理念到行动，再到文化沉淀的过程。

总复盘成果示例：

通过行动学习，S 银行白云支行全员形成了统一的企业文化，而且这种文化不是浮在表面、挂在墙上的，而是深入地渗透到员工心里，落实到行动上，成了全员坚持的统一行为准则。

白云支行的员工把他们关于行动学习的理解，从项目初期的旁观心态，到项目中后期的理解、信服、全心投入、乐在其中，用图文、节目表达出来，就有了这两份沉甸甸的果实——《理想、行动、坚持——2013 年员工成长心路历程汇编》和“梦想・成长——2013 工作总结暨表彰晚会”。

成果汇报小结：

公布学员完成行动计划的目标执行情况和成果。

对方案的完成情况进行分析总结，完善与保留好的操作方法和构思。

准备并规划下一阶段的行动学习。

关键结果：

学员完成行动计划方案。

学员乃至企业绩效得到改善。

完善、总结好的操作方法和构思，进入下阶段的行动计划。

总的来说，“1234N1”流程就是行动学习项目主旨最好的体现。因为，行动学习项目的主旨就是：

提高团队凝聚力。

行动学习改变了领导指示层层下达的那种管理方式，把对员工的“要你干”变成员工自发的“我要干”，这极大地调动了基层和中层员工的工作积极性。

提升团队执行力。

行动学习改变了过去的业务工作状态中那种“久议无决，久拖无动，久动无效”的低效会议决策和低效执行贯彻的“知行不合一”情况，让好建议、好点子迅速落实到人，落实到事，落实到时间节点，真正做到每言必诺，每诺必践，每践必果。

提升团队学习力。

行动学习改变了领导点评式的问题讨论方式，通过教练组的提问，让参与者反思和总结，无论是经营模式、管理模式、营销模式、服务模式、学习模式，都能够真正建立起一种言论自由、发现问题、实事求是、批评和自我批评的良好工作氛围。全体员工能在这种氛围和学习工具的帮助下，解决企业发展中遇到的各种问题，并在“干中学，学中干”的循环中迅速成长。

○ 行动学习推动海大集团挖潜增效

一、项目背景

海大集团（以下简称“海大”）是一家集研发、生产和销售饲料于一体，并以健康养殖为主营业务的高科技型上市公司，并且是近十年来饲料行业增长速度最快和增长质量最好的企业。这种发展源自于企业对创新、变革的执着追求和对人才的高度重视。基于行业的残酷竞争和微利化的时代背景，海大把思考的重点放在如何通过提升内部管理效率来增强企业竞争力上。集团董事长薛总提出了“精细管理，强化过程，提升效率，实现成本挖潜和提高内部管理系统的统筹能力”的目标。

内务副总作为海大的中流砥柱，其能力提升和学习策略对于业务开展和人才梯队建设具有重要意义。基于此，我们结合行动学习的最佳实践，为海大人才发展提供价值。在促动师顾问的帮助下，海大最终选择了“成本挖潜”行动学习项目，作为提升内务管理效率的主要手段之一。

二、前期调研

为详细了解海大内部管理人员的现状及需求，海大同顾问老师们联合组成了项目组，通过深度访谈、书面调研、电话访谈、文件调阅等多种形式，对海大管理人员代表进行了前期调研，确定了内务副总的领导力提升方向与学习方向，以及培训方式（如图 2-13 所示）。

1. 深度访谈

访谈对象主要是集团内的五名内务副总。项目组通过面对面或者电话访谈的方式，用 5W2H（why、what、where、when、who、how、how much）的方法了解分公司内务副总的现状与工作内容，了解他们的短板，并有针对性地确定内务副总能力提升的方向。

2. 书面调研

设计并发放书面调研问卷，主要从管理人员工作中遇到的问题，各岗位能力素质的重要度、了解度等方面进行调查。海大共发出13份问卷，回收有效问卷13份，回收率达100%。

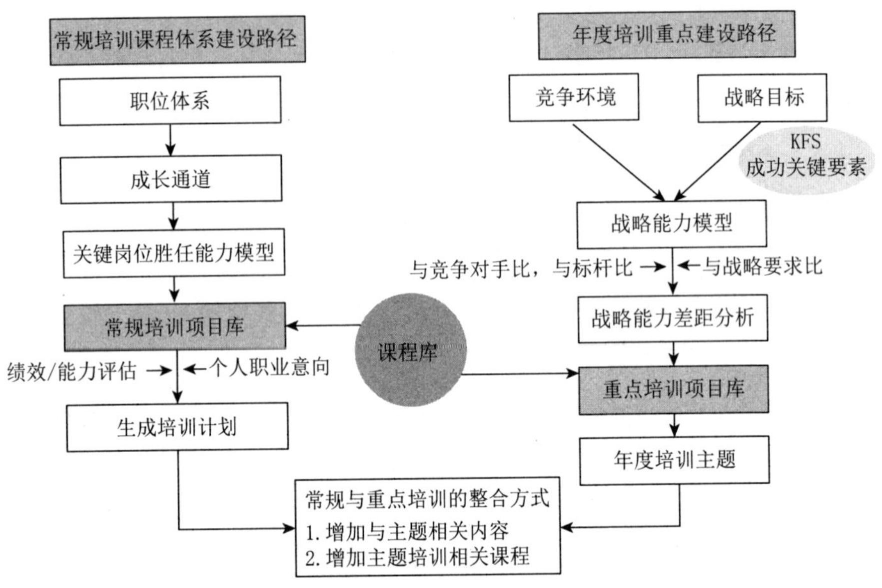

图 2-13　常规与重点培训的整合方式

3. 文件调阅

项目组收集了海大有关培训管理、培训记录、企业文化、人员结构、岗位职责等人才培养相关文件，对培训的历史进行分析。

4. 确定方向

工作职责分析：

集团内务副总职责覆盖五大中心，重点在于生产管理中心、人力资源中心、财务中心，对采购与研发负有建议与协调的责任。

由职责引出了三个学习重点——生产管理、人力资源管理、财务管理。

5. 内务副总学习内容设计的三个原则

稳定性：为海大内务副总岗位确定较长时间内适用的培训课程体系，因而课题需要一定的稳定性。

系统性：内务副总管全面、抓全局，关于其能力提升的课程设计是否具有高度、深度，直接影响学习效果。

实用性：主要学习与工作时间紧密结合的内容，避免单纯说教与空洞理论，要在实战中演练、研讨、成长。

6. 内务副总的学习方式

6.1 混合式培训

课堂讲授＋电子课件学习，既有集中，又有分散；既有自我思考，又有老师指导。

参与者可以自行安排学习时间、空间，解决学习方式单一的问题。

6.2 基于能力的课程体系

以管理者的任职资格要求为基础，分析关键胜任能力，与现有能力水平对照，得出弥补差距需要学习的主要课程体系，解决学习缺乏体系的问题。

6.3 行动学习

坚决奉行“以解决问题为导向的学习，以创造价值为导向的培训”的主导思想，实行行动学习。

学习的开始阶段筛选问题，实施阶段研讨剖析问题，收尾阶段解决问题，切实为企业创造价值，解决知识转化少的问题。

7. 调研报告

最终形成的调研报告主要包括以下内容：

人才培养体系框架及重点；

现阶段管理人员的优势及主要问题分析；

现阶段培训管理工作的主要问题分析；

管理人员课程体系规划（含全年）。

项目组通过以上调查，最终确认了在海大实施“成本挖潜”行动学习项目，并率先在内务系统中应用。

8. 这个阶段的工作重点

理解海大的竞争环境与业务发展战略；

分析公司现有管理模式及内务副总的反馈；

分析内务副总的个性管理特征；

诊断内务副总的个性特征和水平差距；

完成行动学习计划承诺书签字仪式。

9. 该阶段的阶段成果

海大内务副总素质的差距分析报告；

内务副总成长手册；

项目发起人（公司最高层）行动学习倡议书；

为成功召开项目启动会做准备；

所有受训的内务副总集体签字的行动学习计划承诺书等。

10. 该阶段注意事项

10.1 项目调研及问题提取

通过问卷、访谈等形式，了解企业的基本情况，探寻项目的需求点，在项目的目的和目标等方面达成共识。针对企业当前面对的实际问题和期望，结合企业的实际情况，通过问卷、测评等调研方式，在企业中提取管理中可能遇到的典型问题，并收集有关的背景资料，供项目中使用。

10.2 确定项目协调人及小组成员

确定项目协调人是非常重要的一步。项目协调人就是对相关运作问题有决策能力的人。项目执行的成功与否取决于协调人对问题的重视程度与支持度。在项目日常运作时，他将对项目的常规问题进行现场决策。

挑选适合的项目小组成员也是项目的关键环节。我们尽可能地挑选与问题相关部门的相关人员来参加项目。他们需要对问题比较熟悉，有较为清晰的了解，并掌握相关的信息，能提供相关的数据。

三、项目启动

1. 达成共识

通过前期的详细调研，海大在各方共识的基础上正式启动了“成本挖潜”项目。

2. 前期预热

项目启动会之前，促动师顾问会事先向学员发放一些成本挖潜的介绍资料。同时，每位学员也需积极参与，收集一些其他企业成本挖潜的事例进行阅读。预热环节充分加深了学员对成本挖潜的认知。

3. 认知导入

项目启动会把所有成本挖潜的利益相关人员聚集起来，由集团总裁助理张总阐述海大的使命、愿景和价值观，并且详细阐述海大未来3年的规划、目标及可能遇到的问题。

这样做有以下四重意义。

第一，让员工意识到需要解决的问题，让大家能够群策群力、共渡难关，最终实现成本挖潜的目标。

第二，让员工充分认识到成本挖潜带来的收益，如公司利润的提高、产品竞争力的提升等。

第三，激发员工通过成本挖潜，掌握系统的成本控制方法，提升专业能力。

第四，让员工意识到提升产品竞争力能给公司与个人都带来快速成长。

4. 聚焦目标

4.1　聚焦于过去

主要从三个方面着手，即个人的经历（生活中影响参与者现状的关键经历）、行业的角度（促进饲料行业发展的关键事件）、海大的成长（海大成长中值得关注的显著事件）。聚焦过去主要是让员工了解海大成功的原因，体会海大一路走来的故事，知道自己将要走向何方。

4.2 聚焦于现在

明确目前影响海大成本挖潜的趋势有哪些，通过头脑风暴创建一幅现在影响海大发展趋势的“思维地图”，让大家清晰地看到这些趋势如何影响我们的行为。大家在交流中可以更深入地理解海大在全球饲料行业发展趋势中的作用，理解关键趋势如何相互关联，并探索什么是海大人目前正在做的及将来想要做的事。

4.3 聚焦于未来

想象3年之后海大已成为中国领先、全球一流的农牧公司，组织在各个方面，包括成本领先、创新、执行、文化和服务质量等在内，都已实现改变目标。海大人现在需要做到哪些才能保证海大走在正确的道路上，让大家清晰地描述“成本挖潜”项目所期望的现状和未来。

5. 行动计划

项目组聚焦于未来的成本挖潜行动计划，目的就在于决定短期和长期的行动步骤，并确定责任人，最终实现成本挖潜的目标；同时通过头脑风暴制订出责任人成长计划，保证参与者有能力支撑“成本挖潜”行动计划。

6. 庄严承诺

为了完成“成本挖潜”项目的指标，项目组通过承诺保障海大“成本挖潜”项目顺利实施，并且保证参与者能将所学的知识运用到项目当中。

7. 项目保障

为了保障项目顺利进行，除了行动学习项目组，海大还成立了行动学习委员会，确定了主要负责人及各方的责任和义务。该委员会由董事长薛总为主席，总裁助理张总为执行主席，并制定了《行动学习委员会章程》《“成本挖潜”行动学习方案分阶段跟进计划》（具体流程如图2-14所示）等规范，为项目保驾护航。

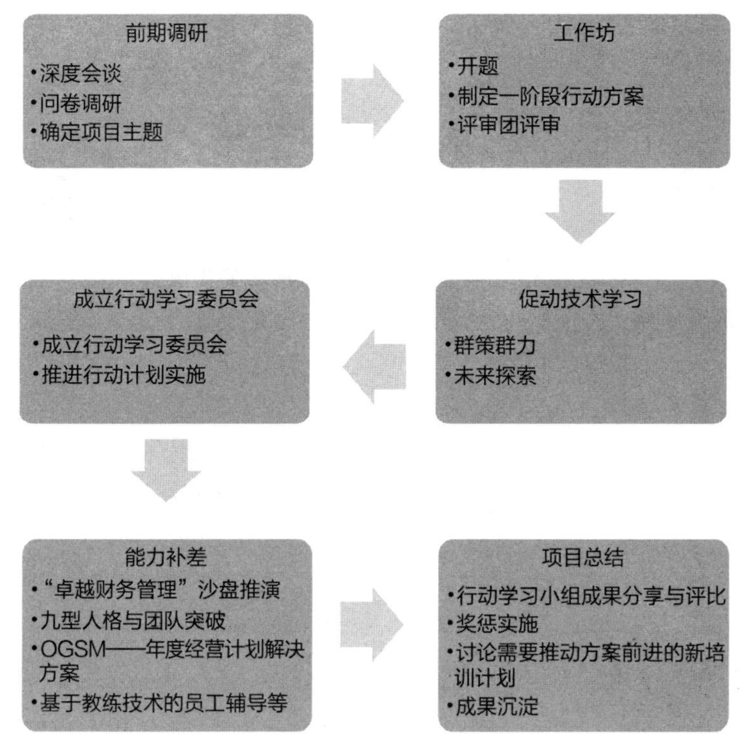

图 2-14　项目流程详解

8. 启动会工作坊设计及过程展示

根据对海大的前期调研，促动师设计了未来探索工作坊。该工作坊的作用主要是通过让人们抛开防卫心，探求共识和渴望的未来，确定共同的愿景与使命，并为行动负责。

海大未来探索工作坊跨度为三天，分为五个阶段，分别是过去、现在、未来、共识和行动（如图 2-15 所示）。每个阶段都包括集合信息、小组分享、整体汇报和团体对话几个环节。

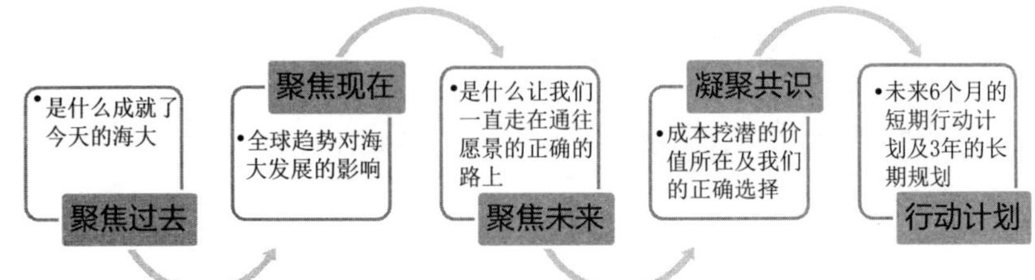

图 2-15　未来探索工作坊流程展示图

四、项目实施

1. 点面结合

项目成功启动后，就进入了具体的实施环节。具体来说，就是点面结合，即将内务副总能力板块分析模型与该岗位进行岗位能力的匹配分析；基于能力培养需求搭建相应的培训课程体系；根据内务副总能力的特性与复杂程度，设定相应的培训方式，如选择面授、微课、内部案例分享等形式。

2. 制定方案

学员回到各自岗位后要充分调动利益相关人群策群力，制定成本挖潜方案（其模板如表 2-2 所示）。

表 2-2　海大集团成本挖潜行动学习行动方案计划

行动学习项目组负责人姓名		部门		岗位	
公司内部引导师姓名		部门		岗位	
行动学习小组成员					
问题					
建议					
收益					
风险					
收益与风险评估					

（续表）

行动学习项目组负责人姓名		部门		岗位	
公司内部引导师姓名		部门		岗位	
行动（什么） 责任（谁的） 日期（开始及结束）					
追踪进度的计划 （追踪什么，多长时间一次）					
项目收益					

同时，项目组现场帮助重点辅导单位——大川公司筛选出收益最大化（收益最大化可以借助盈利矩阵来理解，如表 2-3 所示）的成本挖潜方案，并且辅导他们应用促动技术制定成本挖潜实施方案。其他单位则更多地依靠电话指导和书面回复的方式，对方案提出修改指导建议。

表 2-3　盈利矩阵

	容易实施	不易实施
小的盈利	快速获胜（QW）	浪费时间（TW）
大的盈利	获利机会（BO）	专项投入（SI）

3. 评选方案

各内务副总回到各自单位后，组织本单位根据实际情况，团队共创出不同主题的成本挖潜方案。项目组总计收到来自各单位的成本挖潜方案 125 份，并从中评选出 1 ~ 2 份方案送集团评选。最终，专家顾问采取打点法评选出 19 份集团级成本挖潜方案。

4. 实施方案

对已选出的 19 份方案，各分公司 / 单位在本系统内组织行动学习小组，对照方案进度予以实施。行动学习小组保证每周组织一次总结和反思，如对阶段性目标与实施状况进行对比，对存在的差异进行分析并实施解决方案和行动计划。

5. 实施辅导

项目组对各实施方案进行技术辅导。同时，培训与发展部依据项目进展情况制订出30天、60天、90天的跟进辅导计划（如表2-4所示）。

表2-4 “成本挖潜”方案分阶段跟进计划

为保证集团适时把控“成本挖潜”方案在各分公司的实施情况，及时予以监督和支持，提高方案的执行效果，行动学员委员会特制订本计划。

阶段	跟进项目	跟进内容
30天跟进计划	项目启动	1. 了解是否成立落实方案的领导协调小组； 2. 查看方案启动的宣传动员资料； 3. 关于落实方案的准备性会议记录、通知等材料； 4. 查看方案内容的修改和调整记录； 5. 了解方案实施的重点方向是否明确清楚
	资源支持	1. 督促各分公司做好方案实施所需资源的筹备和协调； 2. 了解各分公司的资源需求，并实际予以支持； 3. 协助各分公司建立行动学习小组； 4. 帮助各分公司分析和解决方案在实施中遇到的问题
	过程检查	1. 检查方案实施的详细进展思路和安排，具体包括日程安排、指标细分、具体责任落实等； 2. 检查方案执行进度及落实情况，查看进度表； 3. 检查已执行的方案节点是否符合既定要求
	实施指导	1. 为方案执行人员提供培训； 2. 对方案实施予以指导
	总结与调整	1. 听取方案阶段实施总结报告； 2. 总结整合亮点和先进经验，予以推广； 3. 指导下一阶段的方案的调整和实施

（续表）

阶段	跟进项目	跟进内容
60 天跟进计划	成果输出	1. 查看上一阶段的财务决算报表； 2. 统计方案实施后的有关指标和数据； 3. 进行方案成果的展示与交流
	进度控制	1. 检查方案执行进度； 2. 实施计划检讨，分析指标落实情况； 3. 听取关于方案开展情况的总结报告
	经验交流	1. 综合各分公司的方案开展情况，树立标杆，奖励优秀单位； 2. 对未按要求完成任务的单位予以处罚； 3. 对各单位的亮点和先进做法进行总结； 4. 开展多形式的经验分享会； 5. 进一步加强宣传和指导
	方案调整	1. 指出上一阶段方案实施中的问题，提出改进建议； 2. 提出下一阶段的工作要求； 3. 调整指导方案，进一步优化执行内容
	资源支持	1. 了解方案实施的困难和障碍； 2. 提供必要的资源支持； 3. 开展有关人员的培训
90 天跟进计划	过程检查	1. 检查投入成本和资源效益； 2. 查看方案实施进度表； 3. 组织对重点对象的访查； 4. 适当控制进程，防止出现偏差
	效益分析	1. 分析方案指标的变化趋势，及时调整； 2. 核实财务数据； 3. 检查方案产生的效益
	经验分享	1. 听取阶段成果分析报告； 2. 听取各分公司各阶层员工对方案实施后的评价及反馈； 3. 对方案实施一段时间以来的总体情况进行总结及反馈； 4. 总结和推广亮点
	方案优化	1. 就本阶段方案实施推进情况召开会议，并进行记录； 2. 修正方案实施中的偏差，改进当前存在的问题，优化方案； 3. 明确方案的后续执行计划和要求
	资源支持	及时协调资源支持

（续表）

阶段	跟进项目	跟进内容
120天跟进计划	项目检查	1. 查看方案实施记录； 2. 跟进财务数据报告； 3. 监督方案完成后的管理与实施； 4. 检查方案完成情况，如指标是否达标、效果是否明显等
	项目总结	1. 与方案执行负责人座谈，收集各种反馈意见； 2. 总结各分公司项目完成情况，查看项目总结报告； 3. 召开集团总结会议； 4. 提炼先进经验进行推广； 5. 分析方案执行中的问题，并总结改进
	成果沉淀	1. 方案实施后，有关的、有效的政策措施是否常态化、制度化； 2. 估算方案完成后的预产出； 3. 制定后续跟进方案，以保证有关政策措施的持续性和贯彻落实； 4. 听取项目实施成果报告； 5. 失败案例与经验教训总结分析； 6. 输出项目成果； 7. 召开集团成果汇报会
	奖惩实施	1. 组织评优鉴定，嘉奖先进单位； 2. 对没有完成目标的分公司进行一定的处罚，并与其谈话，商量整改和补救措施

当然，在行动计划的实施过程中，项目组需要不断跟进了解计划的执行情况，以及关键障碍是什么。为此，项目组设计了过程中的跟进辅导问卷。

6. 补缺短板

项目组在对各分公司实施辅导时，发现各行动学习小组存在某些能力短板，如输出行动解决方案效率不高、难以对成果进行财务指标量化、方案质量不高、领导力不足、团队难以达成共识等。为此，项目组对参与行动学习的内务副总量身定做了一些课程，如卓越财务沙盘、基于教练技术的员工辅导、九型人格与员工辅导、促动技术等，希望通过这些课程来提升内务副总的能力短板。

为了保障方案和行动计划的有效实施，每门课程结束后，项目组都要结合工作进行主题研讨，制订出课后行动计划，并且需要小组成员和行动学习小组签字，以保证行动计划的落实。此外，项目组还会通过查漏补缺的方式，有效地弥补行动学习小组在实施项目时的各项能力短板。

7. 这个阶段的重点工作

转变心态模式，改善内务副总的工作态度和提升内务副总的自我认知水平；

对内务副总进行专业培训，使之掌握采购、生产、研究、人力资源、财务等管理及专业知识点；

使内务副总改善团队协作能力、执行力和统筹能力，团队形成向心力和凝聚力，提高团队整体的竞争力，培养出一批认同并履行企业文化和价值观，掌握岗位所需技能的高素质管理人才；

企业内部形成良好的团结氛围和竞争优势；

针对培训课程的学习，以小组讨论、主题分享、读书会等相关行动学习活动。

7.1　总结学习行动学习工具

将行动学习过程中学到的方法工具运用于自己的团队，学以致用，比如制订长短期职业规划（如表 2-5 所示）。

表 2-5　长短期职业规划表

短期的成长计划（未来的 6 个月）			
学习计划	衡量成功的标准	需要来自何处的帮助	到期日
长期的职业生涯发展计划（未来的 3 年）			
职业生涯发展计划	衡量成功的标准	需要来自何处的帮助	到期日

7.2 聘任内部导师（促动师）

在内部前期学过促动技术的人中，选拔出一批，聘任其为组织内部促动师，颁发聘书。他们的核心工作就是将外部专家的智慧同步转化为组织的内部智慧。

7.3 实施讨论

组织学员将每次培训的成果与实际工作结合起来进行讨论，并不断输出改善计划。

8. 反馈评估

8.1 每次学习后提交作业，巩固学习效果

每次学习或者研讨结束后，学员都需写出心得、体会，以巩固学习成果，示例如表 2-6 所示。

表 2-6 成都海大公司（节能降耗）培训记录

时间：20××.5.2 20：00—22：00	地点：小会议室
主讲人：××	记录人：××
一、列出有待挖潜的成本 1. 用电浪费； 2. 用水浪费（化验室、食堂洗碗处、厕所、饮用水）； 3. 成品换包浪费； 4. 生产成本节约（改善品种结构，提高生产批量）； 5. 办公用品浪费（单据、笔、纸）； 6. 米饭的浪费； 7. 会议效率低； 8. 原料损耗（散落的较多，包材未清扫）； 9. 时间浪费（工作中的重复，沟通不够）； 10. 提高成品一次性合格率，提高投入产出比； 11. 运输损耗较多； 12. 通信费用节约（电话费、传真费、快递费、宽带费）； 13. 公务用车安排不够合理； 14. 人力成本（定岗、定员、定编）； 15. 运输成本（运输方式、组合优化）。	

（续表）

二、盈利矩阵

利润 \ 难易度	小	大
大	A 1. 用电节约意识 2. 浪费（化验室、食堂洗碗处、厕所、饮用水） 3. 换包浪费 7. 会议效率低	B 4. 改善生产品种结构，提高生产批量 10. 提高成品一次性合格率，提高投入产出比 11. 运输损耗 14. 定岗、定员、定编 15. 运输成本（方式）
小	C 5. 办公用品浪费（单据、笔、纸） 8. 原料损耗 9. 时间浪费（工作中的重复、沟通成本） 12. 邮递、通讯费用节约 13. 公务用车需合理集中安排	D 6. 米饭的浪费

三、思维导图

以节约费用为例，找到节约的四个主要渠道。

（一）办公

1. 行为习惯：饮水机、空调（26℃）、电脑、电灯、传真、打印机、技术部设备关闭不及时，需安排专门的责任人进行落实。比如，办公楼晚上10点钟后要关掉电源。

2. 线路设计：灯管太多，开关设计不合理，灯太亮，需请专业人员设计、规划后整改。

（二）公共

1. 服务器晚上应关掉；
2. 大厅的灯应及时关；
3. 楼顶的射灯安装时控开关；
4. 厕所的灯与排风扇线路分开；
5. 走廊的灯安装声控开关。

（三）生活

1. 寝室用电定量；
2. 灯管太多，要根据需要进行合理规划；
3. 食堂与仓库的线路分开；
4. 食堂买小冰柜冬天用。

（续表）

（四）生产 内容较多，与其他部门关联处很少，由彭总组织讨论分析。
培训效果评估：
应到：____人，实到：____人，请假：____人 备注：

8.2　建立评估机制和标准

为了鼓励学员参与这样一场“赢的游戏”，项目组特地设置了竞赛评选奖项和评估标准，比如《20×× 年海大集团内务管理系统能力提升项目学习评优办法》。

8.3　及时激励，提高学员的积极性、创造性

学习和讨论过程中，设置优秀个人奖、最佳参与奖、最佳团队奖、最佳创意奖等奖项。每次培训和学习结束后，及时进行奖励。

8.4　培训效果反馈

每期培训的效果都做成培训反馈报告，发送给学员所在单位的负责人，让他们了解和推动学员学习。

五、项目亮点

整个行动学习项目不仅要达成组织目标，而且要大幅提升这些内务副总的领导力。为此，项目组安排了一些提升他们能力的培训与教练辅导，将工

作与学习完美结合，实现了“学习工作化，工作学习化”。

1. 团队系统化学习

系统化的学习内容包括管理者的思维能力训练，问题分析的工具与方法，以及未来内务副总必须掌握的全面管理技能和思维方法及工具。

课程体系包括面授课程、混合式培训平台的商学院课程和相关辅修材料。

2. 研讨解决实际问题

在这个过程中，小组成员利用所学的工具和方法，结合个人的经验，来解决项目调研时提取的典型问题，或针对这些问题提出解决方案。同时，整个过程中会有促动师进行全过程的引导与支持。

3. 设计丰富多彩的学习实践活动

除了专业课程面授之外，项目组还会根据内务副总的个性化特征，设计丰富多彩的学习实践活动，给内务副总充分运用知识和技能的机会，启发内务副总发现自己知识和能力上的短板，为后面有针对性的辅导打下基础。

这些实践活动主要包括以下几种：

3.1 管理沙龙

在项目中举办若干次管理沙龙，设定具体的管理问题，围绕问题小组学习，每组邀请一位优秀管理者作为嘉宾，每组配备一位促动师顾问进行跟进辅导、点评。

3.2 学习研讨会

学习研讨会以业绩、问题和结果为导向，让内务副总运用学到的知识和技能解决问题，同时由顾问老师观察内务副总的实战表现，并给予点评。学习研讨会沉淀为企业可以定期开展的活动。

3.3 课外辅导

项目组通过混合式培训平台，提供专门为本项目编写的课后复习材料，弥补课堂教学的不足，帮助内务副总提炼知识点，教会内务副总实战演练的技巧和要领。

3.4 双循环教学

培训＋教练辅导，解决内务副总工作中遇到的疑难问题。

3.5 “班主任制度”

“班主任制度”的实施可以保证在项目与培训过程中培训效果的最大化，并可以给予导师客观的建议，让导师尽快调整内务副总的学习状态。

六、项目成果输出

项目结束后盘点整个行动学习项目期间的成果。

这些成果主要体现为：

转化的培训效果；

内务副总在工作中正确运用所学的理论知识和方法工具的沉淀；

针对知识的使用情况，开展成功事例收集、典型案例分享等多元化的学习活动；

内务副总在接受及时的专业辅导中成长。

最终的项目成果输出包括毕业典礼及成果汇演、持续学习计划书、有针对性的辅导材料、项目成果报告书、项目总结报告等。

1. 经营成果

在项目收尾阶段，各分公司行动学习负责人与财务人员一起进行了数据分析与输出，得出了最终的项目评估反馈与成果输出。

通过此次项目，各单位纷纷掀起了行动学习的热潮，团队共创、聚焦式会话法等工具得到迅速推广，形成了良好的学习氛围。更重要的是，各级管理者的思维方式也得到了前所未有的转变。例如，遇到难题时，他们更多的是借助团队的力量与智慧，共同推进工作的开展，员工从“要我做”转变为“我要做”。而且，此次成本挖潜项目总计挖潜增效近2000万元，为企业创造了巨大的直接收益。

2. 客户评价

各分公司围绕“节能降耗·成本挖潜”的主题已经深入开展行动学习，制定了切合公司实际的行动方案。这些探索和成果展示了我们团队的学习能力、实践能力，为公司未来行动学习持续有效地开展提供了动力和保证。

——薛总

海大引入了“成本挖潜”行动学习项目，我们的内务副总运用促动技术，在各自所在的分公司不断地促使员工和管理者一起进行思考、深挖成本，从过去只有管理者在思考变为全员参与。我们取得了将近 1000 万元的成本挖潜的成绩，这大大超出了我们的预期……我们今年还要继续深化行动学习项目，并扩大到其他的项目中。

——张总

3. 健全人才培养体系

此次项目使海大沉淀出一套系统化的人才培养流程，同时也健全和完善了企业内部的人才培养体系。

3.1 素质和能力提升

内务副总在培训中系统性地掌握管理技能和方法，管理能力得到了全面的提升。

3.2 完善培训课程体系

该项目系统梳理了内务副总培训课程，使海大内务副总的培训课程体系得到固化和完善。

3.3 固化工具

该项目沉淀和积累出了一批培训管理实用工具。

3.4 行动学习理念和工具的传播及应用

通过本项目的实施，集团培养出了一批出色的内部促动师。行动学习在集团内部得到传播和应用，例如会议召开中使用团队共创，不仅提升了管理水平，还在集团内部形成了一种良好的氛围和学习的文化。

○ 行动学习主导促动师的定位及关键作用

行动学习项目的成败和主导促动师有着密不可分的关系，甚至从某种层面上来说，主导促动师起着决定性作用（抛开组织内部的因素外）。美国三大协会给“促动师”下了这样的定义——“促动师拥有群体流程的知识，他通过系统阐明所需的结构来保证互动的有效性。促动师关注有效的互动流程，从而保障参与者关注对话内容。”促动师是有效对话的专家，是管理过程的专家，是解决问题的专家，是以学员为中心开展研讨的。

要成为内部促动师，首先要有推动组织发展与组织变革的热情；其次至少要有 5 年以上的管理经验，具备组织行为学、社会心理学的相关知识，了解组织发展与组织变革的知识与方法。掌握促动技术不一定要成为促动师，而成为促动师必须要掌握多种促动技术。

在组织中间，培训师和促动师都可以促使学员思考，那么二者又有什么不同呢（二者的根本区别如表 2-7 所示）？简单来说，培训师促使学员思考的主要是学习内容本身，学员是否转变行为则不在思考范围内；促动师往往在真实的会议或问题解决过程中促使学员思考，促使人们呈现潜在的心智模式，由此产生顿悟，从而自动改变行为。

表 2-7　企业培训师和企业促动师的根本区别

企业培训师	企业促动师
讲授能力 以讲授为主，关注培训课程授课满意度及知识习得，不关注学员回到工作场所后行为是否发生变化，绩效是否改善	**提问能力** 以设计为主，以提出引发思考的问题为手段，以提升个人行为变化和回到工作环境后，持续自动自发地进行绩效改善的行为干预方法为指导，关注参与者在实际情况中自己解决问题的能力

（续表）

企业培训师	企业促动师
课堂掌控能力 对培训课程满意度负责，不关注培训与行为改变、绩效提升的关联；主要针对培训需求进行培训课程的设计、开发、讲授	**行为干预能力** 对学习活动与行为改变和绩效提升关联负责；主要针对参与者行为变化、绩效提升、组织绩效改善设计相应的工作坊进行引导
课程设计能力 对培训管理知识、演讲技能、课程设计、开发技能要求高	**基于行为改变的学习项目设计能力** 对心理学知识、促动技术、领导技巧、人力资源开发知识、组织发展知识要求高

促动师的培养对企业的益处是：促动师能够运用专业的促动技巧，协助组织提升个人及团队绩效，通过开发组织内部潜能而解决问题，促进组织发展。

作为一名复杂的行动学习项目的主导促动师来说，必须兼具五个角色（如图 2-16 所示）：促动师、培训师、顾问、教练和“总经理”（具备经营者思维）。一句话来概括，主导促动师就是“魔术师”。

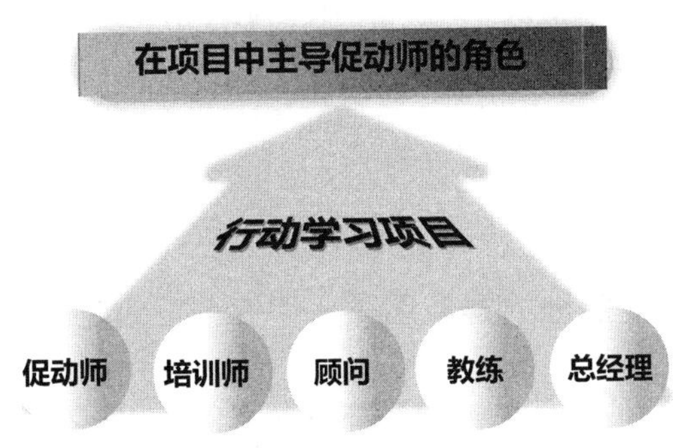

图 2-16　主导促动师扮演的五个角色

第一，主导促动师完成一个大型的行动学习项目，其实质就是在推进组织变革和组织发展，引导组织全覆盖（全体参与）。实际上，他扮演了团队教练的角色，必须要设计整个项目的流程，以及在各个阶段的目标重点；他要清楚地知道和预见学员在不同的阶段会出现什么样的反应，遇到什么样的阻力和障碍，基于此的促动引导策略是什么，会用到哪些技术手段进行行为干预、心理干预和绩效干预。

第二，主导促动师还要在促动引导的过程中，和学员分享他们未知的一些知识讲授方法，扮演培训师的角色。

第三，很多时候，在推进过程中遇到一些关键难点，主导促动师还需要从行业和专业的角度，给出一些专业建议，即扮演一个顾问的角色。

第四，很多时候，在推进组织变革过程中，如果参与者无法对企业所有的资讯全部掌握，或有些小的团队、部门之间的协调需要深度辅导，主导促动师还要扮演管理教练的角色，对他们进行引导。

第五，主导促动师还必须扮演“总经理”的角色。这是什么意思呢？因为作为一名主导促动师来说，他必须要有经营思维，要站着在总经理的角度来思考问题，来总揽全局统筹规划。

前四者，我们可以通过专业和技术的手段来达成，然而对一名主导促动师来说，最大的挑战是来自于第五个角色，就像没登上过山巅，就很难感受“会当凌绝顶，一览众山小”的味道。这需要阅历的累积沉淀，才能真正明白体会作为经营者的思考方式。这种系统经营思维能力才是对一名主导促动师最大的挑战。

○ 行动学习企业落地的导航图——“五一五攻略”

行动学习项目的成功落地当然是有路径可依的，它必须遵循相关的规律才能真正地成功。笔者根据多年的组织实践，总结了行动学习在企业落地的“五一五攻略”（如图 2-17 所示）。如果基于“五一五攻略”来设计和思考，保证行动学习的落地就能极大地提高成功的概率。具体来说，“五一五攻略”包括五大基本攻略及十五个子项。

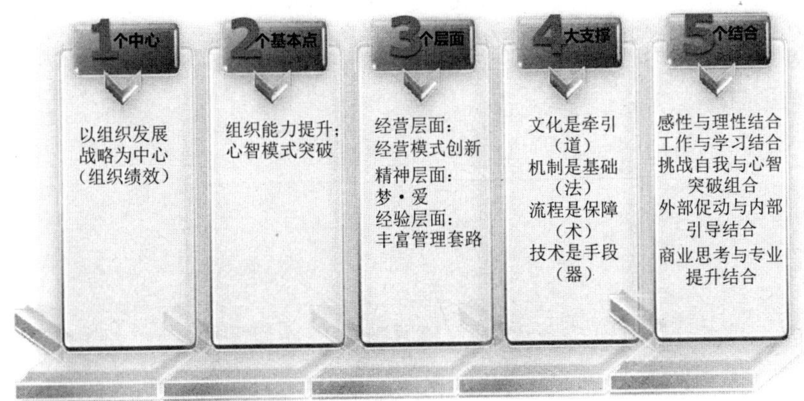

图 2-17 行动学习的“五一五攻略”

第一大攻略：一个中心

行动学习必须始终要以组织发展战略为中心，这是所有项目的出发点，也是项目发起的初心。企业毕竟不是慈善福利机构，而是以营利为目的的经营组织。不能营利，企业就只能关门大吉了。这就注定了，无论是企业的经营行为、管理行为，乃至于学习培训行为，都必须以组织战略为中心，以提升组织绩效为目的。行动学习的思考点也不能背离这个出发点。不然，不能改善组织绩效的学习行为，我们做它的目的和意义又是什么呢？

第二大攻略：两个基本点

组织能力提升和心智模式突破是在实现组织战略目标和组织绩效的同时，我们必须紧抓的两个关键点。

大家都知道冰山理论。冰山上面的是行为、绩效，这些都是看得见、摸得着的；冰山上面能露出来多少，是由冰山下面的能力、思维模式和心智模式决定的。如果我们的组织能力不能提升，那结果是不会变的，而组织能力的提升又取决于心智模式的改变。

“心智模式”这个概念是 20 世纪 40 年代由英国心理学家肯尼斯・克雷克提出的。心智模式又叫心智模型（如图 2-18 所示），是指深深地扎根于每个人心中关于我们自己、周围的人、组织和周围世界每个层面形成的假设、形象和故事，并深受每个人的习惯思维、定势思维，以及已有知识的局限的影响。

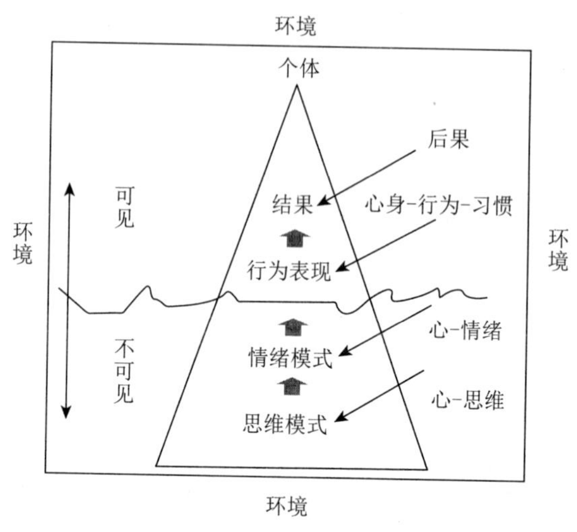

图 2-18　心智模型

因为每个人的学历背景、经历背景及成长背景都不一样，所以每个人对外部环境的认知也不尽相同，我们的心智模式决定了我们观察事物的角度，并得出相关的结论。心智模式是指导我们思考和行为的方式，让我们将自己的推论视为事实。只是，心智模式往往是不完整的，还会对我们的行为结果产生影响，并将这种影响不断强化。所以，心智模式就决定了我们的生存策略和待人处世准则。

之前，传统培训更多地将焦点放在了方法、工具、流程方面的学习上，但我们会发现，尽管做了这么多的培训，总是出现“培训时激动，培训中感动，培训后不动”的情况。这是为什么呢？

因为学习也是两条线：一条是传统的以问题解决为导向的管理技能线（以 PDCA 循环等硬技能为主，也称单环学习），主要侧重于方法层面，即工具、技术、流程的学习及掌握；另一条线是以强调心智模式改善为导向的人本管理的软技能（也称双环学习），主要侧重于心智层面，即动机、信念、价值观层面的探寻，从而找到事物的本源。

因此，如果我们不能将工作的焦点放在学员心智模式的突破上，那么即使教再多的方法、技术、工具，其成果也很难被吸收。如果我们无法打破阻碍个人学习与发展的最重要的因素，即动机和意愿的话，那学习的成效也就可想而知了。

第三大攻略：三个层面

行动学习在实施的过程中必须要围绕三个层面来展开。

第一个层面是经营层面。

所有人都要在行动学习实施过程中思考以下几个问题：

我们到底通过行动学习项目对现有的经营模式做了哪些反思？

在反思的基础上，对未来的经营模式，我们可以做哪些调整和创新？

我们要通过行动学习对经营模式、管理模式、营销模式及服务模式都做些什么样的探索，最后能沉淀下来的是什么？

第二个层面是精神层面。

所谓精神层面，即文化层面。我们在完成挑战性的工作时，会对过去旧的行为习惯产生冲击，会面对改变的压力，因而我们就很有必要用“梦•爱”来牵引、滋润我们的心田。其中，“梦”当然就是由每个人的梦想汇聚成的组织梦想，在这个愿景的感召下，我们义无反顾地勇往直前；“爱”当然就是在过程中如何让我们的能量流动起来，让组织的人文关怀泽被全员。

比如，在银行，特别是营销团队，每天一睁眼面临就是各种指标的压力：存款、存款、存款，贷款、贷款、贷款，中收、中收、中收，不良、不良、不良……各项指标压得人喘不过气，所以我们就会引导如何设计打造“幸福网点”，将压力进行导流，从而释放产能。因为银行员工一天之中的大半时间都是在工作场所——基层网点度过的，如果这个工作环境毫无乐趣可言，员工哪儿还有什么激情呢？

什么是幸福网点呢？特色经营，文化制胜，是未来银行业最终的竞争法宝。为了文化而文化，标语口号式的文化，只能让企业文化成为无根之木。文化是锦上添花，是用文化的“形”与产品和服务的“质”的相互融合。形质分离，品质不过硬，就不能给客户创造价值，就会让企业显得“没有文化”。

打造“有特色的金融产品，有优质的服务体验，有独特的文化个性，有良好的经济效益，有忠诚的顾客和员工团队，有合理的渠道配置，有科学的标准化管理体系”的网点，这才是一个有故事、有文化的网点，这才是真正意义上的幸福网点。

第三个层面是经验层面。

我们必须在此过程中不断让所有管理者反思，还可以怎么做才能更好。要让大家走出自己的舒适区，探询更多有效的管理方式。最后，要通过不断的学习实践，丰富管理者的管理套路。

第四大攻略：四大支撑

要使行动学习项目得以顺利推行，我们还需要有四大支撑的帮助，即将行动学习的“道”“法”“术”“器”结合起来。

第一个支撑就是“文化是牵引”。

我们希望通过行动学习锻造怎样的高绩效组织文化。如何才能把团队打造成为具有“宗教般虔诚”“军队般执行”“家庭般温暖”“学校般成长”的团队？让我们的企业文化在过程中流淌，在行动中潜移默化，最终形成学习型组织，这就是行动学习之“道”。

第二个支撑就是“机制是基础”。

做任何事情，如果没有一套机制做保障，到最后都会变成缘木求鱼。所以，在行动学习过程中，我们必须设立行动学习委员会，通过这个委员会来谈论、设计与之配套的激励机制、复盘机制、晋升退出机制、教练辅导机制、绩效合约机制、文宣造势机制、标杆打造机制、荣誉体系等。这些机制的组合就构成了行动学习的“法”。

第三个支撑就是“流程是保障”。

行动学习技术从某种程度上来说是一套流程技术（如图 2-19 所示），

管理的核心本质也是流程管理。无论是PDCA也好，还是其他管理技术也好，都是一套流程，流程能保证我们不会偏离航向。这就犹如一条生产线，比如生产火腿肠的生产线，从输入端放进去的是鸡肉，那么从输出端拿出来的肯定就是鸡肉火腿肠，绝不会是牛肉火腿肠，否则肯定就是流程出问题了。再比如一条装配电冰箱的流水线，经过数道工序，最后获得的成品一定是电冰箱，而不可能是电视机。促动过程是一个经过设计的流程和架构，是基于流程设计来干预员工最终给出的不是天马行空的行动计划。因而，无论是行动学习的“1234N1”流程，还是其中某个促动技术的流程，这些环环相扣的流程都牢牢锁定了最后的结果，保证其不会偏离航向。这就是行动学习的“术”。

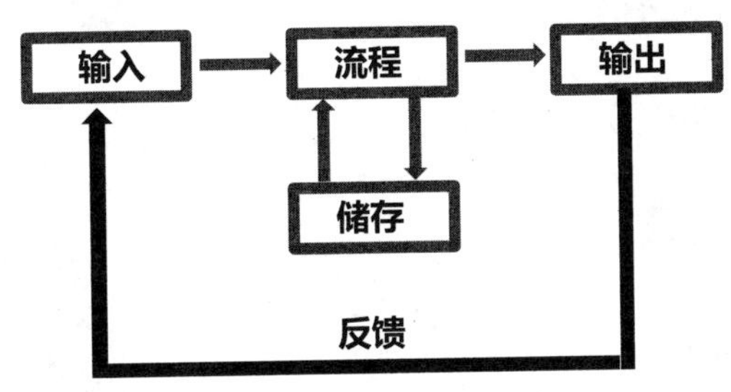

图 2-19　流程是保障

第四个支撑就是“技术是手段”。

所有的技术，无论是行动学习的技术，还是其他的管理技术，包括教练技术，都是为了项目的最终目标服务的。因此，在过程中，基于最终目标的实现，我们可能会将所有的技术进行糅合重构。其实，无须太拘泥于这是什么技术，那是什么技术，能融会贯通才是根本。当然，在此过程中，促动技术是很重要的保障手段，因为灵活掌握运用就是关键。如果不了解掌握促动技术，行动学习当然就无法开展了。这就是行动学习的“器”。

第五大攻略：五个结合

一是感性与理性相结合。心理学研究发现，人脑是靠图片、影像思考的，任何目标要实现都必须在头脑当中先创造出画面。当我们将头脑中的图画画出来，这个梦想比在大脑中更清晰地呈现；当群体集体画画时，人们在分享大脑中梦想的过程中就共享了自己的心智模式。而这些创造都是来源于我们的右脑。

大脑分左脑（语言脑）和右脑（图像脑）（如图 2-20 所示）。在“构筑梦想”环节，我们需要通过放飞想象力，将想象用图画呈现出来，这样有助于开发右脑，激发创造性思维，解决平日里看起来很难解决的问题，实现平日里看起来不可能实现的梦想。所以，整个行动学习过程中感性与理性必须要相结合。

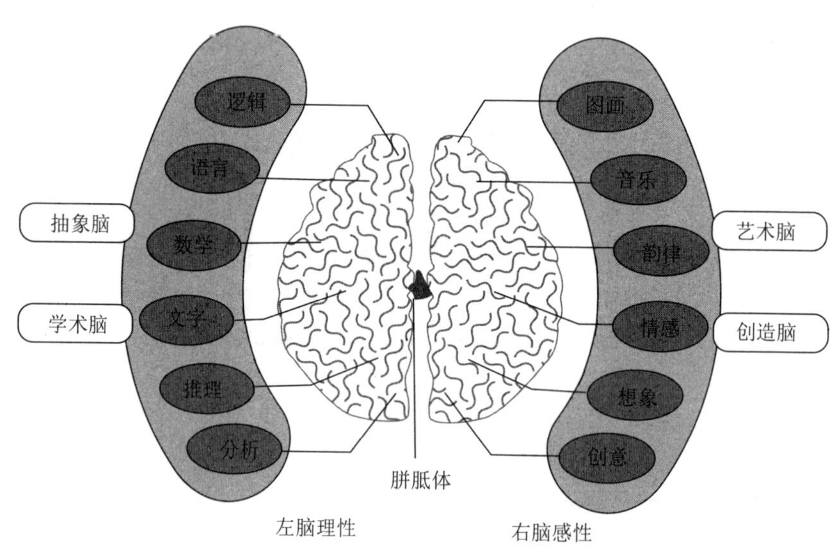

图 2-20　*左右脑功能图*

二是工作与学习相结合。行动学习是一个团队共同解决组织实际存在问题的过程和方法。行动学习不仅关注问题的解决，也关注小组成员的学习发展，以及整个组织的进步。简单而言，行动学习就是带着组织存在的真实问题开始学习，学习的过程同步为组织解决问题，提升绩效。所以，“工作学习化，学习工作化”是行动学习将工作与学习紧密相连的核心关键。

传统培训通常只能做到信息交流和知识导入，学员是否运用所学完全依赖于其是否偶然顿悟所学；行动学习通过完整的知识导入、问题解决流程、评估与跟踪框架，来保证大多数学员顿悟及行为改变，行动学习是保障组织绩效提升更有价值的学习方法。

三是挑战自我与心智突破相结合。瑞文斯认为，只有将“指导”与“质疑”结合起来，才是完整的、更有效的学习，他用公式“L = P + Q”说明他的基本观点。“L = P + Q”即“学习 = 程序性知识 + 质疑”。

Q 指在不确定的情况下提出有洞察力、有启迪性的问题，问题引发反思和模式转换。Q 不是带着个人心智模式，即个人的经验去质疑、诘难他人的想法，而是不断提出引发个人、小组中他人、团队整体思考的问题，从而获得有创造力的解决方法（如图 2-21 所示）。

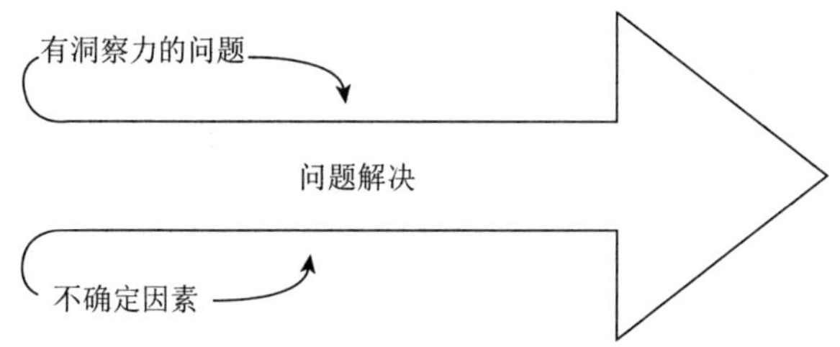

图 2-21　问题解决创新性方法的来源

为了实现学员在过程中的心智突破，我们通常就会在行动学习项目上刻意设定一些具有挑战性的目标，就如同谷歌（Google）刻意设定了很有野心的目标一样，如果有人完成了所有目标，就说明设定的目标不够有挑战性。谷歌不会把所有目标都设定得很激进，但如何选择需要一些智慧。恰如谷歌创始人拉里•佩奇经常说的，“如果你设定了一个疯狂、有野心的目标，最后没完成，至少也能取得一些了不起的成就。”唯有如此，才能激发人的潜能。

四是外部促动与内部引导相结合。组织可以通过外部的主导促动师的项目促动和带动引导，充分激发和调动组织的活力。我们要将外部的知识切实转化为内部智慧，就必须要内外结合，也就是通过内部促动师的培养体系和内部的教练将外部的知识引导沉淀为组织的内生智慧。

五是商业思考与专业提升相结合。作为促动师，需支撑的专业知识主要包括行为学、组织发展与组织变革等。然而，促动师不一定需要是某个项目涉及的主题方面的专业人士，如参与以销售为主题的行动学习项目的促动师不一定是销售方面的专家，但他可以帮助销售人员找到能力短板。

实际上，如果在组织内部，当然最好是行业或该专业领域的专家，因为这样会事半功倍。组织的内部促动师一定要具备商业思维，不是“为了促动而促动”，因为最终还是要解决组织的实际关键问题。所以，身为内部促动师就必须将学员的商业思考与专业能力提升相结合。毕竟，结果是检验能力提升与否的唯一标准。

最后，无论是作为主导促动师，还是一般促动师，都始终要牢记：没有顶层设计的行动学习，“只能是脚踩西瓜皮，滑到哪里算哪里”！这样做是无法让行动学习实现落地的。

○ 行动学习落地场景化设计全景路径图

行动学习项目解决方案模型（如图 2-22 所示）有以下特征：

一是协作力，即利益相关者针对问题进行深度会谈；

二是愿景力，即通过团队共识促动，确定共同愿景；

三是执行力，即通过群策群力模式制订行动计划，引导小组成员自动自发地承诺执行。

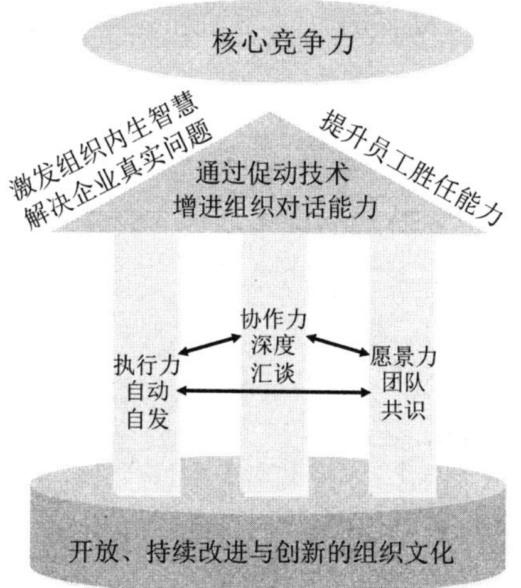

图 2-22 行动学习项目解决方案模型

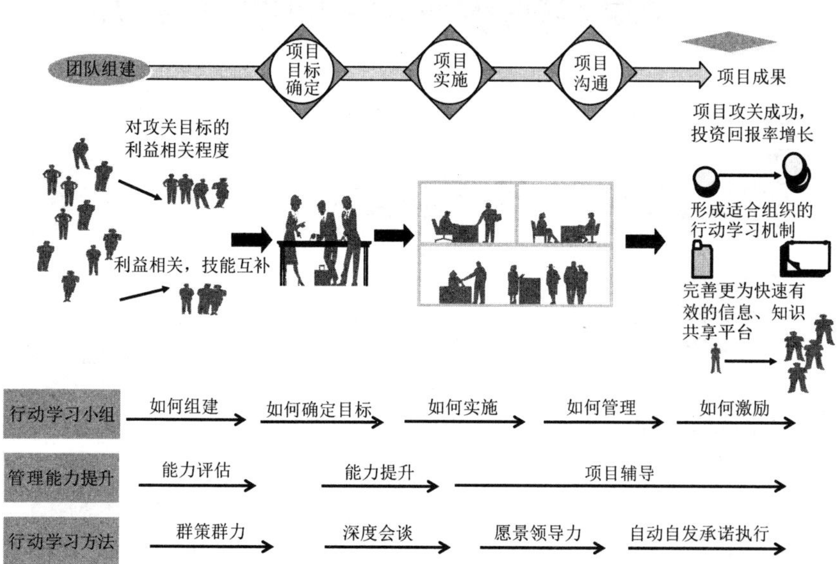

范例2　某上市公司高管“成本挖潜”行动学习项目

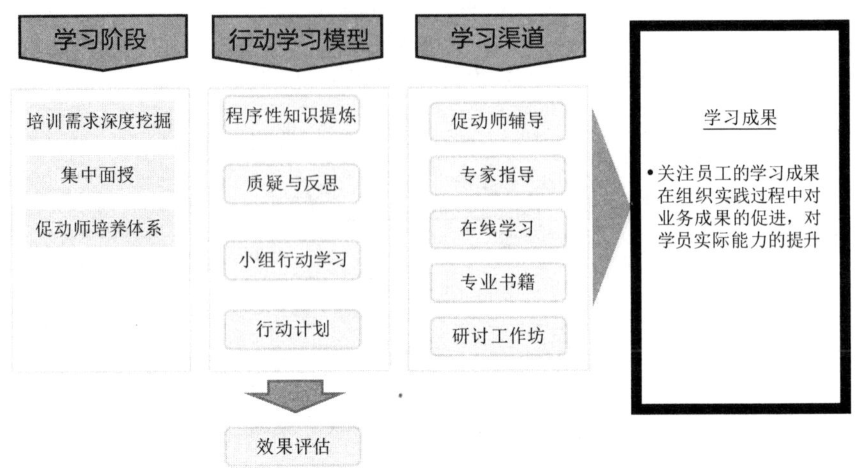

范例3　某制造业中层管理干部“领导力提升”行动学习项目

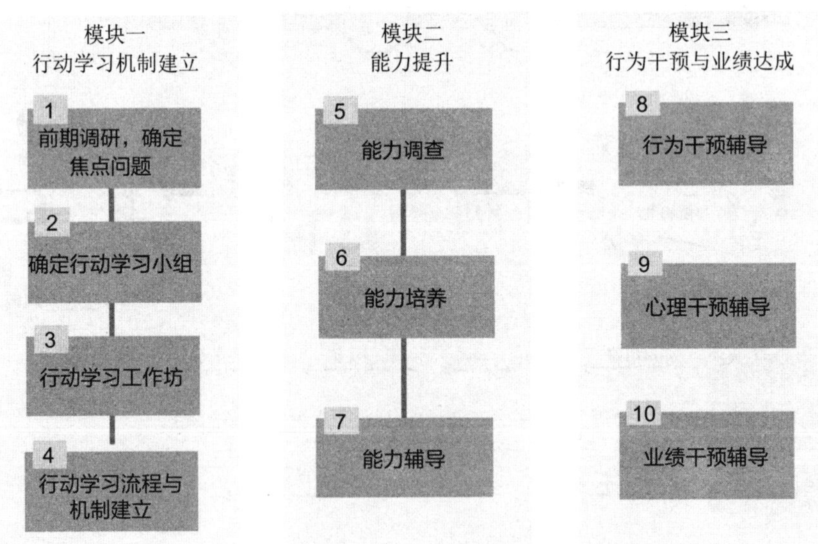

范例4　某电力企业“管理能力提升”行动学习工作坊项目

项目宣贯 → 主题确定 → 目标分解 → 行动收益评估 → 行动计划评定 → 行动计划修改

要解决的问题

- 确定绩效提升的行动目标及制定行动策略；
- 将销售绩效升级的行动策略放入盈利矩阵中；
- 配合标准，寻找获利机会的行动策略；
- 评估团（高管）对行动策略提出者进行提问及评估；
- 决定短期的和长期的行动步骤，确定被采纳的行动策略的第一责任人

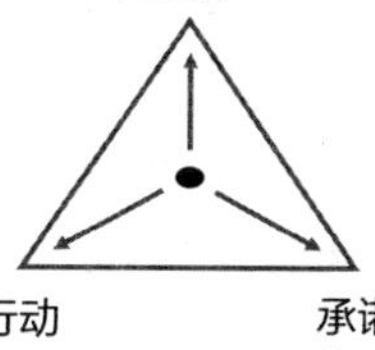

阶段成果

- 行动策略盈利矩阵（何种改善适合实际）
- 行动策略思维导图（如何自动自发实施）
- 行动计划初案（计划、时间、效果等）

范例5　某IT企业“管理能力提升”行动学习工作坊项目

1 组建	2 目标确定	3 项目促动（制订实施计划）	4 项目实施（管理能力培养）	5 成果评估
根据客户在业绩达成过程中出现的问题，如需要解决的重点业务、管理等方面的攻关问题，组建行动学习小组	通过群策群力的方式研究确定项目最后要实现的目标，这就需要明确： • 项目目标确定的方法 • 项目目标确定的流程 • 项目目标实现的负责人 • 目标里程碑的制定 • ……	项目促动-促动师的作用，将项目目标与行动方案有机结合，为项目实施奠定基础。 • 群策群力流程介绍 • 头脑风暴与盈利矩阵 • 最佳想法陈列 • 制订行动计划 • 城镇会议	项目实施是行动学习团队能够发挥作用的关键，这就需要明确： • 管理能力培养行动学习工作坊 • 内部促动师培养项目 • 项目进度控制 • 项目团队成员的配合 • 项目支持 • 项目沟通 • ……	建立相应的考核、激励机制，对项目成果进行量化指标的考核；给予行动学习团队内在与外在的激励

30天 → 2天 → 60~150天

范例6 某电信公司员工“客户服务能力提升”行动学习项目

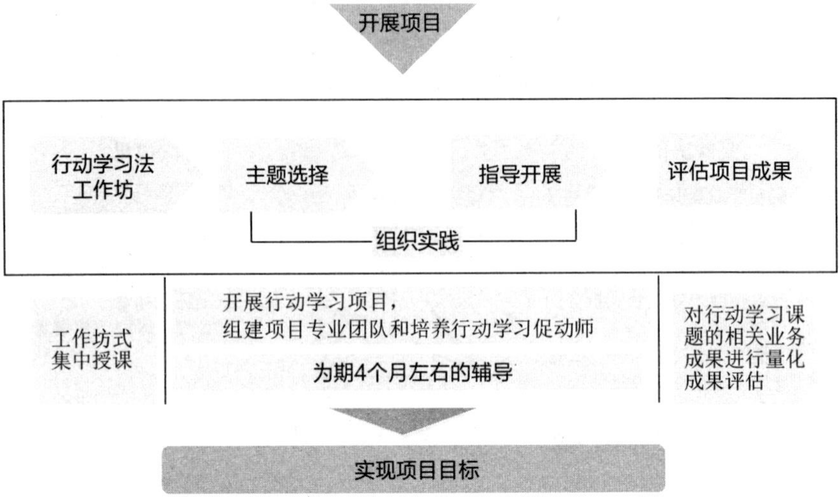

开展项目

行动学习法工作坊

主题选择

指导开展

评估项目成果

组织实践

工作坊式集中授课

开展行动学习项目，
组建项目专业团队和培养行动学习促动师

为期4个月左右的辅导

对行动学习课题的相关业务成果进行量化成果评估

实现项目目标

第三篇

行动学习兵法及运用

——掌握教练技术，提升管理者的领导力

企业和企业的竞争就是人和人的竞争，团队与团队的竞争。对于管理者来说，系统思维能力尤为重要。行动学习兵法就是基于管理者思维层面如何进行行动学习系统思维训练的，重点是要针对管理者的经营思维训练，打通企业经营之道。

行动学习兵法篇——提升管理者经营思维，打通企业经营之道

○ 打通经营之道的全员决策模式

与剑法不同，行动学习的兵法当然主要强调“上兵伐谋、谋定而动、运筹帷幄、决胜千里”之道。这就犹如一名剑客剑法再厉害，可以以一当十，但能否以一当百呢？显然好汉难敌四手，更何况管理者都是带团队之人。

众所周知，企业和企业的竞争就是人和人的竞争，团队与团队的竞争。所以，对于管理者来说，系统思维能力尤为重要。行动学习兵法就是基于管理者思维层面如何进行行动学习系统思维训练的，重点是要针对管理者的经营思维训练，打通企业经营之道。

德鲁克认为，行之有效的经营之道包含四个方面：一是关于环境、使命和核心能力的假设必须符合实际，二是三个方面的假设必须保持一致，三是必须让整个组织的所有人都知道和了解经营之道，四是经营之道必须经常接受检验。

如何让整个组织中的所有人都知道和了解经营之道呢？让经营之道必须经常接受检验就成为关键。如何完成这种检验呢？行动学习为此提供了

一个很好的路径及落地的工具，因为行动学习的本质就是一种“全员决策模式”。

全员决策模式的核心就是参与定律（Participant Law），是由美国著名企业家 M. K. 阿什提出的。他认为，每个人都会支持他参与创造的事物。参与是支持的前提。凡是人们最关心的，人们往往也乐于为它操心。

在现实中，不少企业的普遍做法是：关键决策通常由高层的几个人做出，然后不管员工能否参与进来或融入其中，就在企业内部推行。这样做的结果，往往会迟滞企业战略决策的推行，因为员工的参与才是企业战略成功贯彻的关键。这也是很多企业总是认为执行力不强的关键原因。坦白地说，你都无法让员工参与进来，那谁会对你的决策负责呢？

为了探讨员工参与和企业发展之间的关系，美国阿肯色大学教授莫丽·瑞珀特做了一个实验。瑞珀特教授的这项研究是在美国的一家物流公司的总部及其分支机构中进行的。该公司的所有全职员工都参与了调查，其中有 81% 的人完成了调查内容。

瑞珀特教授把调查结果分成了两组：参与组和限制组。参与组的特点是战略远景清晰，在制定战略决策时员工参与度高，战略决策被员工高度认同等；限制组的特点是战略远景不明确，战略决策制定的参与度低，战略决策缺乏认同等。

瑞珀特教授总结道：“工作满意度和组织参与度与企业的参与性文化密切相关。参与程度高的那一组显示，对战略决策的认同性是影响工作满意度最重要的因素，而对战略决策的参与性是影响组织参与度的最重要因素。”

在这项研究的基础上，瑞珀特教授得出了这样的结论：

只有为员工提供明晰的战略远景，加强员工对战略的认同感，增强员工参与设计不同阶段的战略流程的意识，企业才能从中受益。它告诉我们，只有当员工参与了公司的决策和管理后，他们才能对企业产生认同感和很高的满意度，才能最大限度地激发自己的工作热情，企业也才能真正实现利润的最大化目标。

○ 行动学习让组织愿景具象化——组织战略规划落地

每到年底，很多企业又会面临一个棘手的难题——“明年的战略规划该如何做”。当今社会，唯一不变的就是变化。在技术不断发展、市场不断变化的21世纪，我们的组织怎样才能迅速熟悉新的市场节奏，并能随之快速起舞呢？这是很多管理者都关心的事情。

然而，我们也必须看到，组织的快速发展膨胀也很容易导致组织的官僚化。那些像钢铁巨人一样的大型组织，它们当中大部分变得懒散，行动迟缓，反应迟钝。它们也想成为舞蹈家，舞步灵活，富有创新精神，制定更加富有灵活度的战略，并能更有效地执行计划。但问题是现代的商业在动态地发展着，技术的发展使产品和公司发生了比原来更迅速的变化，昨天还看似有希望的商业策略往往没过两天就已经显得过时了。昨天的管理技术根本无法赢得明天的市场竞争！如何使组织的战略规划既高瞻远瞩，又能精准落地呢？

还有什么更贴近组织的商业需要，启发组织的内生智慧，连接组织的内外部智慧，从而能够更快地帮助企业制订出切实可行的战略规划的方法吗？对此，恐怕大多数并不能给出准确的答案。**所以，如何将组织从“睡眠”中唤醒，并变为能快速响应市场的竞争者，就成为一个重要课题。**

传统的企业战略会议很难解决“唤醒”企业的难题

为了更好地说明问题，我们先来看看传统的企业战略会议是如何做的。

多数企业在进行战略研讨时，召开的大都是没有什么技术含量的会议。这些会议要么“议而不决”，要么“决而不议”，它们做出来的战略往往经不起严肃的推敲。而且，不少企业的战略规划主要依靠外聘的顾问或战略专员来制定。只是由于这些外聘的顾问或战略专员有可能并不了解企业的实际情况，这也使得企业的战略规划越来越脱离业务发展的实际情况。

一旦企业的战略规划脱离自身业务发展的情况发生，在快速发展的竞争环境中，如果没有人及时对战略规划进行动态的调整，企业就可能失去发展的先机。而要力挽狂澜，就需要企业的管理者发挥积极的作用。

CEO 与高管团队是企业管理者的重要组成部分，双方沟通不畅，也容易使战略规划脱离企业的业务发展方向。

许多企业的 CEO 虽然已经描绘了雄图大略，但无法通过有效的沟通方式与高管团队共享，最后导致 CEO 往往不得不采用下达命令并亲自监督的方式来实现愿景。结果，CEO 很累，很疲惫；高管团队也产生了不被信任的感觉，以致在执行的过程中无法全力以赴。

笔者对此深有感触。当时，笔者和同事正在为一家著名的百亿级企业做行动学习项目。该企业的 CEO 为了在第二年度的战略上达成共识，连续开了一个月的会，最后失声了。后来，笔者问他每年是否都这样开战略会议。他回答是。笔者问他觉得效果如何。他回答，效果不太理想，但没办法，只能这样，因为企业发展太快，要达成共识不容易。笔者问他，凭这样开战略会议的方式，他怎样做能保证让全公司上下和他看到的是同一幅图画（战略愿景）呢？这样可以在组织愿景方面达成共识吗？……他陷入了沉思之中。显然，他也并不相信。

由此可见，相同的模式只会导致相同的结果，相同的模式想求得不同的结果，那是很难做到的。

另外，普通员工的习惯性防卫与习得性无助容易让战略会议陷入决策风险、低效率与无意义的旋涡。

众所周知，人们在心理上有一种根深蒂固的习性——习惯性防卫，这种习性通常用来保护自己免于因为说出真正的想法而受窘。

在企业的日常运作中，管理者经常会认为自己在工作上处理问题的方式、方法方面比一般的员工有经验，并表现出一种不容置疑的神情。这就造成了一种不正常的职场现象的出现，即管理者的想法一经表达，员工就很少甚至根本不提反对意见。因此，管理者的想法就很少受到公然的检视与挑战。实际上，这也就增加了管理决策的风险。

长此以往，员工就学会了不在管理者的面前表达自己的想法，更别说去指正管理者想法中的错误了。领导这么不容置疑，要是给领导提意见，自己会不会倒霉呢？为了保险起见，还是算了吧。员工决定保护自己。

当有了问题却不能及时地解决问题时，这样的会议、研讨就是无效的。

在传统的会议模式下，人们早已经习惯了“表达是无效的”，也习惯了自己在会议中的习得性无助，从而导致了管理者开会只是找了一群人来陪开会。这样的会议由于只有管理者自己的智慧，没有群体智慧的广泛参与而低效，从而导致了制订的计划永远与执行有偏差。

引入行动学习工作坊是突破组织愿景落地难的有效手段

我们该如何突破这种计划与执行有偏差的困境呢？将行动学习工作坊的模式导入组织战略会议中，是一种非常有效的手段。很多世界500强企业的实践经验早已证明了这一点。

行动学习战略规划工作坊强调的是“知行合一”，行动学习是21世纪最有效的成人学习模式。具体来说，就是通过个人在学习活动中的充分参与，然后在促动师的引导下，团队成员共同交流，结合工作中需要面对的问题或者困惑，促动个人内在的动力与参与者共同的智慧，激发个人自动自发、积极行动的意愿，获得创造性的解决方案，并积极在工作中实践。

行动学习与传统的培训模式最根本的区别在于，前者以学员“学习—绩效”结合为中心（以知识转化与整合为主），而后者以知识学习为中心（以知识传授为主），知识习得不一定转化为工作绩效。

在行动学习工作坊中，学员在促动师的引导下进行学习及知识转化与整合，而不仅仅是知识习得。学员运用自己的头脑去学习，挑战自己的头脑，形成自己的结论，最终积极地、自动自发地运用到现实环境中去。

行动学习工作坊所运用的核心技术是促动技术。它是基于21世纪脑科学的研究而进行的行为干预和绩效干预技术，是充分符合人们自然而然的思考流程与思维模式而开发的组织发展与组织变革技术。在行动学习工作坊中，人们对最终达成的共识或制订的行动计划都有着高度的承诺，并自动自发地维护它们在组织中的执行。

那么，我们应该如何实施战略规划行动学习工作坊呢？有三点需要特别注意。

第一，战略规划行动学习工作坊是一个高技术含量的会议流程。这个流程从建立组织未来的共同愿景开始，到形成一份包括任务、最后完成期限、跟进会议在内的建设性时间表结束。

第二，战略规划行动学习工作坊的促动师一般由外部的专业促动师担任。促动师的任务是促发参与者的内生智慧，从而产生切实有效的愿景、战略规划。真正的决策由组织内部的参与者来做，而非外部专家。通常组织会委派重要的利益相关者参与战略研讨会，因而制定的战略会与组织的业务现状紧密关联。

第三，战略规划行动学习工作坊非常灵活，能形成一个全面又长期的计划，同时又包含了从开始到结束的一系列执行细节。

战略规划行动学习工作坊流程包含六个步骤（如图 3-1 所示）：确定焦点问题、制定切实可行的愿景、分析潜在矛盾、确定战略方向、设计系统化行动方案、草拟执行时间表。

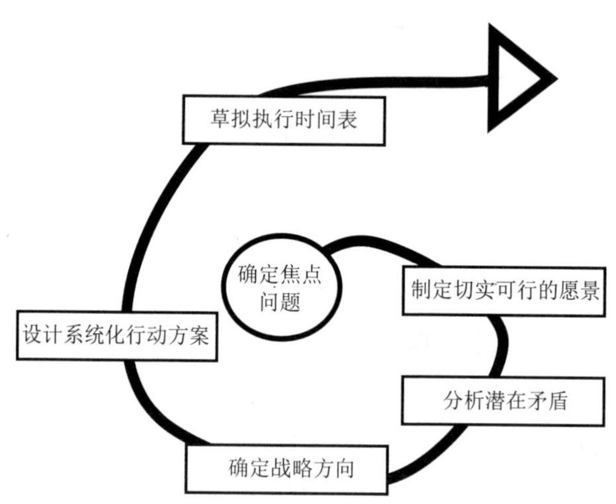

图 3-1　战略规划行动学习工作坊流程

战略规划行动学习工作坊具有一定的独特性。这种独特性体现在以下几个方面：

第一，强调战略规划的流程，而非简单的知识导入和宣贯，采用独特的方式，避免参与者的习惯性防卫，让团体真正参与，牵引 CEO 与高管团队达成有效共识。

第二，强调执行是整个过程中重要的一部分。

第三，挖掘每位参与者大脑中的智慧，在隐性经验显性化的过程中，帮助参与者共享经验，克服“盲人摸象”的局部思维，藉由系统思考促进战略规划的全面性。

战略规划行动学习工作坊与战略培训、咨询不同。

工作坊能在一种自然的状态下，整体改善参与者的心理及行为，从而保证组织变革是和谐的、渐进的。由于工作坊中产生的行动方案及计划是人们共同创造的，而并非是外力强迫他们改变的，因此，领导者无须强迫或者勉强地沟通，它更容易赢得人们寻求改变的承诺，并自动自发地执行。

行动学习工作坊促动师与传统会议的主持人不同。

与传统会议的主持人相比，促动师是经过专业训练的，熟练掌握行为干预、绩效干预技术及思维同步转化技术，精通组织变革、组织发展、组织能力提升的专家。

促动师能根据组织面临的问题、现场学员的动态的心理变化，精心设计出适合企业的动态工作坊，并在现场进行适合的促动。

促动师不会过多地对学员讲授那些在互联网上可以很快搜索到的知识，也不会就某个专业问题陷入狭窄的、局部的讨论。

促动师会引领大家进行系统思考，站在一个更大的系统角度看待整个组织面临的问题，同时也引领大家在一个确定的时间框架中，获得有效的行动方案。

在组织中，没有人比公司高管更了解公司的现状和公司所处的行业环境，因此高管必须参与到公司战略的制定中来。公司高管由于没有受过专业的咨询训练，因此需要外部顾问给他们一些解决问题的方法辅导；由于需要跳出自己现有的位置进行全局思考，因此需要专业的教练和引导师来帮助。只有当高管参与到方案的制定中来，他们才能在后续的执行中充分理解方案，并将其有力地执行下去。

行动学习的实战能力很强。它吸取了很多有价值的东西，并融会贯通自成一派，不强调理论的完美，而强调其实战目标的实现——解决问题并发展能力。它充分发挥了群体智慧的优势，而且不断迭代更新，还体现了互联网时代的特质。

○ 如何用行动学习提升管理者的经营思维能力

今时今日，市场的变化，组织的战略发展，需要针对各级管理者匹配怎样的领导力？各级管理者在向上发展的过程中，藉由转变带来的价值观、时间分配、技能变化如何通过领导力发展的培养项目获得？我们如何基于管理者转变的挑战中需要的能力变化提供与之匹配的学习活动？如何评估这些学习活动对领导力发展的有效性？要解决这些问题，我们就需要了解领导力发展的相关常识。

领导力大师沃伦・本尼斯提出了领导力发展三要素：商业驱动力、转变的挑战、支持与评估（如图 3-2 所示）。

商业驱动力：

管理是为经营服务的。在这样一个市场不断巨变导致商业模式可能巨变的时代，作为管理者，能够真正理解企业的商业模式是其领导力的基石，否则就会南辕北辙。遗憾的是，与企业的战略背道而驰的管理者比比皆是。

转变的挑战：

管理者的思维定式和组织定式是领导力提升的最大障碍。只有当管理者面对一个按其传统方法无法解决的挑战时，他才有可能走出自己的“舒适区”，突破自己的心智模式。这时，转变开始发生，管理者的领导力才会得到真正的提升。

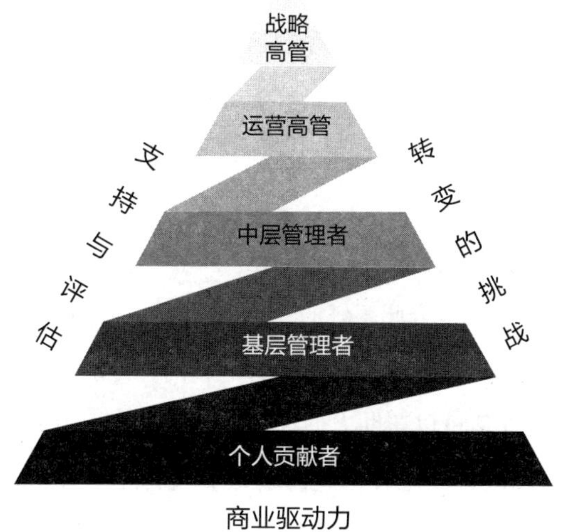

图 3-2　领导力发展三要素

支持与评估：

我们该如何基于领导者转变的挑战中需要的能力变化提供与之匹配的学习活动？如何评估这些学习活动对领导力发展的有效性呢？这也是领导力发展的关键要素之一。

要使管理者的领导力得到迅速发展，我们就需要做好以下几件事。

一是设立挑战性目标，促使其认识工作价值的变化。

本尼斯说，人们只能在经验中学习领导。就个人而言，他们必须有成为领导者的抱负和驱动力，他们必须发展从经验中学习的能力。我们可以利用行动学习的方式，通过设定挑战性目标、轮岗顶岗、提交行业分析报告等，激发管理者的抱负和驱动力，从而使其领悟到过去的管理思维与管理行为需要改变。

二是导入学习活动，支持其掌握新工作技能。

彼得·圣吉认为，领导者必须重视学习的价值，对学习的内涵也要有更深的认识。所谓学习，不只是提供信息，产生新构想，学了一些新的语言、观念或方法而已。真正的学习应该导致行为的改变。

据此，组织学习活动的设计必须超越传统的听讲。听讲固然是一种学习方式，却不是唯一的方式，更不是最好的方式。我们可以在不同时间段安排管理者进行不同的学习活动，如课堂培训、体验式学习、在线学习、反思与反馈等，来支持其完成挑战。

三是评估其能力变化与领导行为变化。

我们可以通过导入适合此层级的评估模式，如业绩评价、领导力素质评价，通过 360 度评估与反馈，正确评估管理者的领导能力是否提升。

其中，360 度评估可以帮助人们提高对自我的洞察力，使他们更加清楚自己的强项和需要改进的地方，进而制订下一步的能力发展计划；可以激励人们不断改进自己的行为，尤其是当 360 度评估和反馈与个人发展计划（IDP）的制订结合起来时效果更明显。360 度评估正是通过将这种差距明确地呈现给受评人的方式，促进个人的自我觉察，从而激发起他们积极向上的动力。

实际上，本尼斯所说的商业驱动力就是我们一再提及的经营思维能力，对经营之道的理解能力。如果在组织中脱离经营思维这个核心谈能力提升，就毫无意义可言。而行动学习就是提升经营思维能力、掌握经营之道的有效手段。

我们就是要通过行动学习让管理者始终围绕组织的战略目标来思考，让大家在过程中学会和掌握经营之道的核心，那就是：聚焦、聚焦、再聚焦，简化、简化、再简化，重复、重复、再重复。

所有企业的资源都是有限的，那么如何在有限的资源条件下取得更大的成果呢？我们到底是要想做“一公里宽一寸深”，还是“一寸宽一公里深”呢？因此，聚焦做减法就成了必然选择。只有聚焦，我们才能在一个点上打深、打透、打穿，专注决定专业。也只有聚焦以后，我们才能不断思考自己一招制敌的市场动作到底是什么，领先竞争对手的抓手在哪里，从而不断简化不必要的市场动作。与此同时，聚焦也是计提更多的竞争成本提炼出的一招制敌的市场动作。当然，最后就是不断地重复与复制这些标准动作，形成核心竞争力。因为商业的核心本质就是规模效应。

行动学习兵法实战篇——用教练技术和团队辅导推动行动学习项目落地

○ 教练技术在行动学习项目中的作用及运用

教练技术在行动学习项目中的重要作用

在过去大约30年的时间里，各类组织面临着全球市场的快速变化，需要更大限度地调动组织成员的智慧和创造力去应对，而我们所面对的知识型员工的个性化、多元化、自主化的要求也越来越高，管理者的任务已经从管理"事"为中心逐步过渡到领导"人"为主，很多传统管理方法由于不能适应这一变化而遇到了严重的挑战。因此，基于群体动力学和成人教练学原理的行动学习模式被发展出来，行动学习促动技术与企业教练技术应运而生。

促动技术与企业教练技术已令无数欧美企业在知识经济时代获得了巨大的成功。知名出版物《公共人事管理》（*Public Personnel Management*）通过对企业采用培训加促动、教练的效果调查比较后发现，培训能增加22.4%的生产力，而培训+促动/教练可以提高88%的生产力。专家预测：促动师、企业教练在未来数年间将成为最热门也最具潜力的新兴职业，促动师、企业教练是21世纪经理人必须担当的新角色。

有“全球第一CEO”之称的杰克·韦尔奇即是一位出色的促动师、企业教练。在某次对他的一次专访中，采访者曾问及他退休后的打算时，他回答：“只想静静地做一名企业教练。”韦尔奇倡导、推行和身体力行的教练式领导模式，令GE在当时迅速登上了该行业世界第一的宝座。

对一个行动学习项目来说，促动教练、教练技术、教练辅导是其中不可或缺的重要组成部分，但我们会发现：目前，在企业开展行动学习项目时，导入专业教练辅导的却很少。其实，教练能帮助管理者认识与深刻理解从以“事”为中心的管理者向以“人”为中心的领导者的角色转变，重新审视与反思传统的管理及领导方法，突破传统管理思维的局限，加深对人性的洞察，建立以人为本和纵观全局的促动与教练思维模式及行为模式。

就是管理者个人，也能在这一过程中学会自我促动与教练，为本人终生的不断提升进步做出更有效的保证，以实现成功快乐的人生。

管理者提升促动与教练能力和促动与教练技巧，可以帮助同事、员工突破障碍实现目标；可以运用所学的促动教练技术，解决实际工作和团队领导的难题，提升企业绩效；可以使自己成为促动与教练型领导者，提升自己带团队的能力，拥有主动执行的员工。

基于对国际企业管理发展趋势的深刻理解，结合我国企业发展状况，通过“以人为中心，以成果为导向”促动与教练文化的导入与建立，培养一批忠实践行促动与教练文化、拥有熟练促动与教练技能的内部促动师与教练队伍，使高层管理者实现从“事本管理”为核心向“人本管理”为核心的超越式转变，成为促动型、教练式领导，可以帮助企业开发核心资源——人力资源，提升企业的核心竞争力，实现企业的基业长青。

管理者必须能进行基于教练技术的团队辅导

全球企业从未像今天这样异乎寻常地关注于人，人本管理的概念也为许多企业所应用。企业管理者传统的管理方式在进入知识经济之后必须要加以转变，否则将面临被淘汰的危险！在行动学习项目推进的过程中，我们会遇到许许多多的困难、挑战、困惑、抵触、不解、迷茫、消极、敷衍，甚至于想放弃退回原点等情况。而且，在这个充满了个性的时代，无论是员工个体，还是整个团队，可能都会呈现不同的需求，遇到不同的困难。

这就要求管理者必须要掌握教练技术，并将其用于日常的员工辅导中。这是因为，管理者本身就兼具了辅导者的角色。对于员工而言，管理者是和他们相处时间最长、对他们影响最大的人。

在日常工作中，员工一方面往往要承担非常繁重的生产任务，不可能经常参加脱产培训；另一方面又要想办法提升自己的工作能力和绩效。如何才能解决这二者之间的矛盾呢？答案就是由管理者对他们进行辅导。

这是为什么呢？一来，管理者是对部门绩效负责的人，而部门绩效又是由员工绩效决定的；二来，管理者往往是具有丰富实践经验的人，而这些实践经验很难从书本上学到；三来，管理者的辅导者角色扮演得如何，直接决定了其团队的凝聚力和战斗力的优劣。

在行动学习项目落地的过程中，团队辅导是一个非常重要的环节，关系到整个项目的成败。同时，它也是将外部促动与内部教练进行无缝对接，从而把组织的隐性知识显性化的关键。

辅导的重要作用不言而喻。对管理者自身而言，辅导可以实现领导力和管理能力的双提升，赢得下属的尊重，获取成就感，实现专业技能的巩固；对员工而言，辅导可以实现工作绩效、业务技能的提升，个人职业生涯的完善，个人满意度和敬业度的提高；对组织而言，辅导可以实现组织业务发展速度的提升，员工发展效率的提升（投入 / 产出比），组织凝聚力的增强，企业核心竞争力的增强，降低组织人才流失的风险，等等。

辅导的定义及分类

既然辅导这么重要，那到底什么是辅导呢？辅导是不是就是一些有经验的人把自己的知识和方法传授给别人？辅导者是不是一定比被辅导者的知识和能力更强，才能辅导后者？辅导是不是就是反馈员工的不足？辅导是不是只针对问题员工？辅导是不是一定要花大量的时间来做？

简单来说，传统意义上的辅导是指一些有经验的人把自己的知识和方法传授给别人。而现代组织中员工辅导的含义是：引发员工的学习和思考，促进其自我成长；帮助员工去面对问题，让其自行找出解决办法；发掘员工的个人潜能，让其能发挥自己的最佳表现（传统型管理者和教练型管理者的区别如表 3-1 所示）。

表 3-1 传统型管理者与教练型管理者的区别

分类 区别	传统型管理者	教练型管理者
焦点	事	人
关注点	效率（正确地做事）	效能（做正确的事）
沟通	多说，给指令	多听，会提问
方式	基于命令管理	基于承诺管理
角色	指挥者	支持者

而且，传统意义上，辅导以员工个人的发展为关注焦点，教练则相对更偏向于绩效的达成与提升。本章节着重传授以教练技术为基础的员工辅导知识和技能。我们把以教练技术为基础的员工辅导定义为：**管理者以“以人为本”的管理理念为出发点，通过积极双向的沟通对话，引发员工的学习和思考，激发并协助员工挖掘自身的潜能，实现业务与能力、工作与生活的协调发展。**

管理者对员工的辅导包括很多方面。

一是生活辅导。

其目的在于，帮助员工平衡工作与生活的关系，让他们感受到主管、公司对他们的关怀，从而增添他们的归属感。

具体做法：

关心员工的内心感受，尤其是关注出现特别情况的员工；

疏导员工的情绪，帮助员工应对生活的挑战；

帮助员工反思和平衡自己的生活和工作。

二是职业发展辅导。

管理者扮演镜子和支持者的角色，帮助员工看到自己真实的现状，明确自己想要的发展路径，然后在员工朝着这个路径发展的时候，积极地为他们提供机会，做他们最信任的支持者。

三是技能发展辅导。

管理者扮演镜子和教师的角色，协助被辅导者分析和确认现有技能与理想状态的差距，支持被辅导者制订行动计划，并提供必要的技能培训和指导，帮助被辅导者提升工作技能。

四是工作绩效辅导。

管理者扮演镜子和促进者的角色，协助员工厘清目标和现状的差距，发现改善的路径，取得员工的承诺，支持其达成目标的过程。

在整个教练辅导的过程中，我们始终要围绕着经营目标展开。而整个教练辅导要遵循“总目标—业务目标—增长点 / 发力点—分解为阶段任务（时间）—任务分解到人（人员）—具体措施 / 行动”的流程。

促动师或教练基于团队辅导的建议

总目标：

目的：让员工不迷失方向（不忘初心，方得始终）。

提问：如何让自己 / 团队不忘初心？现阶段离总目标距离还有多远？

业务目标：

目的：让营销团队既能抓住重点业务，又能均衡发展业务。

提问：完成较好 / 不理想的业务是什么？原因是什么？

增长点 / 发力点：

目的：让营销团队找到目标市场、客户对象及竞争对手。

提问：×× 业务的增长点在哪儿？

分解为阶段性任务（时间）：

目的：让员工有时间紧迫感，有计划性、有条不紊地推进业务。

提问：业务进度如何？

任务分解到人（人员）：

目的：让营销团队懂得分工与合作，形成团队合力，提高工作效率。

提问：团队分工有没有改进的地方？

具体措施 / 行动：

目的：帮助员工提升工作激情，打开思路，排除万难，解除困惑。

提问：信心如何？自我评估最近的行动效果如何？有什么更好的方法？行动的动力如何？最需要的帮助是什么？最困难的地方是哪里？

○ 用行动学习提升关键能力（集中式辅导与分散式辅导）

如何在行动学习项目中运用教练技术对团队进行辅导（集中式辅导）

一、背景

S银行广州天河支行（以下简称“天河支行”）作为总行重要的中心支行，无论在经营管理上，还是在员工学习发展上，都采取稳步规划与延伸的形式进行。

2010年，天河支行对公业务面对转型、排名的压力，W行长提出将对公客户经理人才建设作为2010年度的工作重点。同年3月，促动师团队配合天河支行开展对公客户经理的人才培养项目，培养出了不少业绩优异、排名骄人的对公客户经理。**相应地，促动师团队也发现，天河支行暴露出来的另一个问题，即缺乏相应称职的客户经理管理者——团队长。**

2011年，基于2010年取得的进步及后续发现的问题，天河支行要求不仅要打造个人营销精英，更要打造公司对公条线这支精英营销团队。同年6月，团队建设项目启动。到了年底，对公团队就实现了从“个人英雄”向

“英雄连”的转型，更树立了团队标杆，培养出了一批教练型团队长。**相应地，促动师团队发现，光是业务团队“前方作战”，而未获得更多的后端其他管理支撑部门的支持，是无法实现“全员营销”的。**

二、解决方案

基于背景和需求分析，2012年天河支行把以动员业务条线乃至管理支撑部门的“全员营销”作为主线，以“聚焦客户·精耕细作”这一顺应大环境的战略步骤为载体，开展为期6个月的新一轮行动学习项目，并**在项目中导入了基于教练技术的员工辅导**（具体的辅导方案如图3-3所示）。

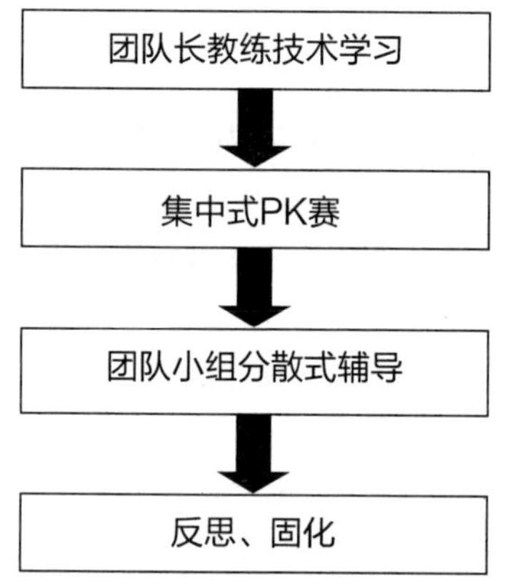

图3-3　基于教练技术的员工辅导方案

三、基于教练技术的员工辅导的应用流程

基于教练技术的员工辅导的应用流程如图3-4所示。

1. 团队长教练技术学习

在行动计划的执行过程中，促动师团队发现，各小组的团队长普遍缺乏教练的相关知识。为此，促动师团队专门为这些团队长安排了两天的教练技术学习。

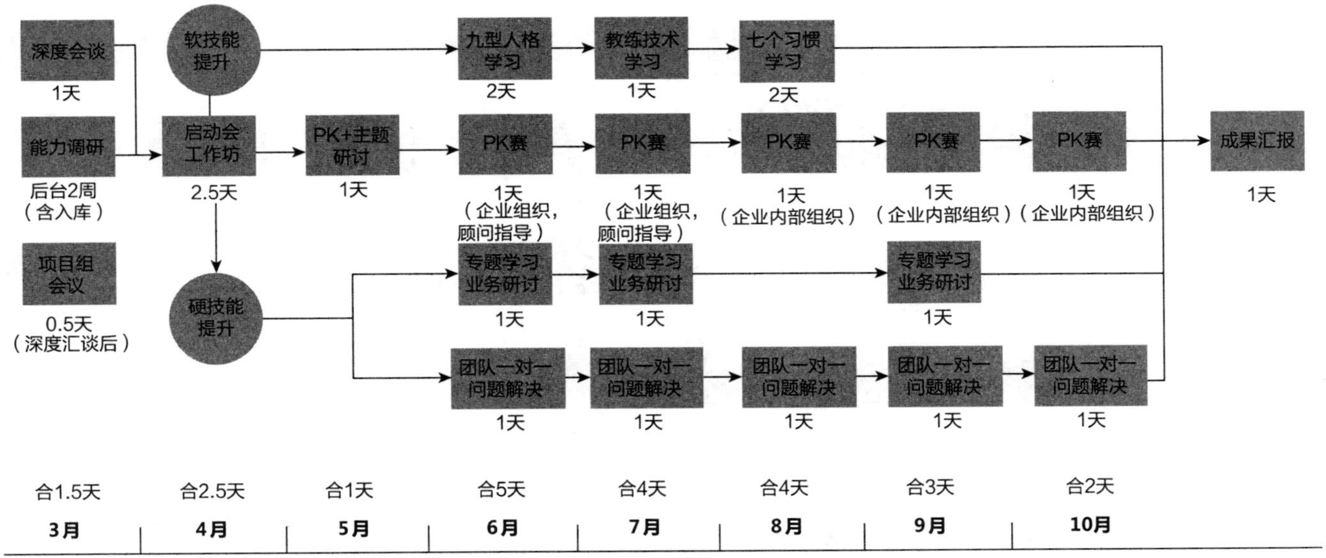

深度会谈 1天
能力调研 后台2周（含入库）
项目组会议 0.5天（深度汇谈后）
软技能提升
启动会工作坊 2.5天
硬技能提升
PK+主题研讨 1天
九型人格学习 2天
教练技术学习 1天
七个习惯学习 2天
PK赛 1天（企业组织，顾问指导）
PK赛 1天（企业组织，顾问指导）
PK赛 1天（企业内部组织）
PK赛 1天（企业内部组织）
PK赛 1天（企业内部组织）
专题学习业务研讨 1天
专题学习业务研讨 1天
专题学习业务研讨 1天
团队一对一问题解决 1天
团队一对一问题解决 1天
团队一对一问题解决 1天
团队一对一问题解决 1天
团队一对一问题解决 1天
成果汇报 1天

合1.5天	合2.5天	合1天	合5天	合4天	合4天	合3天	合2天
3月	**4月**	**5月**	**6月**	**7月**	**8月**	**9月**	**10月**

注：能力调研属于前期准备工作，不计入3月的天数。

图 3-4　基于教练技术的员工辅导的应用流程

2. 集中式 PK 赛

教练技术不仅需要掌握，还需要在工作中应用。为了检验学员对教练技术的掌握程度和应用的效果，促动师团队还专门设计了教练技术 PK 大赛。

PK 大赛主要考查学员对 GROW 提问技巧的掌握程度，促动师团队把考查内容分为 10 个考核点，并给每个小组分派若干个考核点，要求在其他小组的团队长做完汇报后，本小组针对这些考核点给做教练辅导的团队长做点评，最后促动师团队做出整体点评及评分。其流程可以如图 3-5 那样设计。

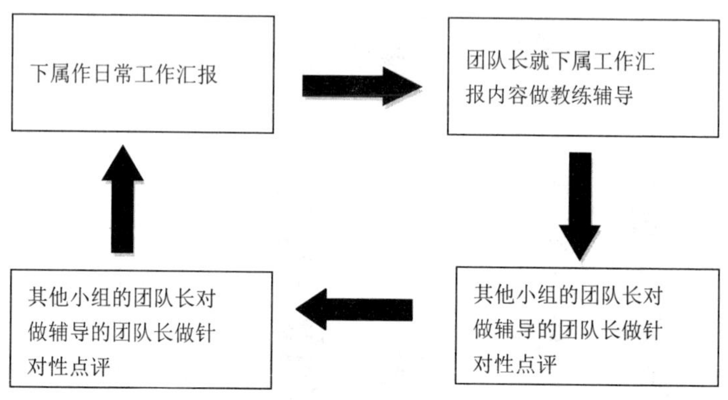

图 3-5　集中式 PK 大赛流程

3. 团队小组分散式辅导

集中式 PK 大赛，解决的是所有团队长在教练辅导过程中遇到的具有共性的问题。为了针对个性化问题的解决，促动师团队安排了团队小组分散式辅导：在没有事先做准备的情况下，让团队长对团队的一名成员做基于教练技术的员工辅导，其他团队成员和顾问老师在旁边观察。

辅导完毕后，先由团队的其他成员给团队长做反馈和点评。接着，由被辅导的组员做反馈和点评。之后，再由促动师团队做评价。

这样的流程确保了团队长接受的评价是全方位的、公正的，同时为下属员工创造了一个安全的沟通环境，方便他们讲出平时不愿或不敢讲的话。这样还能更好地帮助团队长提高自己的能力。

4. 反思与固化

在经过集中式 PK 和分散辅导后，团队长认识到自己在教练辅导方面存在有待改善的地方。

经过自己的反思后，团队长不仅要提升欠缺的能力，还要把提升后的教练辅导能力固化下来，并应用于日常工作中。

四、行动学习项目中应用基于教练技术的员工辅导的收益

通过近 6 个月的行动学习和实践，天河支行取得了显著的成绩。

支行管理人员领导力提升，团队凝聚力提高。“工作学习化，学习工作化”的学习型文化在天河支行逐渐形成。

通过连续两年的行动学习项目，天河支行对公条线和零售条线在总行的条线 KPI 年度排名连续两年都取得了第二名。同时，天河支行的综合 KPI 年度排名也连续两年在总行蝉联亚军。

行动学习，作为组织用来解决现实管理难题、开发组织成员能力的一种管理方法论，在形成其规范化技术时，保持了对多种管理工具的兼容并蓄，体现了高度的开放性和灵活性。因此，行动学习项目中可以应用的工具很多，通常并没有一种绝对固定的选择。

无论采取何种具体的方法工具，整个行动学习过程都应把行动和学习、干和学结合起来。就如行动学习之父雷格•瑞文斯所言：“没有行动不可能发生深刻学习，没有学习就不可能有高质量行动。”只有如此，组织开展的行动学习才是真正的行动学习。

如何通过促动技术教练员工的实际工作辅导（分散式辅导）

案例主题：如何有效沟通。

所在部门：×× 公司西南大区川藏区域。

被辅导对象：黄 ××（川南城市经理）、廖 ××（内江销售主任）。

促动师教练：毛经理。

一、辅导背景情况介绍

5 月中旬，×× 公司西南大区为了消化内江市场 70 克和 135 克两种巧克力的库存，分别下发 96 克、200 克晶糖作为“买一送一”的赠品。但内江销售主任廖 ×× 并未按照公司要求执行，他用 96 克晶糖作为 135 克碗装巧克力的赠品，200 克晶糖作为另一类巧克力 206 克包装的赠品，做“买一送一”的活动。

后来，西南大区了解到，造成此活动偏差的原因是，川南城市经理黄 ×× 与驻地销售主任廖 ×× 在纵向上，以及黄 ××、廖 ×× 与内江经销商人员横向上的沟通都出现了断裂，没有形成有效沟通。所以，西南大区决定给上述两人在“如何有效沟通”方面予以辅导。

二、辅导目的与目标

1. 辅导的目的

引导两名员工如何与上级、下级及合作伙伴形成有效的沟通。

2. 辅导的目标

5 月 28 日当天，让被辅导员工认识、理解“有效沟通”。

5 月 28 日— 5 月 30 日，向各区域传达行动计划。

6 月 1 日— 6 月 30 日，对行动计划进行跟踪，保证执行。

6 月底，形成有效的沟通机制，并顺畅运行。

三、辅导前的思考与准备工作

1. 辅导前的思考

明确员工的性格特点。

梳理清楚此次推广活动的每个细节节点，找出员工的优缺点，以便在辅导中予以表扬和纠正。

明确辅导的流程：

预约—被辅导者自我评估—辅导者提出观点—被辅导者提出解决方案—被辅导者自己评估方案—发掘其他可行性方案—拟订计划—达成一致。

2. 将要采取的辅导策略

让被辅导者多讲，引导其多进行自我评估；

多表扬，肯定优点；

运用眼神及面部表情在辅导中进行互动。

四、具体的辅导方法和步骤

时间：201×年5月28日下午16：00。

地点：内江××××有限公司会议室。

人物：毛××（川藏区域经理，简称毛），
黄××（川南城市经理，简称黄），
廖××（内江销售主任，简称廖）。

辅导教练过程：（略）

辅导达成的共识：

城市经理：每周与经销商沟通至少一次；
与销售主任或销售代表周一、周三、周五必须沟通，有问题随时沟通。

驻地业务：周一到周五每天8：30与经销商沟通前一天的相关业务、市场活动；

周一、周三、周五与城市经理沟通。

区域经理：与城市经理每天沟通；

与大区经理每周保持两次沟通；

与重点经销商保持一个月沟通一次；

每月月底开一次由城市经理参加的例会（川藏城市经理有驻外埠的）。

五、辅导的结果与成效

1. 下属的问题先是越来越多，后来慢慢变得少而精。

2. 下属对公司的各项活动、文件的理解能力不断提高，且态度专注。

3. 下属在活动贯彻、执行方面比以前有较大的进步，能忠实地执行公司的意图，并能给出较好的建议。

4. 下属和经销商的抱怨比原来减少了。

5. 团队精神有明显的加强，团队的气质也在形成。

六、收获与启发

1. 说明运用案例的方式给自己带来的收获和启发

员工对于正面的引导非常接受和欢迎，员工有很强的培训、辅导意愿。

公司和区域要定期给予下属辅导、培训。

学习的技能要在工作中运用了，才能提升自己的能力。

辅导对工作的提升有意想不到的效果。

我认识到自身还需要加强各方面的学习，这样才能更好地做好管理。

2. 以后如何提高学习效果

学习结束后要对学习内容及时复习。

要根据学习内容有意识地在工作中强迫自己去运用。

加强与老师、同学之间的心得交流。

○ 行动学习领导力提升促动辅导——“五连环模型”

在针对大型团队进行团队教练和团队辅导中，我们在设计行动学习领导力提升工作坊时，可以围绕“五连环模型”（也叫“五三模型”，如图 3-6 所示）展开。

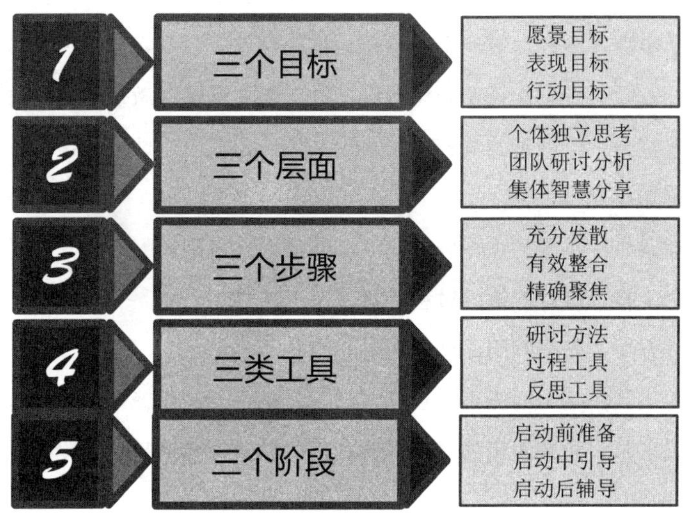

图 3-6　行动学习“五三模型”

什么是“五连环模型”

三个目标：愿景目标、表现目标、行动目标。

愿景目标：我们组织的愿景转化成为本次行动学习项目或本小组期望的远见。

表现目标：我们将其设计为不同的阶段应该呈现的情景或具象化的表现形式。

行动目标：我们为实现这样的梦想制订的行动计划是什么，要符合 SMART 的原则。

三个层面：个体独立思考、团队研讨分析、集体智慧分享。

个体独立思考：为了发挥群策群力的作用，贡献每个人的智慧，挖掘组织的隐性知识。

团队研讨分析：通过团队共创杜绝“一言堂”现象，激发团队创意与新能量，建立一种共享的责任感，发展整合性的思考方式（包含理性与直觉），达到一个实际的团队共识。

集体智慧分享：将组织知识显性化，内化成组织的内生智慧。

三个步骤：充分发散、有效整合、精确聚焦。

充分发散：打破常规及固化思维，提出新的见解，激发新的想法。

有效整合：挖掘新的洞察力，凝聚共识，形成一个能够使团队一起向前的共同认知模式。

精确聚焦：引导共识，确认决议，从集人之力到集人之智。

三个工具：研讨方法、过程工具、反思工具。

研讨方法：充分利用促动技术进行组合。

过程工具：基于要输出的目标及学习对象设计运用管理工具组合。

反思工具：相同的模式只会导致相同的结果，没有反思的学习只不过是“新瓶装旧酒”。

三个阶段：启动前准备、启动中引导、启动后辅导。

启动前准备：充分的调研和高管团队或项目发起人的深度会谈决定了项目走向。

启动中引导：跳出框框，拓宽视野，没有创新就是死路一条。

启动后辅导：集中式辅导与分散式辅导并重，否则无法落地。

行动学习组织内化辅导关键动作

复盘前的关键动作：

“两追踪”：一是评委组提出关注的问题的解决情况；二是本月重点工作完成情况。

“两共识”：一是引导团队明确上月的工作亮点、不足、问题；二是结合不足及下月工作的规划，重新聚焦明确下月的工作重点。

“一辅导”：辅导团队复盘汇报重点及技巧。

复盘中的关键动作：

观察记录：观察每个团队在复盘中的表现，评委的业务指导方向、重要观点及改善点。

分析：分析每个团队的问题所在，弄清改进点在哪里。

总结：应该帮助团队厘清什么问题，发现什么短板，对负责的团队及个人的发展改进形成自己的观点和建议。

复盘后的关键动作：

“四总结”：一是复盘中向评委学到什么；二是向其他团队学到什么（总结每个业务团队的亮点和不足）；三是复盘前总结的问题是否得到了解决，解决方案的步骤流程是什么；四是总结复盘中发现团队及个人存在什么问题需要改善的（包括评委的建议）。

反馈：促动师反馈复盘中团队和个人的表现。

共识：共识目前存在的问题，共识下一步工作计划，包括业务工作与新增改善点（落实到人，明确时间），现场修改复盘 PPT。

教练团队的每月督导：

上级部门或其他部门促动师与本团队或本小组促动师及督导组形成联动，每周进行一次针对计划落地执行情况的督导，及时总结团队存在的问题，引导团队现场分析形成解决方案，再监督执行。

根据团队的共性问题，促动师、督导组共同进行分析，并制订相应的培训计划，支持授课（专业方向）。

总而言之，“管理是盯出来的”，行动学习的结果也是盯出来的。人都是有惰性的，不断复盘加上教练辅导跟进是成功的基础。

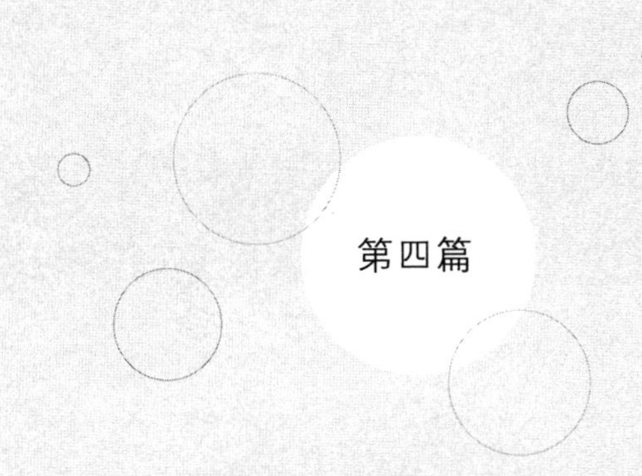

行动学习心法及运用
——让管理者成为行动学习的高手

所谓心法，就是“不忘初心”中的那个“初心”。行动学习的心法就是了解心智层面的行动学习的后台逻辑，就好比郭靖学《九阴真经》、降龙十八掌之前一定要牢牢记住的心法口诀。它是通过行动学习的“道”“法”“术”“器”来体现的。

行动学习心法篇——管理者要掌握行动学习的逻辑和适用场景

○ 卸下背上的猴子——突破管理者的心智模式

毋代马走，使尽其力；毋代鸟飞，使弊其羽翼。

——《管子·心术上》

笔者认为，管子的这段话从东方哲学层面很好地诠释了行动学习的心法。管理学里面有个著名的管理法则叫“猴子管理法则”。猴子管理法则是由威廉姆·翁肯（William Oncken）发明的一个有趣的理论。他所谓的猴子，更多地在强调管理者和下属在处理问题时所持有的态度。

猴子管理法则，通俗地说，就是每个人背上都有一只猴子，这只猴子代表着对自己承担问题的解决责任。如果下属学会解决自己的工作问题，管理者就会有更多属于自己的时间去思考自己的问题。

从本质上讲，猴子管理法则就是一个对下属执行力培养的问题。如果企业里领导很忙、员工很闲，就说明我们需要借鉴猴子管理法则来重新审视工作方式了。

为什么当领导的总是没时间，而下属总是没工作？原因就在于“猴子”都从下属的身上跳到了管理者的肩上。背上“猴子”带来的后果就是：

领导的时间由自我支配时间变成下属支配时间；

领导变成了“下属的下属”，为下属工作；

对于上级而言，首要任务是通过消除下属支配时间来增加自我支配时间。

如何让员工学会对自己的行为负责，对自己工作的最终结果负责呢？

该下属做决定的事，一定要让他们自己做决定，因为做决定意味着为自己的决定负责任。

下属不习惯做决定的根源如果是依赖上司或别人，这样的下属不堪大用；如果是上司习惯代替下属做决定，这样的上司难以胜任复杂任务；让下属自己做决定，就是训练下属独立思考和勇于承担责任。

管理者如果不能突破既有的心智模式，做到“毋代马走，使尽其力；毋代鸟飞，使弊其羽翼”，那么就只能是三个下场：累死、气死、急死。

行动学习的科学基础是现代脑科学和心理学、组织行为学，它能够帮助员工改善大脑处理信息的方式，通过帮助人们建立新的思维模式，改善人与人之间交流的方式；通过提升管理者帮助他人思考的能力，创造思考的空间，从而提高工作绩效、激发工作场所的学习与创新的连接，促进管理者与人们创造与分享共同愿景，促进组织发展与组织变革。世界 500 强企业中的 300 多家都是英国国际管理协会的行动学习企业会员。

○ 行动学习心法与行动学习的道、法、术、器

东方的哲学思想“毋代马走，使尽其力；毋代鸟飞，使弊其羽翼”，从根本上很好地诠释了行动学习的核心心法。从西方的理论来看，行动学习主要的心法或理论支撑主要是以下三个：库伯经验学习圈、实用主义教育理论和群体动力学。

其实，所谓心法，就是“不忘初心”中的那个“初心”。行动学习的心

法就是了解心智层面的行动学习的后台逻辑，就好比郭靖学《九阴真经》、降龙十八掌之前一定要牢牢记住的心法口诀。它是通过行动学习的“道”“法”“术”“器”来体现的。

术以立策，器以成事。在没有解决“道”的问题时，谈“法”“术”“器”都是没用的；当“法”的问题还没解决的时候，光谈“术”和“器”也是没用的。我们在思考问题时，要先从“道”的最高层面去想，但是在执行时应该从“器”开始做起，也就是大处着眼，小处入手。这是学员田经理通过半年多的行动学习项目对行动学习的理解。笔者对他的观点深表认同。当然，最后的结果也证明了这一点。

“2015 年 9 月底，曲阜中、农、工、建、交五家国有银行总共新增 6.3 亿元存款，邮储银行增加 1.5 亿元。×× 行一家新增 8.2 亿元存款，比他们加起来还要多。

“我行开展行动学习项目，不是一味地搞活动，而是在当前改革的大背景下，寻求一条自我超越的途径。这个过程中，要尊重行动学习的客观规律，循序渐进，既不能因噎废食，也不能急于求成。与先进银行相比，我们的管理提升、绩效提升之路仍然任重道远。事实上，行动学习并没有固定的模式，我们也需要因地制宜，找准切入点和着力点，方能达到‘道’‘法’‘术’‘器’合一的境界，实现长远的发展战略。”

行动学习心法修炼篇——打造行动学习高手

○ 行动学习高手的身份、定位及信念

作为一名行动学习促动师，他的定位是什么？他在整个项目中扮演的角色是什么？我们认为，作为一名行动学习促动师，从某种意义上来说，他就是一名团队教练。**他的定位应该包括以下几个方面：**

一是镜子。促动师能够真实地反映当事人或被教练者当下的状态，让参与者能通过促动师这面镜子看清自己目前所处的环境，看清真实的自我是一个什么样子的，而不是一个不断地被演绎的自我。俗话说得好，以铜为镜，可以正衣冠；以史为镜，可以知兴替；以人为镜，可以明得失。促动师就是行动学习项目参与者“正衣冠”的镜子。

二是指南针。所谓指南针，就是促动师协助当事人或被教练者明确他们的前进方向，发现更多的可能性。因为在长达 4~6 个月的行动学习过程中，人们很容易被各种因素困扰，被工作中层出不穷的琐碎事情干扰，以至于会自然或不自然地迷失航向。这时，促动师就需要扮演指南针的角色，不断地让对方排除干扰，看清目标方向。

三是催化剂。所谓催化剂，就是促动师要激发参与者的内在动力，提升

个人的表现，加速企业的发展。每个人几乎都会受制于过去的自身经验、利益的驱使或自身的盲点，以致出现懈怠。促动师或教练会在行动学习的过程中不断地让参与者学会“内观”，遇见那个未知的自己，能够了解自己的优势、劣势、情绪、需求、价值观、动力、内驱力。知道自己想要什么，不能接受什么，持续地走出舒适区，扩大自己的能力，参与者就能不断提升自己。

同时，促动师让参与者不断地突破自我的限制性思考，发现更多看世界的可能性。当理解了世界与天地，参与者就理解了这个时代的趋势、社会的规则与规律，就能理解为什么有人会做很多看上去很奇怪的事。

只有升级心智、自我跃迁，看到人生的可能，最后人们才能打破惯性，突破自我，让自己重新思考生命的价值，绽放生命的礼花。

那作为促动师的身份是什么呢？教练与支持者。他能通过专业的策略、工具、架构与方法，协助个人、群体或者组织解决问题、订立行动计划、达成目标、改善决定、突破障碍并取得卓越成果。

促动师和教练一样，其指导原则就是“用问题解决问题”，具体来说，就是将工作中遇到的问题或者想要达成的目标视为课题，用提问的方式去解决。提问本身就是解决方案，前提是问对问题。促动技术及教练技术就是行之有效的“用问题解决问题”的实用工具。

作为教练和支持者，促动师还拥有四大信念，即：

相信每个人都是这个世界上独一无二的、有智慧的个体；

相信每个人都会为自己做出最好的选择；

相信每个人都会因自己的选择而做出改变；

相信一个人被理解和支持就会迅速成长。

为什么促动师要拥有这样的信念呢？举个简单的例子。就拿人来说吧，每个人都是由来自父亲的 23 个染色体和来自母亲的 23 个染色体偶然结合而成的，而每个染色体有几百个基因。其中，只要有一个基因变了，整个人就变了，你就不再是你，我也不再是我。也就是说，这个世界诞生你我的概率只是三百亿分之一。是不是太神奇了？三百万亿分之一竟然产生了你，产生了我。

从这个角度来看，难道能说每位员工不是独一无二的吗？当以这种眼光去看待员工的时候，我们将会发现自己也能得到更多的尊重，因为员工感觉得到我们对他的欣赏。

如果促动师相信每个人都是对自己负责任的，这些被信任的人就都会为自己做出最好的选择。当一名主管能从这种观点出发的时候，员工往往容易生出巨大的动力。相信每位员工都会因自己的选择做出改变。相信当员工的改变被理解和支持时，他就会迅速成长。

心理学里面有个著名的罗森塔尔效应。它产生于美国著名心理学家罗森塔尔的一次有名的实验。某天，罗森塔尔和助手来到一所小学，声称要进行一个“未来发展趋势测验”，并煞有介事地以赞赏的口吻，将一份写有最有发展前途者姓名的名单交给了校长和相关教师，叮嘱他们务必要保密，以免影响实验结果的准确性。

其实，他撒了一个“权威性谎言”，因为名单上的学生都是随机挑选出来的。8 个月后，奇迹出现了：凡是上了名单的学生，个个成绩都有了很大的进步，且各方面都很优秀。而事实的真相是心理学家通过暗示影响了校长和教师，教师在测验结束之后对这些进入“最有发展前途者名单”的孩子更加关注了。

智慧就在每个人的大脑中，只是我们在成长的过程中被大量限制性思考遮蔽了心智，所以就更多地把焦点转向外界，向外寻求答案。作为促动师而言，我们的工作就是让大家重新恢复“内观”，即独立思考、深度思考，帮助大家重新找到自己回家的路。这就是作为促动师最核心的信念系统。

综上所述，我们作为促动师，必须在这个信念系统的支撑之下，才能扮演好一个乐队指挥的角色，才能与学员参与者**良性互动、彼此启发、达成共识，**才能够引导他们穿越知识的丛林去寻求并找到智慧的海洋。

○ 锻造行动学习高手的十大原则

锻造行动学习高手的十大原则具体如下：

1. 价值观由当事人定义，并非由促动师决定；

2. 每个人都要为自己的成败负责；

3. 每个人都已经具备让自己成功、快乐的一切资源；

4. 每个行为都有其正面动机，只有不当的行为，没有不当的动机；

5. 凡事至少有三个以上的解决方法；

6. 任何事情都要经过两次创造：先心智创造，再实际创造；

7. 一个大的目标的实现，其实都源于一个微小的改变；

8. 沟通的意义取决于对方的回应；

9. 没有失败，只有回馈；

10. 没有信任，就没有促动。

21 世纪的领导者，不再像工业时代早期的领导者那样缺少知识、信息、专业技能，而是某方面的专家。他被包围在信息中，同时点击一下“搜索”，知识就会从四面八方涌入。传统的计划、决策、领导力知识及技能，领导者都不缺。然而，领导者发现，21 世纪的员工们越来越难以管理，无论是知识工作者，还是工厂里的工人，人人都知晓如何运用互联网的搜索引擎，来查找与自身利益息息相关的信息并比较，而且人员的流动比过往更频繁。

21 世纪实现了信息同步。然而，与此同时，领导者在关于自身的思考方式、思维模式的良好训练方面却相对落伍，这就导致领导者既不知道如何优化自己的大脑，更不懂如何在超负荷、加速度信息的世界里领导不同思维模式的人群快速达成共识，实现目标。因此，基于脑科学的 21 世纪领导者的思维模式的训练模式，就成了促动技术和教练技术的运用背景。

我们和参与者之间必须是双向互动、互相信任的；我们和参与者要构建共同的目标，“承诺于被教练者（参与者）的承诺”。只有当事人对自己的目标做出了承诺，促动及教练才能产生，才有意义及价值；没有承诺的促动及教练行为没有任何意义。作为促动师及教练，我们和参与者是平等的合作伙伴关系，否则我们的角色就无法支持参与者实现目标、最终成长。也唯有如此，我们才能成为真正的促动师。

行动学习促动师的基本能力及工具运用

○ 行动学习促动师的四大基本能力

一位优秀的促动师和一名优秀的教练一样，必须要具备四大能力：聆听能力、发问能力、区分能力和回应（或反馈）能力。这四大能力是促动师或教练必须要掌握的基本功。

很多人从小就被要求“逢人只说三分话，未可全抛一片心”。久而久之，就会形成习惯性防卫机制。习惯性防卫是一种根深蒂固的习性，用来保护自己或他人免于因为说出自己真正的想法而受窘，或感到威胁。因为我们的假设是和自己最深的信仰及价值观紧密相连的。如果有人对这一假设提出挑战，那就是对我们内心深处的感情提出挑战。通常情况下，我们都会对自己的假设进行防卫。所以，我们的假设往往在不经意中已经被习惯性防卫保护起来了。

研究团队管理的权威阿吉里斯认为：“防卫的心理使我们失去了检讨自己想法背后的思维是否正确的机会。”对于多数人而言，暴露自己心中真正的想法是一种威胁，因为我们害怕别人会发现它的错误。

在课堂上很少有人主动回答老师的问题就是这个原因。对于问题的答案，每个人都有自己的想法。然而，每个人心里总在想自己的答案是否正确，万一不对老师和同学会不会嘲笑自己。因此，大家宁愿放弃一个展示自己的机会而选择沉默，用沉默来避免自己犯错误。

常见的习惯性防卫主要有两类。

一类是管理者造成的习惯性防卫。

在工作中，特别是管理者与员工共同参与的工作中，习惯性防卫更为突出。无论是管理者，还是员工，都会表现出对自己的保护。作为管理者，总会认为自己在工作上对于问题的处理方式、方法比普通职员有经验，总是很有自信，所以在提出自己的想法时，都会很明确地表达“他的”愿景。一经这样的表达后，周围的人都会感到怯惧。这样一来，自然他的想法就会很少受到公然的检视与挑战。

另一类是员工在工作中形成的习惯性防卫。

时间一长，管理者造成的习惯性防卫就会对员工产生潜移默化的影响。员工自然也学会了不在管理者的面前表达自己的想法，更别说去指正管理者想法中的错误，哪怕这个错误是很明显的，因为他要保护自己。

有了问题却不能及时地解决，这样的会议根本就没有意义。所以，我们要求参与者都应当把所有的角色与职位弃之门外，而视彼此为工作伙伴。特别是管理者，更应有较高的觉悟，要放下自己的身份、地位，真正地融入这个团体中，让其他成员可以没有顾忌地说出自己心中的想法。大家只有在交谈过程中完全清除掉这些杂念，才能真正地共同深入思考问题和发生深度会谈。

每个人对于处理问题的想法都是经过自己思考的。如果我们愿意把它告诉大家，就应该有自信。**如果自己的想法真的有价值，就应该经得住别人的询问；如果想法没那么有价值，就应该坚强一些，开朗一些，重新考虑一下自己的假设。**

聆听能力

有人说，上天赋予了我们一条舌头，却给了我们一对耳朵，所以聆听比说话更重要。

有人说，聆听是首要的沟通技巧，有智慧的人都是先听再说。

有人说，雄辩是银，聆听是金。

有人说，在实际促动教练过程中，60%～80%的促动时段都是在聆听。

聆听能力，无论对于促动师、教练、领导，还是员工来说，都是最基本、最重要的能力。统计显示，聆听占了管理人员全部时间的30%～40%，聆听还名列20项重要经营技巧之首。

据研究，一般人说话的速度大约是大脑思考速度的1/4，也即当人们说一句话时，其大脑大约可以想四句话之多。因此，在上下级的日常沟通中，在平常的会议中，“你讲你的，我想我的”的现象会经常出现，很多时候大脑开了小差，但自己并没有察觉。

注意力不集中，聆听者往往会受到外界干扰或导致自己分心。同时，注意力不集中常常会使人主观上不想听。

那么，不良的聆听习惯都有哪些呢？常见的有以下两种：

一种是假装聆听，具体表现为有些人在想其他事情，却故意装出聆听的样子。假装聆听可能会给说话的人留下这样的印象，即聆听者确实获取了自己给出的重要信息或指导。

一种是听到了但没有听进去，具体表现为有时候一个人所听到的只是事实和细节，以及说话人的表达方式，却未听出真正的含义。

这种情况主要出现在以下几种情形中。

1. 排练发言。有些人在聆听过程中一旦想说些什么，就不再听下去，而开始排练自己的发言，等待时机。

2. 打断。聆听者不等讲话的人讲出完整的意思，就打断对方，使讲话的人只讲到一半。

3. 只听希望听的内容。人们经常认为，只要听自己希望听的内容就可以了，所以他们就有选择地聆听，排斥自己不想听的内容。

4. 防御心理。聆听者认为自己知道说话人的意图和之所以这么说的根据，或是其他种种原因，使得他们感到会受到攻击。

5. 为分歧而聆听。有些人似乎在等待时机攻击别人，他们专心于听与自己有分歧的内容。

如果我们要拥有卓越的聆听能力，就要掌握高效聆听的方法。聆听方法主要包括以下几种。

1. 集中注意力。如果确实想成为出色的聆听者，我们必须不时地强制自己注意聆听。当说话者令人乏味时，我们有时必须努力使自己不被其他事物干扰而分心。重要的不仅是将注意力集中在说话者身上，而且要用姿态（诸如眼神接触、点头和微笑）向说话者表明我们正在聆听。

2. 聆听全部信息。这包括寻求口头和非口头信息的含义，在听取事实的同时，留意背后的思想、感受和情绪。

3. 在评价前先要聆听。仔细聆听而不过早地下结论，对于聆听很有帮助。以客观公正的态度向说话者提问以获得更多的信息，而不是提出评判。聆听者通常会过早地觉得听明白了说话者的想法，但有时这些想法往往与说话者的本意截然不同。

4. 对听到的内容做释义。如果聆听者能不带评判地进行解释，并询问是否与本意一致，那么就能避免很多误解和误判。

5. 用身体语言表示专注聆听（SOFTEN 技巧）。其中，S 代表 smile，微笑；O 代表 open，开放的姿势；F 代表 forward-leaning，身体稍向前倾；T 代表 touch，友好地接触；E 代表 eye-contact，眼神交流和观察对方的身体语言；N 代表 nod，点头。

研究显示，在沟通过程中，**文字只能表现我们想说的 7%，其他的 38% 是由语气语调表达，而 55% 是由非语言与身体语言表达**。有时，人们所说的话可能与内心想法不一致，但语调及身体语言却往往透露了内心的真实感受。因而，作为一名促动师，要抱着专心、忘我、好奇、开放的态度来聆听，而绝非是装听、选择性听、基于自身演绎性聆听、批判性聆听。

发问能力

俗话说，告知引发争辩，提问启发思考。只有会问才能了解到问题的实质，只有会问才能看到更多的事实。而只有在基于事实与真相基础上的决策才是正确的决策。否则，只凭别人所说、所汇报，就不能从更深、更宽、更广的层面来了解问题，这样做出的决策，一定会付出惨重的代价。著名企业家王永庆先生就深谙发问的奥妙，他的“打破砂锅问到底法”为他的有效决策做出了非常人所能想到的贡献。

那么，这种发问能力真的这么神奇吗？让我们举个例子来说明一下吧。古希腊哲学家苏格拉底相信，人生来就已经知道所有需要知道的知识，只不过在漫长的成长过程中渐渐遗忘了，所谓的真理其实就是“回忆”起早已存在心中的事情而已。

苏格拉底的教学方法也相当特别。在上课时，他只是永无止境地追问学生。他曾经找来一个没受过教育的小奴隶，问了小奴隶一个当时公认的很艰深的教学问题：“如何在不用任何工具的情况下，将一个四方形刚好拉长一倍？”苏格拉底没有直接给予答案，而是一步一步地提问题。经过一连串问题之后，小奴隶终于找到正确的答案。

苏格拉底的结论是，这些知识其实他一早就已经知道，只是抽取不出来而已。

海森堡也曾说过，“我们所观察到的，并不是自然的本身，而是因我们的提问方法揭示的自然。好奇心是人类走到今天的一个根本动力。一切的好奇都源于提问，我们的知识来自于不断的提问中。”

既然如此，作为促动师（或教练），应该怎样提出问题呢？

从**发问方向**上看，主要包括以下几个方面：

一是资料 / 事实性问题。

一般在促动或教练开始时会用到，目的是掌握对方的一些资料和了解对方的实况。当时的时间、人物、地点，甚至环境、工作状况等，都可能是一些关键因素。

比如，你的工作岗位是什么？你在这家公司工作多久了？你去年的产量是多少？你这个月的业绩是多少？

二是心态 / 信念问题。

用作了解对方的固有信念、价值观、行为模式、性格等方面的问题。

比如，你认为他这样做是什么意思？你不愿意主动与张三沟通的原因是什么？什么原因使你不愿意转岗到市场部？

三是启发性 / 可能性问题。

一种开拓思路、促进新发现的发问方式，目的是寻找新的可能性。

比如，如果你是老板，你会如何处理类似的问题？除了这些方法（原因），还有什么可能性？对于这个问题，你还有什么新的提议吗？除了这种常见的方式，还有什么不同的做法吗？

四是挑战 / 激励问题。

一般是对一些目前尚未发生的事情或未知的结果挑战或激励做出行动。

关于挑战的例子，比如，假如他还是不愿意跟你沟通，你会这样做吗？

既然你的目标已经达成 80%，你会用更快的速度完成你的计划吗？你打算如何做？

关于激励的例子，比如，如果这次合作成功，对你未来的发展有什么好处？如果这件事一定要成功，你需要怎么做？

五是计划 / 成果问题。

一般用在发问过程中的最后一步，目的是确认对方的承诺及他是否有清晰的计划创造成果。比如，你决定怎样做？你会在什么时候做到？你会做到多少？你想要的成果出现在何处？

你需要做什么才可以达到目标？

从**问题结构**来看，主要包括以下几类形式：

一是开放式问题。

所谓开放式问题，就是允许回答者自由地选择他们回答的内容，而几乎没有限制。

最常见的问题是以“什么”和“怎么样”开头的，其次是以“哪里”和“什么时候”开头的。开放式问题是很难临场发挥的，所以最好事先计划好。要小心的是“为什么”的问题，因为它最有挑战性。过早地开始分析会导致当事人产生抵触情绪，特别是当他觉得受到批评指责的时候。

提开放式问题时，我们可以这样问：

这个项目难度不大，目前你的进展不快，中间有什么阻碍吗？

二是封闭式问题。

封闭式问题的用处就在于，引导对方做出更加明确的表达，也被称为“澄清”或者“具体化”；或者验证自己的假设，获取简单、明确的答案。

关于澄清或具体化的例子，比如“这个项目难度不大，目前你的进展不快，是不是人手不够？”。

关于验证假设的例子，比如“你刚才说不方便，是否这个时间已经有其他安排了？”“您吃过饭了吗？”“你说客户不愿意，是嫌收费高，不满意我们的服务，还是已经选择了其他的供应商？”。

开放式问题与封闭式问题的不同点如表 4-1 所示。

表 4-1　开放式问题与封闭式问题的比较

类型 比较项目	开放式问题	封闭式问题
获取的信息量	多	少
答案的发散度	高	低
答案的清晰度	低	高
花费的时间与精力	多	少
提问者本人的影响	多	少
更接近于哪种沟通技术	倾听	陈述
形象化的比喻	雷达	导弹

三是反馈式问题。

反馈式问题，顾名思义，就是尝试性地以一般性问题对说话者做出反馈或给予暗示。比如，“所以说，你并不确定这究竟是怎么回事？”

这类问题的效力在于传递给说话者信号背后的内容。他们传递的信息是提问者对说话者很重视，积极地在聆听，想要听懂，对说话者的处境感兴趣。这些东西对当事人来说都是最好的礼物！

反馈式问题应遵守以下规则：

它们通常以这样的话开头，“所以你……”。

它们引用说话者讲过的话。

它们通常会得到一个肯定的回答。

引用说话者讲过的话是风险最小的方法。使用反馈式问题，很熟练的人能够辨别出说话者话中的意思，并且用自己的话表达出来，但是这要求具备高超的技巧。

在下面这一次谈话中，教练B依次使用反馈式问题和开放式问题，打开了当事人A的心门。

A：我为最近一次的评论感到忧虑。

B：你为最近一次的评论感到忧虑？

A：是的。

B：你担心什么呢？（或“为什么你会感到忧虑？”）

A：唉，我想知道他们是否认为工作没有按时完成是我的错。

B：什么事让你这样认为呢？

A：是她直视我的方式。当她否认延误问题是由客户造成的时候，尤其是当她做出这样的评论时，通常就是在表示“我们这里是否有谁应对这些不应发生的事情负责”。

B：所以，你很担心，原因是她看上去指的是你？

A：正是这样。

B：她那样直视你会有其他什么原因吗？

（现在开始进入解决问题……）

那么，促动师在提问的时候，需要注意哪些方面呢？

一是慎用“为什么”。

问“为什么”本意是探询，结果却易引起防卫性辩护。

二是多问“是什么”。

这是从开放性的角度来探询答案。

三是聚焦目标，正向思考。

促动师要利用提问扭转参与者的负面思维，使之发生思维上的转变，即从“不想要”的负向思维到“想要什么”的正向思维。

比如，如果用一句话来说，你的目标是什么？

他这样做有什么正面的动机？

你还有什么资源可以利用？

环境有哪些有利的因素？

你会怎么做以摆脱目前的困境？

四是跳出框框，开阔视野。

促动师需要通过提问来帮助参与者打破框框、开拓思路，以及看到新的可能。

比如，如果你是经理，你会如何处理类似的问题？

除了这些方法，还有什么可能性？

有谁做到了这一点？他是怎么做的呢？

达到这个目的，还有什么不同的做法吗？

假如没有这些限制，你会怎么做？

如果这件事一定会成功，你需要怎么做？

区分能力

我们常用“英明、果断”来形容有魅力、有能力的领导人。其实，“英明”是因为会区分，而“果断”说的是决策能力强。决策就是选择的能力，所有的选择都是基于区分的基础。无法想象一位不懂得做区分的领导，如何能做出有效的决策，如何与员工作深入地沟通，如何能影响到员工的思想，又如何能够发挥出自己的影响力！

区分的目的就在于：

分清事实与演绎，反映真相；

让当事人了解自己真实的情况；

让当事人在语言表达里洞悉自己的盲点，松动负面信念；

弄清行动与心态上一致及存在差距的地方；

审视目标和现在的行为是否一致；

把注意力聚焦在目标上，而不是障碍上。

清晰思路，避免含混，看到更多的可能性。

举个简单的例子。

员工李四开会不发表意见，事后主管问他为何不出声。他说：“我的沟通能力不好，所以不出声。”

事实：不出声。

演绎：沟通能力不好。

真相：还不知道，要求证。

那么，李四不发表意见的真正原因是什么呢？

目标：想和别人建立好关系。

问题：沟通能力不好。

试问：即便你有想法，却不表达出来，如何让别人了解你呢？

动机：想和别人建立好关系。

行为：不锻炼，没有提高。

试问：开会不发言，又怎么提高自己的沟通能力，怎么和别人建立好关系呢？

回应能力

回应也就是反馈，就是将自己对于他人的想法、看法，真实、客观、中立地反馈给对方。金无足赤，人无完人。一位优秀的领导会善用回应，经常给自己的员工“照镜子”，既让他们看到优点，也让他们看到缺点，更会通过一系列教练式的沟通支持自己的员工发现更多的通道，看到更多的可能，从而取得更佳的成绩。

反馈的目的就在于：

让教练的方向更集中和更清晰；

反映现状，让对方明确目前的位置；

让对方看到自己做到的地方；

让对方认识到需要学习及改善的地方。

对此，教练的四种回应方式分别是：沉默、批评、给予建议、强化/激励。

那么，我们应该如何有效地进行反馈或回应呢？这就涉及反馈或回应的使用原则了。这些原则包括：

第一，强化是最有效的回应形式。

训练自己去确保员工正确行事，并使用他们的长处。当回应混乱时，效果被淡化了，员工会觉得困惑，不知如何是好。只有强化，他们才能对怎样做会有所不同的讨论有一个清晰的认识。

这其中，用表扬去强化行为，是很有效力的。进行表扬时，我们要遵守SSIP 原则。

其中，第一个 S 代表 specific，具体，意为表扬必须具体明确；第二个 S 代表 sincere，真诚，意为表扬必须诚恳真挚；I 代表 immediately，及时，意为表扬必须在需要强化的行为发生后尽快进行；P 代表 personal，个人化，意为表扬必须注意寻找个人身上的主观原因。

此外，表扬还分为三个阶段：第一阶段，描述我们要强化的行为本身，要具体；第二阶段，解释行为表现出来的个人正面特质；第三阶段，说明对方行为带来的积极正面的效果，也就是说明我们为何要进行表扬。

第二，以建议或建设性反馈代替批评。

批评的力量大于其他所有回应，但是批评往往会激起反抗和损害自尊心。大多数批评都可以重新调整为建议或者建设性的反馈。回应应当培养关系，而不是破坏关系。

既然如此，我们应该如何将批评调整为建设性反馈呢？

第一步，找出并肯定行为背后的正面动机。

第二步，指出看得见的不当行为。比如，“我看到 / 听到的是……，你同意吗？”。

第三步，指出行为造成的影响（事实）。比如，“……影响是……，你怎么想呢？”。

第四步，讨论可以改善的行为。比如，“你觉得达到这个正面动机怎么做更有效呢？”“我觉得如果你这样……，会比较适合，你认为呢？”。

○ 行动学习深度会谈的方法与工具

反思与探询的技巧是深度会谈的基础，是必不可少的。反思用在放慢思考过程上，使我们更能发觉到自己的心智模式如何形成，以及如何影响我们的行动。反思技巧由辨认“跳跃式的推论”开始。大家如果仔细回想一些我们对某个事物的推论，就不难发现我们的思维是跳跃的，常常是看到一些片段，了解到一些零散的信息，就给这些事物概括性地下定义，而从来没有想过要去检视它们。

其实，很多人的结论或假设大都是证据不足，或建立在非常有限的经验、材料之上的。这就是要“悬挂”假设、检视假设的根本原因。我们用反思来探究别人和自己的观点。在这个过程中，我们能通过别人的观点来“向外看”，每个人都将多看到一些自己原来看不到的地方。

探询则是关于我们如何跟别人进行面对面的互动，特别是处理复杂与冲突的问题。在这一阶段，大家要互相了解对方的想法，想法是怎样产生的，以及产生想法的原始依据等，这些都是大家需要了解的。

互相探询的过程中，我们就要注意探询的技巧。如果没有掌握好探询的方式，很容易引起争执而提前进入辩护阶段。

需要注意的是，深度会谈和辩论存在着本质上的区别（如表4-2所示）。

表 4-2　深度会谈和辩论的本质区别

深度会谈	辩论
目标是发现共同点	目标是成功
参与者仔细倾听是为了增加理解和发现其中的意图	参与者仔细倾听是为了发现瑕疵
参与者愿意承认自己的错误和接受变革	参与者坚持己见，并不断合理化自己的见解，不愿意有所突破
参与者的观点被进一步阐述	参与者的意见被判断
气氛是安全的； 促动师建议、同意和执行条理分明的基本规则，来增强安全和提升互相尊重的交流	气氛是危险的； 攻击和打岔被参与者认为是正常的，主持人允许这些攻击和打岔
不断将人们的假设悬挂出来，供众人反思	假设被认为就是真相，人们很少反思“内部假设不等于外部事实”
可能达成一个比现有的解决方案更好的解决方案	某个人的观点被保护作为最好的解决方案；其他的解决方案被排除在外，新的解决方案并不被考虑
认为许多人都有答案，我们能把答案放在一起形成一个最佳解决方案	认为有一个正确的答案，某个人（往往是领导或专家）有这个正确的答案

深度会谈是发散性的，它寻求的不是同意，而是更充分地掌握复杂的议题。深度会谈能帮助我们了解事情的真相、问题的全貌，以及每个人的想法。

深度会谈的工具有很多种，在此我们重点介绍两种。

聚焦式会话法

聚焦式会话法是一种行之有效的促动技术，它引导人们经历一种开放式、聚焦式的“发现对话”，经过一定的反思阶段，帮助人们一起思考；它由一位促动师或者掌握促动技术的领导者、管理者主持，通过提出“四层次”系列问题让与会者回答；这些问题的答案把人们从话题的表象带入他们工作和生活的深层含义里。

聚焦式会话法的目的在于，在公开、开放的环境下，让每个人都有说话的机会，这样有利于收集更多的信息，引导大家说出内心更多的想法和观点，逐步消除人们的习惯性防卫，进入真实状态。

聚焦式会话法主要包含四个层次。

一是数据层面——关于事实和外部客观现实的问题。

二是体验层面——立即唤起个人对数据反应的问题，是内在的反应，有时是情感或感受，隐藏的想象或与事实的联想。无论何时，我们遇到外部的现实（数据或者客观事实），都在经历内在的反应。

三是理解层面——挖掘出意义、价值、重要性和含义的问题。

四是决定层面——引出决定，使对话结束，让人们能够对未来做出决定的问题。

聚焦式会话法之所以可行，是因为它是基于对外部刺激做出反应时人的头脑思考过程的一个自然步骤。越是使用聚焦式会话法，我们就越能感觉到它的自然。我们可能发现，自己不自觉地在与家人和朋友的对话中使用这种方法。在自己的思维中更加有意识地使用它，我们会发现自己的对话，甚至自己的思考过程，比以前更清晰、更集中、更有深度。

聚集式会话法中，一般是由一个人引导对话，提出请团队成员回答的问题。对话的领导还可以就团队成员关心的问题提问。但是，会话领导不应该暗示他或她的想法是对的，也不应该判断团队成员回答的对错。

提问的顺序将回答引导到批判性思维过程的各个层面上。每次的提问顺序是一样的，虽然问题的内容随着不同的主题在变化。

从数据层面来看，聚集式会话法在该阶段的任务是发现事实。通过要求团队每个成员回答问题，会话领导帮助他们建立一个共享的现实片段图景，它也是讨论的主题。此阶段的目的是收集基本信息。比如，关于销售情况的研讨会，就可以按照表4-3中的问题提问。

表4-3　数据层面，促动师的提问与参与者的回答

促动师	回答
关于研讨会，你记得有什么样的图像？	前面墙上的销售率上升的图表； 视频上销售员完成一项交易的场景； 研讨会领导在发表鼓舞士气的讲话时脸上激动的表情
你记得什么词或短语？	自言自语； 目标； “他现在可以想买多少就买多少！” 在前景说“不”后，叫喊声就开始了

从体验层面来看，促动师让参与者表达他们对事件情感上的反应，这一阶段的提问如表4-4所示。

表4-4　体验层面，促动师的提问与参与者的回答

促动师	回答
对你来说，研讨会的高潮是什么？	确定个人目标的练习； 实现目标的计划； 鼓舞士气的结束语
研讨会低潮是什么？	分析我自己过去12个月的销售趋势； 了解我在错误的策略上浪费了多少精力
研讨会结束时，团队集体的情绪是什么？	受到鼓舞； 感到动力； 受到挑战； 自信

从理解层面来看，这些问题是针对主题的意义、造成的影响、对团队的重要性和有效性等提问。问题可能包括表4-5中的问题。

表 4-5　理解层面，促动师的提问与参与者的回答

促动师	回答
你认为，这次研讨会能带给我们团队最大的收获或见识是什么？	分析产品的正确市场的方法； 设定目标、分析实现目标的工作效能，并重新评估目标的重要性，而不只是评估工作效能
如果我们采取那个明智的行动，会有怎样的不同？	我们会每个月审核效能，并至少每个季度重新评估目标； 我们会对市场更加敏感； 我们会非常灵活，并立即做出反应

从决定层面来看，所提的问题（如表 4-6 所示）是为了帮助团队确定有必要运用过去的经验，采取行动或做出决定。

表 4-6　决定层面，促动师的提问与参与者的回答

促动师	回答
明天我们能够做些什么，来表明我们已将研讨会所学的知识化为己有？	制定我们每个人今天都要为之努力的销售目标，并将这些目标贴在办公室门外，将之展示于众，这样每天我们进办公室时都可以看到它； 确定审核每月销售情况的日期和每季重新评估目标的日期，这样我们就把它们都编入工作日历里了

这里有一些公司已经进行过的对话实例。

关于公司的政策制定：

数据层面：我们公司的政策有哪些？你最近解释和使用过的政策中的一条是什么？

体验层面：你认为那个政策怎样？

理解层面：使用它的效果是什么？

决定层面：哪些政策需要特别关注？它们需要什么样的特别关注？

评估刚在部门中投入使用的一张新商业表格：

数据层面：对这个表格，你首先注意到的是什么？它包括哪些关键项目？

体验层面：你喜欢它什么？不喜欢它什么？

理解层面：它与原来的表格相比如何？它对我们现在的操作方法会有什么影响？

决定层面：我们能够做什么以确保正确地使用这张表格？

评估总部通告的新政策：

数据层面：在读这则通告时，什么词语或短语首先引起了你的注意？

体验层面：你对哪些感到高兴或兴奋？有什么内容让你觉得不自在吗？

理解层面：这个新政策对我们部门有什么含义？要求我们做什么改变？

决定层面：执行那些变化需要我们首先采取哪些行动？

聚集式会话法能够为许多主题带来新的见解和意义。

这些见解和意义包括：

让新的管理人员讨论有效管理的要素；

考虑新的政策规定可能对公司产品带来的冲击；

探寻会议的意义；

在雇用新的员工前评估工作岗位说明；

讨论怎样使公司的业务适应市场或国际趋势；

面试；

策划部门重组；

进行绩效审核。

GROW 对话模型

GROW 对话模型最早是由约翰·惠特莫尔在其《绩效辅导》一书中引进的。在那之后，该模型经过数次修改。

GROW 对话模型是用于对话的简单且有效的四步骤模型。它可以加速成长、提高能力、实现高绩效和取得成就。

出色的管理者能够将聚焦式会话法、GROW 等对话模式内在化，使之成为一种不经意间就能发挥出来的能力，以便工作、一对一沟通、会议等对话场合在这样的框架下流畅、自然、巧妙地开展。

在使用 GROW 对话模式前，我们还需要确定对话的主题。通常，我们可以通过以下的方式来确定对话的主题：

1. 你想讨论什么问题？

2. 你最关心、最有价值的主题是什么？

3. 今天你想谈些什么？

在确定主题后，我们就可展开 GROW 的对话流程。

G（goal），**目标——我们要达到什么目标？**

目标阶段的重点应该放在建立一个 SMART 的目标上，使对话方能自行到达目的地。

R（reality），**现状——目前情况下正在发生什么？**

确立目标后，管理者往往面临着一种诱惑，即告诉对方如何马上采取行动，告诉对方他应该如何从困境中走出来。尽管可能一时间，对方对此感恩戴德，而且还能节约大量宝贵时间，但对话方很难从干预活动中得到长久的利益。

在这个阶段，管理者需要让对话方在不偏不倚的环境里探讨问题，让对话方能够充分地面对现实。由于注意力集中，对话方或许能够有所领悟，提高认识，看到问题所在或者进一步认清症结所在，并且就"是继续向前，还是畏缩不前"做出判断。

O（options），**可选方案——怎样的方案或选择可以帮助我们前进？**

管理者通过提出有创意的问题，鼓励对话方跳出思维定式，让他们换位思考，或克服障碍，这是十分重要的。

在这个阶段，管理者的目标是，让对话方检视所有已经确定的可能性或者那些在最终行动阶段被淘汰的选择。这时，管理者保持一种公正的态度，并不对提出的建议妄加评论，才是至关重要的。

W（will），**步骤——要实现目标下一步具体需要做什么？**

在这一阶段，弄清楚对话方的优先选择，让他说明做出这个选择的原因也很重要。这将核对他的想法，并进一步明确他实施某种方案的决心和信心。

通过这个阶段，对话者将最终选择一个方案，并为方案的付诸实施做好准备。此时，管理者应该让其谨慎地对行动的影响、实用性、可能出现的障碍，以及可能需要的帮助做评估，希望他能体验成功、守信，并相信在谈话中确定了一个行动，那么这个行动就一定要付诸实现。

提问是教练的一种非常重要的能力，那么教练如何来提问呢？下面介绍一些方法。

关于如何确定目标，教练可以通过以下十个有效的问题来实现。

1. 如果用一个简短的句子来描述你的目标，是什么？

2. 你怎么知道你实现了目标？当实现目标的时候，你会看到什么？听到什么？感觉到什么？

3. 其他人怎么知道你已经实现了目标？

4. 这个目标对你有多么重要？

5. 如果实现 / 不实现这个目标，会如何影响你的生活？

6. 实现这个目标对于其他人有什么正向或负向影响？

7. 请讲一讲现在的情况，最好能多讲一些。

8. 从现在的状况来看，这个目标的可行之处在哪里？

9. 是什么因素阻碍你现在就实现目标？

10. 还需要什么额外的能力和资源帮助你实现目标？你现在确认，你想实现的目标是什么？

关于如何行动后反思的问题，教练可以从复盘的角度来提问。

1. 行动的过程实际上是怎样的？

2. 是什么令这件事这样发生的？

3. 当中的关键事件是什么？

4. 这些事实距离原定的目标有多远？

5. 从中学到什么？

6. 原来的目标需要调整吗？为什么？

7. 哪些做法需要坚持？

8. 哪些做法需要调整？

9. 下一步要怎么做？

10. 你确定要这么做了，是吗？

○ 如何运用聚焦式会话法提升团队业绩

关于如何运用聚焦式会话法提升团队业绩，我们以建设银行浙江省分行某支行提升银行竞争力行动学习项目为例。本次学习的主题是“如何提高客户经理队伍的团队营销能力”。在学习正式开始之前，促动师团队需要先找到本次学习的问题焦点，并与该支行行长达成共识。

通过聚焦式会话法与团队共创，促动师团队找到了问题所在和与行长的共识，即影响客户经理营销能力的焦点问题，以及缺乏营销能力对支行行长的情绪影响，提升客户经理营销能力的愿景，提升客户经理营销能力对支行的意义。

针对上述情况，集中注意力来有效选择对本支行落地的行动计划有帮助的知识。具体背景决定了下一步该做什么，具体背景引起了团体的关注，规划出了促动的过程和时间线，解释了成果，强化了焦点问题。

在此前提下，促动师要做的是以下几件事：

1. 给此次促动命名主题；

2. 阐明为什么这个主题在此刻对该团体很重要；

3. 描述促动的过程；

4. 描绘出促动的成果；

5. 说明如何使用该成果；

6. 明确时间分配；

7. 给出促动过程背后的事先假想；

8. 确定促动师的作用；

9. 确定焦点问题。

数据层面的问题：客户经理常常说些什么或是有些什么行为？

适应能力较弱	强调客观原因	缺乏主动性	营销能力不足
贷款申报流程过于复杂	市场原因没办法，产品落后同行	客户经理不愿出门，天天待在办公室	客户维护越来越难
天天加班，来不及，没时间跑客户	抱怨产品无竞争力	经常坐在办公室，不跑市场	客户不好沟通
对考核办法不清楚	政策产品无优势，对手太精明，同业竞争不择手段	我很忙， 找好客户难， 怎么又有什么事	客户变化快，翻脸如翻书
做多做少待遇区别不大	内部部门劲儿没往一处使	像个跟班	
公私客户经理职责分得太清，不利于联动营销		年纪大了，思想安稳	

藉由支行行长归纳，获得的靶心图如图 4-1 所示。

情感层面的问题：当我们面对客户经理说的这些话和行为时，我们的情绪状态是怎样的？

理解、无奈、苦恼、郁闷、恨铁不成钢、生气，却不知道该怎么办……

如果两个月后，我们成功地提升了本支行的客户经理的营销能力，在支行里举办了一场庆功会。庆功会上，我们看到的场景画面是怎样的？

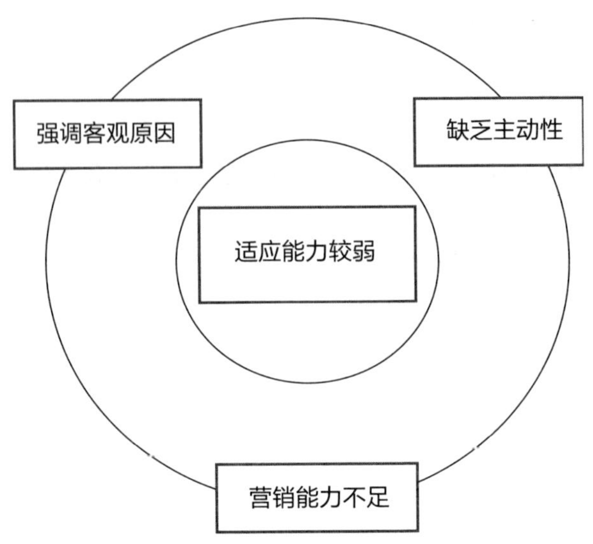

图 4-1　客户经理常见问题靶心图

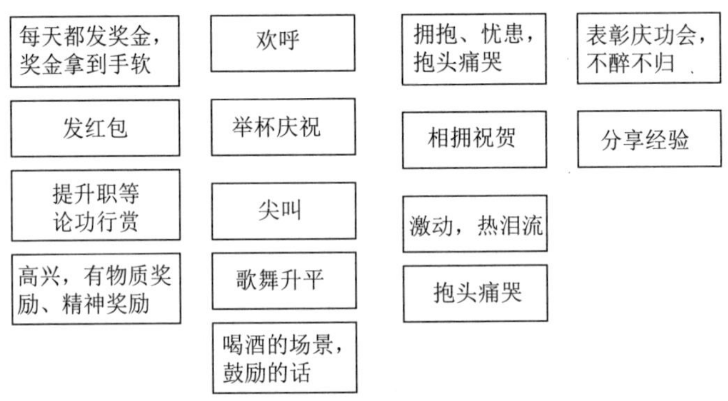

意义层面：成功提升了支行客户经理的营销能力，对支行的意义是什么？（如图 4-2 所示）

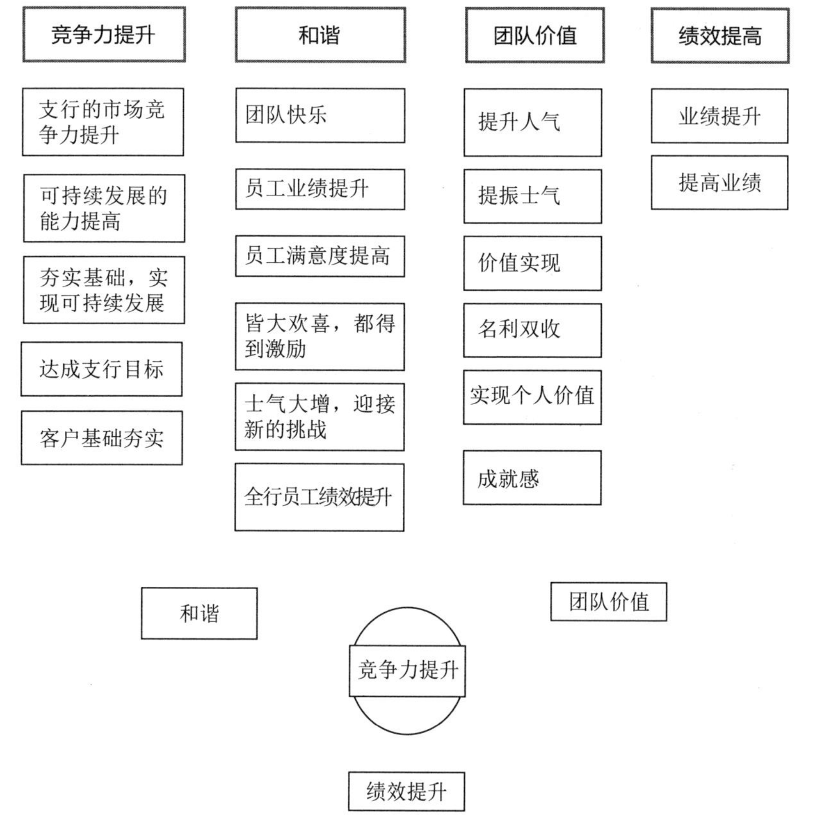

图 4-2　本次培训的意义图示

○ 如何运用 GROW 对话模型快速辅导提升团队业绩

以下案例是中粮集团在行动学习项目中运用 GROW 对话模型对员工的辅导。

案例 1　关于指标任务方面的辅导

案例主题：针对员工不能按时完成任务的辅导。

所在部门：采购部。

被辅导对象：采购员。

促动师教练：王经理。

一、辅导背景情况介绍

该采购员按照部门工作会议的要求，接受制定供应商考核新办法修订的任务。该采购员为新员工，因工作经验不足和不熟悉情况，导致任务没有按进度完成。

二、辅导目的与目标

1. 辅导的目的

了解该采购员的工作状态，帮助他分析问题，并要求他提供解决问题的方法和进度表。

2. 辅导的目标

一周内完成制定全新的供应商考核办法。

三、辅导前的思考与将要采取的辅导策略

1. 辅导前的思考

该采购员为什么没有按期完成任务？

该任务中已完成的部分中有哪些值得借鉴的地方？

如何引导该采购员认识并解决存在的问题？

如何指定合适的、可衡量的目标和时间点？

自己的工作经验对该采购员完成任务会有哪些帮助？

2. 将要采取的辅导策略

一是建立信任关系。

二是激发该采购员完成任务的信心。

三是共同探讨存在的问题，并引导该采购员找到解决问题的方法。

四是制订计划和确认检查点。

五是评估辅导效果。

四、具体的辅导方法和步骤

因为该采购员平时和自己相处得比较融洽，彼此之间有一定的信任感，王经理提前和他约好了时间和交流的主题，在公司会议室完成了本次辅导。

通过该采购员对任务的分析和进度情况说明，王经理了解到，是工作经验不足和与其他部门主管沟通不够导致了该任务进度停滞，同时也注意到该采购员对原有制度整理较清晰，但对新制定的条例中的指标描述较片面，且条例制定不全面。

了解清楚情况后，王经理根据自己的工作经验和借鉴的其他公司的案例，引导该采购员罗列了一份任务要点清单，使他理清了完成任务的思路，并及时提醒和其他部门主管沟通的必要性和注意点。

最后，王经理和该采购员一起确认了可完成各项要点的时间点，并约定一周内完成任务。

五、辅导的结果与成效

一周后，该采购员完成了该任务。相关部门主管集体讨论后，仅对个别指标进行了微调。上报公司领导后，该制度很快就得到了批准实施。

六、收获与启发

1. 说明运用案例的方式给自己带来的收获和启发

成功的辅导能激发员工更好地完成任务。

辅导前的充分准备和正确的辅导方法对员工完成任务有事半功倍的促进作用。

身教大于言传，努力提高自己的工作能力对员工有潜移默化的作用。

2. 以后如何提高学习效果

及时了解下属的工作状态，及时辅导。

提高沟通技巧和辅导技巧。

不断积累辅导方法，诱导和激发员工创新工作方法和工作思路。

案例2　关于提高销售业绩方面的辅导

案例主题：如何提高苏果直营后的销售业绩及绩效。

所在部门：华东大区南京区域苏果直营业务团队。

被辅导对象：张××。

促动师教练：孔经理。

一、辅导背景情况介绍

张××工作时粗心大意，缺乏应有的工作规划，不能按时按量完成工作要求。

二、辅导目的与目标

1. 辅导的目的

使张××认识到自己存在的问题，并对存在的问题提出改善方案。

2. 辅导的目标

改善张××的工作规划性，提高其工作效率，从而提高其负责的苏果系统销售业绩与效益。

三、辅导前的思考与将要采取的辅导策略

1. 辅导前的思考

找出具体存在的问题点（以事实为依据）。

对其提出工作要求。

给予其工作上的支持与帮助。

认可其在部分工作上的优秀表现。

给其提供可发展的机会与舞台。

2. 将要采取的辅导策略

与其坦诚相见，提出问题，达成解决方案。

四、具体的辅导方法和步骤

孔经理根据行动学习中辅导对话的基本流程，对张 ×× 进行了辅导面谈，确定了他的行动计划和目标，并达成了一致。

1. 根据历史数据来分析，目前苏果工作的重点在哪里？如何把目前产品的终端销售提高到历史销售水平？（以事实为依据）

2. 现在与之前比较，我们到底哪里没有做好？（终端陈列、促销方式、产品促销力度等）让其了解差距在哪里。

3. 现有的业务人员对终端的掌控是否比过去做得更好（包含与终端门店的客情关系等）？

4. 作为城市经理，你在当前工作中是如何规划与领导业务人员进行业务操作的？是否像以上所说的那样，做到了？

5. 未来该怎么做？从以上问题，你是否明白了？具体的解决办法是不是可以拿出来了？规划是不是可以拿出来了？

五、辅导的结果与成效

说明辅导之后下属积极的行动和正向变化，以及最后的结果与效果。

经过面谈及辅导，做出了详细的工作规划。从目前执行的情况来看，效果非常明显，苏果终端零售 201× 年 6 月较上年增长 150% 左右。

六、收获与启发

1. 说明运用案例的方式给自己带来的收获和启发

成功来自充分的准备。

沟通需要技巧，辅导更需要技巧。

知识只有学以致用才能成为技能。

2. 以后如何提高学习效果

观察员工的表现并衡量工作结果。

对工作业绩欠佳的员工及时进行工作辅导。

案例 3　关于在岗培训方面的辅导

案例主题：培训全体人员如何进行 CRM 系统的运用（在岗培训）。

所在部门：华东大区。

被辅导对象：全体人员（非正式理货员除外）。

促动师教练：李经理。

一、辅导背景情况介绍

应集团要求，为了对推广费用及促销计划进行事前、事中、事后的合理管控，201× 年使用 CRM 系统，4 月 18 日—4 月 23 日在北京培训完毕后，李经理 4 月 28 日—4 月 30 日对华东大区的全体人员进行 CRM 系统使用培训（65 人参加）。

二、辅导目的与目标

1. 辅导的目的

使所有人员认识到 CRM 系统的重要性，并学会如何使用 CRM 系统。

2. 辅导的目标

与会人员对区域费用进行合理分配，使每分钱都花在刀刃上，控制区域费用率，提高所辖区域效益。

三、辅导前的思考与将要采取的辅导策略

1. 辅导前的思考

找出具体存在的问题点（以事实为依据）。

提出对参加培训人员的明确要求。

给予其现场支持与帮助。

让每位参与者现场示范。

培训完进行摸底考试。

2. 将要采取的辅导策略

我做你看，跟着我做，你做我看。

四、具体的辅导方法与步骤

根据行动学习中“针对某项工作的在岗培训”进行了培训准备，确定了员工的行动计划和目标，并达成了一致。

具体的辅导步骤如下：

1. 阐述 CRM 系统的重要性，以及它对我们有什么帮助；

2. 使学员放松心情，强调 CRM 系统只是一种工具；

3. 提前告诉每位学员准备做什么，为什么；

4. 我做你看；

5. 跟着我做；

6. 你做我看；

7. 学习实际操作要点（进一步强调）；

8. 过程中仔细观察每位学员的学习情况、疑难问题及时解决、对学习成

绩优异的学员进行赞美。

五、辅导的结果与成效

说明辅导之后下属积极的行动的和正向变化，以及最后的结果与效果。

经过前期详细的准备及现场培训，本次辅导收到了较好的效果。目前，华东大区全体人员已经会熟练使用CRM系统。华东大区201×年6月推广费用及日常费用、折扣费用已顺利通过CRM系统进行申请。

六、收获与启发

1. 说明运用案例的方式给自己带来的收获和启发

成功来自充分的准备。

沟通需要技巧，辅导更需要技巧。

知识只有学以致用才能转化为技能。

2. 以后如何提高学习效果

一是观察员工的表现并衡量工作结果；

二是对工作业绩欠佳的员工及时进行工作辅导。

案例4　关于时间管理方面的辅导

案例主题：时间管理。

所在部门：西北大区西安办事处。

被辅导对象：市场主任李××。

促动师教练：秦经理。

一、辅导背景情况介绍

李××工作计划性不足，缺乏应有的工作规划，从早到晚都在工作，将自己陷入琐碎的杂事中，经常还需要加班，但是工作效率比较低。

二、辅导目的与目标

1. 辅导的目的

帮助他认识到目前工作中存在时间管理的问题，提高工作效率。

2. 辅导的目标

掌握时间管理的方法，改善工作方法，提高工作效率。

三、辅导前的思考与将要采取的辅导策略

1. 辅导前的思考

基于对李 ×× 个性的了解，观察他平时工作中造成效率低的原因，针对其个性找出需要运用的辅导方式。

2. 将要采取的辅导策略

对话、沟通辅导。

四、具体的辅导方法与步骤

根据中层干部辅导课程中“辅导对话的基本流程”进行了辅导面谈，确定了员工的行动计划和目标，并达成了一致。

周一了解了李 ×× 本周的工作安排，与他约定在周三下午进行此次辅导对话，计划为两个小时。

周三下午辅导开始，首先了解李 ×× 在近期工作中有什么样的问题。他谈到近期工作比较多，感觉很累，整天有做不完的报表，因此都没有时间跑市场。

就李 ×× 提出的问题，双方进行了沟通。

秦经理首先提出了在工作中发现的李 ×× 的一些问题。如在做一项工

作的时候，往往不停地有各种各样急需要他办的事情打断正在做的工作，甚至出现同时做多项工作的情况；往往会花费很多时间在一些并不是很重要的电话上；别的同事有问题需要问的时候，也总是放下手头的工作等。

就以上问题，秦经理与李 ×× 进行了分析。李 ×× 经过分析找到了问题点，即自身在时间管理方面缺乏方法，同时提出了解决方案。

这些方案包括以下三个方面：

一是做好每周工作计划安排，做好每日工作计划；

二是把一些可以授权的工作交给下属完成；

三是对工作中的打扰说不，提升工作效率。

针对李 ×× 提出的解决方案，秦经理表示了肯定。随后，双方又探讨出可以通过个人能力的提高来提升工作效率，开发出更多的可用时间。

最后，双方达成了未来行动计划，每周六制订下周工作计划，确定好工作的优先级别，养成良好的时间管理习惯。

五、辅导的结果与成效

说明辅导之后下属积极的行动和正向变化，以及最后的结果与效果。

通过此次辅导后，李 ×× 开始制订每周的工作计划，同时将计划用邮件发给秦经理，并在工作日志中对需要做的工作进行记录分类，区分优先级别。此外，他也开始对下属进行工作授权辅导，以便自己能拿出更多的精力去做重要级别很高的事情。

除了加强时间的计划性，李 ×× 还加强了相关学习。他不仅从秦经理处拿到了一些培训资料，还自行搜集了一些书籍。李 ×× 通过学习掌握了更多有效的方法，提升了个人能力，在处理一些影响工作的突发事件时也提高了效率。

通过三周时间，李 ×× 明确感觉到，工作方法的改变大大提高了工作效率，缩短了工作时间，每周还能抽出一天时间跑市场。

此次沟通结束后，通过与团队其他成员的沟通，秦经理针对时间管理又进行了专门的针对性培训。在培训中，李××与团队其他成员分享了自己在时间管理中的一些经验和心得，帮助大家共同加强时间管理。

六、收获与启发

1. 说明运用案例的方式给自己带来的收获和启发

过去的沟通缺乏系统的流程，往往也准备不足。此次培训的实际运用使自己能够理论联系实际，无论是自己，还是被辅导者，都能感觉到条理清晰，效果明显。

同时，对辅导这种有效的沟通方式，有了更进一步的认识。这种方式将在我们的工作中发挥重要的作用。

2. 以后如何提高学习效果

学到的理论一定是要通过实践来巩固的。因此，提高学习效果的重要方式一定是要运用在日常工作中，并且要发挥作用的。

案例 5　关于员工技能方面的辅导

案例主题：提高员工专业技能及上进心。

所在部门：品质管理部。

被辅导对象：A 员工。

促动师教练：李经理。

一、辅导背景情况介绍

A 员工是位“80 后”，成长于深圳特区，家庭条件优越，毕业于名牌大学。

他在工作上进取心不强，喜欢从事一些简单、风险低、压力小的工作，不愿意承担技术含量高、需要创新的工作或协作较多的工作。

对自己岗位之外的额外工作，不轻易承担，尤其是需要加班的时候。

二、辅导目的与目标

1. 辅导的目的

人尽其才，为部门发展多做贡献。

2. 辅导的目标

发挥专业长处，201× 年在食品检验检测领域成长为多面手。

三、辅导前的思考与将要采取的辅导策略

1. 辅导前的思考

员工是否清楚自己的缺点。

员工在公司的发展定位是否清晰。

2. 将要采取的辅导策略

面谈沟通，了解员工的工作兴趣及未来发展计划。

对其负责的工作亮点进行总结与肯定。

安排岗位轮训，对新岗位上的工作给予支持，对其表现出来的能力给予表扬。

四、具体的辅导方法和步骤

1. 预约

与 A 员工进行辅导前的交流，说明辅导的内容与目的，并与其预约辅导时间。经过沟通，双方选择在某个周五的上午。这个时间工作任务不多，临近周末，心情愉快。

2. A 员工的自我评估

工作责任心强，办事有头有尾。

没有特别的长处，偏向于微生物检验工作，对仪器分析等兴趣不大。

之所以对仪器分析等兴趣不大，主要是因为设备老化，容易出问题。另外，样品的前处理复杂，有机溶剂使用较多，对人有伤害。

3. 直面问题

先对A员工过往的业绩进行肯定与赞扬。如他去年对致病菌的检验方法进行了修订，新的检验方法方便快捷。

再指出A员工的问题所在。

问题主要体现在两个方面：

一是他工作了6年时间，除微生物检验外，对其他工作很少主动接触与学习，大多是浅尝辄止，在实验室要求的专业化水平方面还有不小的差距。

二是对未来发展定位不清晰，缺少忧患意识。

4. 解决方案

通过岗位轮换，同事之间互相分享成果。

积极参加同行业的研讨会或培训，多认识同行业的工作者，以便交流。

做好职业规划，未来1~2年熟悉所有一线工作岗位的工作。

定期辅导，提高其上进心及责任感。

五、辅导的结果与成效

A员工在工作态度上发生了较大的变化，在新的岗位，从最初的有抵触情绪到目前的快乐工作。

他认识到了专业技能的重要性，认为不踏踏实实在一线工作，就难以获得属于自己的专业知识。如HPLC、GC等，都是实验室核心技术，接触后A员工才知道自己知识经验的贫乏，提出了更多的培训要求。

六、收获与启发

1. 说明运用案例的方式给自己带来的收获和启发

辅导的目的很重要，不是表现差才需要辅导，而是每个人都有长处与短板。要通过辅导，努力将短板消除。

面谈时机的选择很重要，在心情愉快时比较容易达到效果。

沟通需要技巧，不同的人需要有不同的方式，有些人可以比较直接，有些人需要委婉一些。

知识只有学以致用才能成为技能。

2. 以后如何提高学习效果

善于观察员工的表现，表现不好时要找到原因，弄清是能力问题还是态度问题，要进行深入分析。

对工作业绩欠佳的员工及时进行工作辅导。

行动学习实战案例
——让绩效提升成为一场“赢的游戏”

在以绩效为导向的行动学习项目中，衡量项目成功的标准，除了绩效结果之外，同样不可忽视的就是企业管理者在项目中实现了从“指挥命令型”到“承诺领导型”的管理思维及风格的转变，以及企业员工在项目中实现了工作思路、方法及自我成长和突破。

如何将行动学习设计成为一场“赢的游戏”

○ 行动学习为什么是“赢的游戏”

在当下这个快速巨变的时代，所有人的工作节奏和生活节奏都变得无比快速。无论是工作的压力，还是生活的压力，都让人喘不过气来。每天一睁眼就是各种扑面而来的数据、指标、费用、利润……所以，当年杰克·韦尔奇来中国时，TCL 董事长李东生就曾经请教了一个问题——一家企业在变革中如何保持持续的创新热情。

韦尔奇是这么回答的：“我想，我们都应当考虑的一个重要的问题就是，商业是一场游戏，商业并不是严肃的、致命的、枯燥无味的、毫无乐趣的事，商业就是生活，而且是每天我们都想打赢的一场游戏，我们的听众有多少人是喜欢胜出的？有多少人是喜欢失败的？没有人喜欢失败。如果我们考虑一下这一点的话，这就是每天都要创新的原因。因为有人把你的饭碗抢走，因为有人想胜过你，因为有人在游戏中想打败你，所以你要带着你的团队，就像你打羽毛球一样，你每天都要打，你可以体会到很多乐趣。”

韦尔奇的话给我们带来了很重要的启示，那就是我们应该重新审视我们的工作。如果能把我们的工作设计成一个人人都愿意参与的游戏，那会怎样呢？

美国人简·麦戈尼格尔在《游戏改变世界》一书中，举例说世界所有玩家花在《魔兽世界》上的总时间超过593万年，相当于从人类祖先第一次站起身来演进至今的时长；美国青年在21岁以前，玩游戏的平均时长超过1万小时。我们都知道，管理学里面有个“1万小时定律”，即一个人如果专注从事某项工作1万小时，就足以让他成为这个方面的专家。通过游戏，我们可以帮助他人改善生活，甚至解决能源危机。

游戏前所未有地占据和改变了我们的生活，它击中了人类幸福的核心，提供了现实世界中匮乏的奖励、挑战和宏大胜利；游戏可以让人们弥补现实世界的不足和缺陷；游戏化可以让现实变得更美好。书中还用大量实践告诉我们该如何驾驭游戏的力量，解决现实问题，并提升幸福感。

《游戏改变世界》指出，游戏化是互联时代的重要趋势。游戏化将要实现四大目标：更满意的工作、更有把握的成功、更强的社会联系及更宏大的意义。如果人们继续忽视游戏，就会错失良机，失去未来。如果我们可以借助游戏的力量，可以让生活变得像游戏一样精彩！由此，我们可以证明一件事，那就是喜欢游戏是人类的天性。

这就可以让我们从另外一个角度思考，是否可以在行动学习项目中把我们的挑战目标看成一场“赢的游戏”呢？其实，杰克·韦尔奇的《赢》这本书也提出了类似的理念，改变了众多企业的管理思想。

如果企业仍旧采用传统管理的模式，就会如韦尔奇所说的那样，“人们在表格、演示和资料之间工作了1个月，不断地进来告诉CEO，在既定的经济环境下，在既定的竞争情况下，最佳成果是2。然后CEO说，‘我不得不给股东4的回报。’他们最终在3上达成了一致，每个人都高高兴兴地回家了。这就是年终会议。”

如果企业采用的是一场“赢的游戏”的管理模式，则会呈现为GE模式。“在GE，如果目标是10，而你处于2的位置，我们将在你达到4的时候举行一个聚会，我们将发放奖金，到城里喝酒。当你到6的时候，我们将再次庆祝，我们不会浪费时间和金钱把预算从4.12做到5.13再到6.17。所以，GE的年终会议总是能达致超出期望的目标，并自动自发地执行到位。”

这就是上述两种管理模式的区别。

因此，我们在设计行动学习项目的过程中，主要贯穿的就是这个让人人都愿意来参与玩一场“赢的游戏”的理念。

此外，我们又把行动学习项目称为“双奥会”。这又是什么意思呢？

首先，行动学习是一场以赛代练的“奥运会”。

所有的参与者都是这场奥林匹克经营大赛的参赛者，目的是要体现奥林匹克的竞赛精神——更高、更快、更强。

其中，**“更高”就是指：**敢于追求挑战性的目标，实现突破性的目标。挑战无极限，超越自己，以拿到行业或者总部或者总行的排名冠军为我们的目标，这也是检验我们能力提升的标准。

“更快”就是指：为了快速响应市场，我们要牢记“天下武功，唯快不破”，快速自我更新迭代，不断突破过去的自己，让对手望尘莫及。

“更强”就是指：让我们的团队能够增强抵抗市场风险的能力，打败竞争对手。我们必须时刻保持警醒，通过锻炼“肌肉”，强化抗风险的能力。这就犹如战士上战场就是为了赢得战争的胜利，运动员上赛场就是为了赢得冠军和荣誉。同样地，在商场上，也是超越对手方能立于不败之地。行动学习也要打造一场“赢的游戏”，把经营活动变成“赢的游戏”，我们需要通过顶层设计，统一全员思想，从而向更高的目标发起冲击。

其次，行动学习是一场“奥斯卡颁奖会”。

也就是说，每个月的月度复盘除了回顾目标、评估结果、分析原因、总结规律以外，还要为在上阶段取得辉煌业绩的团队授勋，让整个颁奖活动既有热烈庆祝的氛围，又有学习反思的空间。

整个颁奖活动贯彻“**三动**”的设计原则，即业绩颁奖让人**激动**，氛围互动让人**感动**，激励点评催人**行动**，以业务竞赛带动团队提升，实现组织的冠军梦想。我们会相应设计奖金擂主挑战赛、金牌擂主挑战赛、月度MVP

奖、杰出员工奖、业绩破纪录奖等一系列基于项目目标及经营目标需要的奖项设置。

要将行动学习设计成为一场“赢的游戏”，一个很重要的目的就是突破管理的随意性，从过去的希望式管理演进到承诺式管理。如果不能群策群力、全员参与，并让所有人对自己负责、做出承诺，那么我们就很难最终达成组织目标，实现真正的组织变革与组织发展。

所以，在整个项目过程中，建立起所有参与者的绩效合约就成为项目成败的关键，那么什么是绩效合约呢？我们又应该如何引导参与者以“赢的游戏”的宗旨来建立绩效合约呢？

○“赢的游戏”的关键点——绩效合约在行动学习项目中的应用

鏖战商场的企业家们经常面对着充满不确定性的局面，需要做一些冒险的决策，这和赌徒有内在的一致性。敏锐把握机会外加一点“赌性”的企业家往往会有无往不胜的自我意识。但，这种意识有时候会成就一家企业，有时候也会满盘皆输。

吴晓波说，优秀的企业家基本上都是一样的——“赌徒 + 工程师”。一方面，他们要有点“赌性”，敢于承担风险；另一方面，他们还要在充分考虑自身的资源能力和外部环境影响，再做决策。而一位好的企业家，无非在两者之间找到均衡。同样地，一名好的管理者也是如此。这也同样适用于行动学习项目。

在以绩效为导向的行动学习项目中，衡量其项目成功的标准，除了绩效结果之外，很重要的就是企业管理者在项目中实现了从“指挥命令型”到“承诺领导型”的管理思维及风格的转变，以及企业员工在项目中实现了工作思路、方法及自我成长和突破。在总结众多行动学习成功因素的要因当中，我们惊喜地发现有一种神秘而强大的力量，就像一个魔咒，把项目一开始时存在于人们头脑中那幅美丽的愿景催生成为现实，那就是绩效合约。

什么是绩效合约呢？

在行动学习项目中，绩效合约也叫绩效对赌，是员工与其管理者签订的，约定在一段具体期限内必须取得的绩效成果的书面协议，具体包括绩效达成或失败后，员工及管理者分别会遵守的承诺，以及分别对对方的奖励。

双方的承诺与给予对方的奖励就是最大的“赌资”。这种资本比个人信诺更珍贵，比胸怀责任更大。这就明确了管理者与员工之间的契约关系，合约达成不再是员工一方的事，而是与管理者、员工双方息息相关。员工是履约主体，管理者既是绩效过程管理者，也是支持者，合约的达成于管理者与员工而言，其实是“一荣俱荣，一损俱损”的。

那么，绩效合约与传统的绩效考核有什么区别呢？

传统的绩效考核分为年度与月度，其缺点比较明显：指标不够明确、量化程度差；定性考核居多；管理者易根据个人感觉和印象评价考核；有的月度考核都是同样的一张表格，考核重点不突出。于考核而言，管理者通常缺乏过程管理及干预而采取“秋后算账”的方式，对员工缺乏激励，相反形成“负激励”，容易打击员工的士气。

而行动学习项目中的绩效合约，明确了行动学习团队或个人在规定的时间及工作项目中所承担的责任和义务，工作任务及绩效目标更明确；合约包括明确完成工作需达到的时间、质量、成本和数量；考核更有针对性；考核指标更加具体、可操作性强；考核重点突出。

那么，行动学习项目中的绩效合约目标有哪些特点呢？

一是重要性。绩效目标与企业的经营战略目标紧密结合，能高度引起管理者与员工的共同关注，能使其产生兴奋感与热情。

二是挑战性。挑战性也可叫作“赌性”，指必要的工作难度能激发员工的创造力，增强团队合作的黏性，打破固有的工作思维。“赌性”让绩效结果充满了各种令人好奇与兴奋的猜想和遐想。

三是时效性。我们需要为绩效任务设定紧促又恰当的时间周期。这个时间的设置很重要。冗长的时间会消耗掉员工的热情与士气，导致行动迟缓，造成拖延；短促的时间又容易造成员工在过程中缺乏有质量、有深度的思考、计划、反思与总结，造成冲动决策，缺乏经验及方法的沉淀等。

把握好这三个特点，行动就有了明确和积极的方向，整个行动学习就有了好的开始。

既然如此，行动学习各个阶段又是如何发起、管理和履行绩效合约的呢？

下面，我们以行动学习为主线，介绍绩效合约与行动学习的关系，以及行动学习主导促动师如何运用绩效合约工具（如图 5-1 所示），实现企业员工能力与绩效双提升的过程管理。

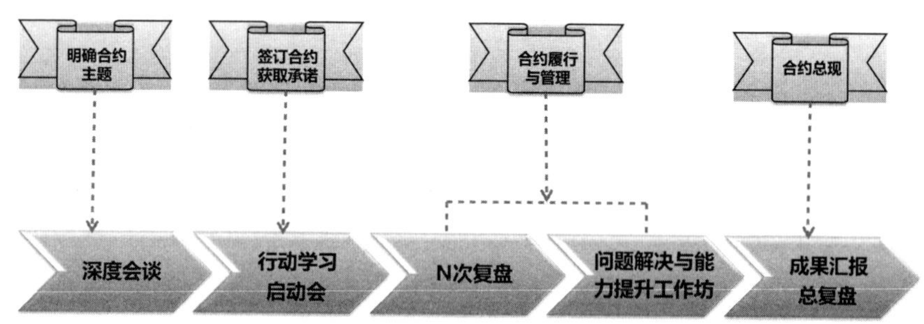

图 5-1 绩效合约工具模型

1. 深度会谈——明确合约主题

深度会谈是行动学习的第一阶段，其主要内容是组织企业高管及利益相关者进行深度会谈，设定行动学习的主题，明确关键问题，以及行动学习的目标，并设定目标的衡量标准及绩效标准。其中，主题、绩效目标与衡量目标、绩效的标准，将会成为未来与员工签订绩效合约的基本内容。

深度会谈的关键在于，行动学习主导促动师需要引导高管对员工绩效达成能力做出准确的评估，设定应符合前面三特性（即重要性 / 挑战性 / 时效性）的绩效目标，并获取高管承诺；如果员工完成了，高管愿意给予怎样的奖励，这个奖励包括物质奖励（如奖金、升职加薪、旅游、放假等）+ 高管兑现一个员工的小梦想或趣味性“惩罚”（如马云就曾被员工“折腾”，在年会上扮演白雪公主等）；如果员工完不成合约，高管对员工的期许与要求是什么后果，等等。

深度会谈的核心基调有两点：一是相信员工与团队的智慧及潜能，并为他们设定具有挑战性的目标，只有伟大的目标才能激发伟大的行动；二是引高管“入局”，高管的参与投入对员工绩效达成的承诺，是这场绩效合约游戏中最大的“赌资”。

既然深度会谈确定了行动学习的主题和绩效提升目标，那么如何表达它们才能让参与者产生清楚的认知呢？必须要以具体的数据来进行说明。以下就是 GE 深度会谈的结果。

- 6 个月内将营业费用减少 1000 万美元；
- 3 个月内将进入系统的数据的精确度提高 30%；
- 将产品的开发周期减少到原来时间的一半；
- 在 4 个月中将客户的投诉率从 18% 降低到 2%；
- 在不降低客户满意度的前提下，100 天内将维修成本平均每件减少 10%；
- 在始终达到服务标准的前提下，将生产效率提高 20%；
- 在群策群力实施的 12 个星期内提高 50 万美元的收入；
- 在 4 周内将客户建议的准备周期减少 50%；
- 在 6 个月内减少 250 万 ~500 万美元的直接索赔费用；
- 在 3~4 个月间将系统产出提高 25%；
- 在 100 天内收回 600 万爱尔兰镑[①] 的应收账款；
- 电话中心员工在两个月内处理一个销售来电的平均时间减少 20%；
- 4个月消除了订货过程400步的大部分，在采购循环上节省50%的时间；
- 6 个月内将不必要的报告数量减少 50%……

2. 行动学习启动会——签订合约，获取承诺

行动学习第二阶段就是行动学习启动会。群策群力工作坊是行动学习主

① 从 1999 年 1 月 1 日起，爱尔兰开始使用欧元。

导促动师引导行动学习团队明确行动学习目的、目标和规则，基于目标设计可执行的行动计划的过程。启动会中，行动学习主导促动师是如何引导管理者与员工签订绩效合约，获取承诺的呢？这个过程主要由以下三个环节组成。

一是愿景牵引。

愿景的基础是深度会谈中高管对绩效目标的期望，也是底线。在群策群力愿景牵引的环节，不再是由管理者发出指令要求员工去哪里，完成多少业绩目标，而是管理者真心相信员工是真正“听得到前线炮火的人”，将舞台和主动权交给员工，由员工自己选择决策他们创造多大的天空。员工一旦有了参与感，他们就更愿意投入。

事实上，每个人都是有梦想的。当一个团队在一起共同绘制一幅属于他们的愿景时，他们的信心和能量更是超能的，他们会感受到被管理者信任，感受到团队成员间彼此的支持、鼓励、被相互需要，他们会变得目标感更明确，他们愿意并会勇敢地去挑战一个新的高点。从此，愿景力也就成为员工自己想要改变、成长、突破的强大驱动力。而这幅“愿景图”也会成为整个行动学习中团队成员的精神旗帜。

二是获取承诺。

没有承诺，一切皆为空谈。不愿意承诺的人和团队，是没有责任心的人和团队。在群策群力获取承诺的环节，让学习团队当众承诺。只有愿意承诺，敢于承诺，才代表着个人和团队怀有目标必达的决心，并会付出坚毅的行动。承诺的原则为有趣、有力（能显示决心和勇气）、可行（便于执行和监督，不违反单位规定）。

三是行动支撑。

再完美的梦想，如果没有行动的支撑，也会变成海市蜃楼。在群策群力行动支撑的环节，行动学习主导促动师将带领行动学习团队，进行绩效目标和具体任务的分解及实施步骤的设计，将具体工作任务落实到子业务单元，落实到个人。

比如，在银行支行管理层面开完启动会后，更要发动基层单位每个银行网点召开启动会，并制订网点甚至每个网点员工的行动计划，让管理下移，目标下沉，落到客户层、产品层，做到人人有指标，家家有合约，个个负责任。

3. 周期性复盘与问题解决能力提升工作坊——合约履行与管理

行动学习的第三阶段就是进行复盘，根据行动学习主题目标的特征，设计相应的复盘周期，一般为每月一次。这个阶段主要是对阶段行动后的深刻反思和经验总结，是一个不断学习、总结、反思、提炼和持续提高的过程。

复盘分为四个步骤：一是回顾目标，包括行动学习的主题、小组目标及阶段目标；二是盘点结果，包括行动中的亮点及不足之处；三是分析原因，如成功与失败的关键因素；四是总结规律，即客观规律与主观经验，并确定后续行动。

复盘对于绩效合约的履行而言是一种检视。行动学习团队每次复盘需要完成自我检视，并接受他人的检视。首先是行动学习团队在接受他人的检视之前，先在团队内部做一轮自我检视与反思；再由其主管部门或领导进行一次检视与反馈；最后在月度复盘会议上接受其他相关部门及与行动学习主导促动师的检视。我们通过层层复盘，让每个行动学习团队，甚至其主管部门的管理者，都可以得到反馈，并让他们通过不同的视角发现自己的问题、不足及思维壁垒。

通过复盘，我们总会发现，有一部分行动学习团队的潜力与热情被调动了起来，业绩表现非常良好，士气较足；而也总有一些行动学习团队的行动达不到预期。导致这个结果有很多种可能，可能是工作方法不对，执行力不足，某个环节出现了问题，团队成员不投入……

对于暂时落后的团队，我们需要在合约的基础上加码，启动“战书”，发起管理者与员工之间的“对赌”。至于“对赌”的内容，大到年度计划或整体绩效目标，小到阶段目标、小关键点、过程指标等。

实际上，这种“对赌”的实质是对行动过程的一种监控和关注，目的是引发行动学习团队对工作与行动产生极大的关注，并群策群力，找到工作的突破口。

每次复盘都会暴露出各个行动学习团队的共性问题及能力短板。紧随复盘之后，我们会安排以解决问题及能力提升为导向的工作坊，帮助团队补缺。至于具体的方法，需要根据团队实际情况而定，有时是学习促动、教练、管理等方面的技术工具，有时是针对解决业务问题的工作坊。有了这个环节的设计，员工在行动过程中出现问题和阻碍时，就会得到给养，而不是一味地消耗。

管理都是盯出来的。可以说，复盘与以解决问题及能力提升为导向的工作坊的设计，就是绩效合约的过程监督与管理。我们通过周期性的复盘与工作坊，不断地锁定复杂问题，找到解决方法，调动管理者参与，多维度地促进管理者与员工间的对话，使他们共同反思与成长，并最终确保行动不跑偏，确保绩效结果达到预期。

4. 成果汇报总复盘——合约兑现

行动学习的最后环节就是成果汇报与总复盘。

该阶段分成三个环节：

首先是各个行动学习团队的成果汇报，即绩效目标的达成情况都将浮出水面，此时合约胜负结局已定。

其次是整个行动学习过程的复盘，还是运用复盘四步法，对行动过程、团队反思成长、收获等方面进行总结汇报。

最后是合约兑现。在这个环节，重新去回顾当时的愿景图画与坚实的承诺，管理者与行动学习团队共同兑现彼此的合约。

至此，他们将真正收获成长与突破。

通过绩效合约在行动学习项目中应用的实践，我们可以断定，绩效合约是有效的管理工具与手段，是管理者与员工共同参与经营、管理、学习成长的纽带，是实现企业经营绩效的神奇力量。

全流程、全要素、全景式、多层次、立体化成功案例剖析

○ 案例1 S银行广州白云支行“凤凰涅槃·绩效倍增”行动学习项目

一、组织变革的背景

S银行广州白云支行（以下简称“白云支行”）在2013年之前因为连续三年在总行KPI排名垫底，所以总行不断地调整该支行的领导班子，三年之内换了四任。在组织发生多次重构的动荡之后，白云支行的表现却与自身规模并不相称，它面临着较为严峻的绩效压力和发展问题。

这些压力和问题主要表现在以下几个方面：

1. 架构调整频繁，员工缺乏凝聚力

白云支行多次拆并调整，分分合合，领导层更换频繁，缺乏稳定延续的经营方针；领导层、员工均来自不同支行，彼此不熟悉，团队缺乏凝聚力。

2. 业绩长期垫底，员工士气低落

业绩与规模不匹配：

白云支行营业网点 66 个，在职人数 570 人。

与此相对应的，2013 年年初，白云支行 KPI 排名倒数第一，网均及人均产能均排名靠后，各项存款下跌 40 多亿元。

业务结构严重失衡：

存贷比为 39%，严重偏低；

村社存款占白云支行对公余额的 50%；

严重依赖传统的关系营销，产品营销和服务营销不足。

3. 目标战略不清，文化价值缺位

团队缺乏明确的、达成共识的目标，员工被动地接受分配任务；

没有清晰稳定的发展战略，高层对经营思路的表述过于抽象、模糊，甚至多变；

缺乏企业文化价值体系，没有形成良好的团队氛围和精神合力。

4. 组织态度保守，学习创新不足

高层仅关心业绩数据，发展思路保守，忽视人才培养和学习创新能力的提升；

团队属于小富即安、追求稳定型，缺乏寻求突破的内驱力；

支行虽然能够规范有序地运转，但发展方向比较封闭，缺乏学习、分享、成长的氛围和平台。

5. 管理简单粗放，沟通机制匮乏

管理简单粗放：

管理部门、业务部门定位不清晰，没有做到专注、专业；

管理层的领导风格为命令型，拖沓低效的官僚作风随处可见；

中层干部缺乏先进的管理理念，单靠经验主义并不能满足组织发展的需求。

沟通机制匮乏：

支行高层脱离基层员工；

缺乏横向和跨层级的互动体系，部门间管理割裂，基层员工缺乏反馈问题的通道；

员工面临工作困难时，得不到管理层应有的资源支持和解答。

因此，对于管理层而言，面临着组织绩效压力带来重塑的紧迫感。如何建设白云支行的文化价值体系，明确白云支行的发展战略？如何形成团队精神和凝聚力？如何建立有效的领导激励机制？如何激活组织的创新和学习能力？如何通过组织文化、价值观重塑来解除组织绩效低下的压力，是新一任领导班子面临的重大挑战（文化重塑的压力来源如图 5-2 所示）。

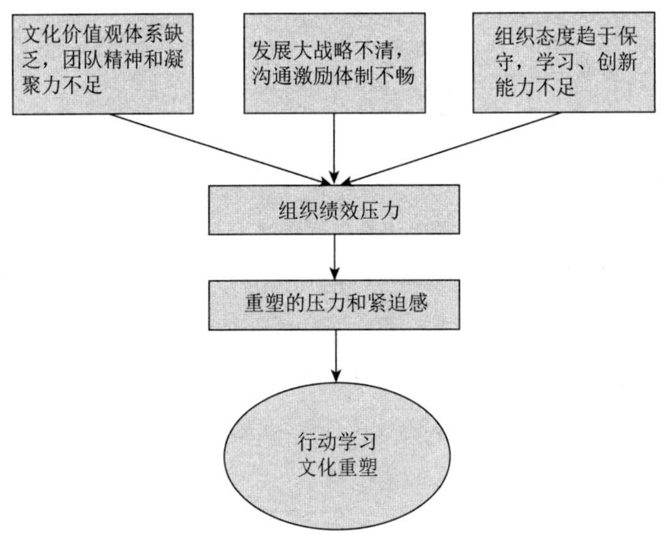

图 5-2　文化重塑的压力来源

二、组织变革的过程

2013 年 2 月，白云支行进行了领导班子调整。面对上述问题，以 W 行长为核心的新领导班子做出的第一项战略决策就是引入行动学习，并力求通过行动学习触动全方位的重塑和变革，打造一支高效专业的激情团队，让白云支行焕发新的生机活力。

行动学习由此在白云支行拉开序幕，主题为“凤凰涅槃·绩效倍增”、力图“保三争一”，使白云支行成为“员工喜爱、客户欢迎、上级认可”的分支机构。

1. 行动学习要分阶段进行

1.1 准备和启动阶段

工作背景：连年业绩垫底；所有人都认同改革势在必行；领导层换届，员工对此抱有一定的期待。

关键工作：确定组织变革的方向，营造变革的紧迫感，强调变革的必要性。

1.2 分析和决策阶段

工作目标：确定组织变革方案和框架性步骤。

关键工作：分析经营管理中的主要问题（有战术、无战略，心态保守，习惯落后），形成新的工作思路（巩固传统业务，狠抓转型业务）。

1.3 实施和推进阶段

工作目标：变革方案落地，不断解决新问题，方向纠偏。

关键工作：通过启动会议，激活团队，形成全年的工作思路；通过月度复盘，循环改进，不断把团队的精神面貌、作战能力推向更高的台阶。

1.4 改进和固化阶段

工作目标：强化符合组织变革方向的观念和行为，促进积极行为的持续改善。

关键工作：强化制度建设，在团队氛围打造方面形成固定的章法（员工全程参与重点工作的决策，上下及时沟通，行为及时反馈）。

2. 行动学习的过程

其实，整个组织变革就是一句话，重塑模式——建立“白云模式”。

“保三争一”，这个原本看似难以实现又饱受质疑的目标在文化重塑过程中已经逐步变成事实。回首行动学习的全过程，白云支行在行动学习过程中体现出独有的组织学习和演进模式，我们可以称之为“白云模式”。

所谓“白云模式”，实际上是一个以行动学习为核心，包含新文化与价值观导入、支持型领导模式、组织战略支撑和文化变革控制四大要素的综合变革重塑方案。

2.1　白云支行行动学习的特点

回顾行动学习和重塑过程，我们可以发现，每次行动学习阶段汇报会先是对上一阶段行动学习的团队讨论和点评，奖励优秀、批评落后，最后由管理层阐述发展方向和价值取向。同时，在行动学习框架下，白云支行更是开展了许许多多的学习课程，比如关于自我管理、自我认知的学习，世界咖啡会议上用 GROW 对话模式探讨对公业务的出路，用鱼缸会议为自己“照镜子”等，并借助行动学习的平台强化与总行、兄弟支行之间的沟通和交流。

贯穿行动学习过程的一个基本理念是，在行动中学习，在学习中行动，这两者在交替互补中不断相互作用、相互提升。具体来说，白云支行的行动学习体现出以下几个特点。

2.1.1　一个核心与四大要素互动协同

一方面，四大要素为行动学习的执行和深入奠定了基础。员工参与行动学习时得到了足够的思想支持、领导、激励和学习资源，这大大增加了员工行动学习的速度和深度。

另一方面，行动学习为四大要素的提升和落实提供了抓手。在行动学习的框架下，组织的新文化价值观得到了执行、固化、提高，组织战略深入员工内心，激励和奖惩机制逐步完善，变革型领导和魅力型领导行为逐渐得到认同，对整个组织的文化重塑起到了至关重要的作用。

2.1.2　设定合理主题，团队共同学习

每次的行动学习，所有人都共同参与设定合理的学习主题，“倒逼”出员工的基本思想和价值观，引出支行经营管理中面临的事件和问题。

比如，第三次修炼的主题是“批评与骂人，专业与专注”，关注的是员工被文化重塑冲击后面临的自我怀疑和问题解决方法。这些话题与学员的工作基础和经验高度吻合，更容易引起学员的共鸣和认同感，具有普遍性和典型性。然后，用一种“分享—反思—行动—再反思—再行动”的行为逻辑和强化方法，让学员深入参与到思考、转变中去。

同时，白云支行每次行动学习和问题解决过程都以团队为单位。经由团队分工、沟通、协作和融合的环节，成员们在共同“战斗”中形成了默契和共识，营造出了一种协同互助的氛围，从而减少了团队在工作中的内耗，形成了强大的合力和凝聚力。这种团队合作精神已注入组织的血液之中，成为“白云精神”中的一部分。

2.1.3 主动积极思考，主观能动性强

在行动学习的过程中，管理层和员工都体现出了极强的主动思考能力。他们打开心门，为行动学习贡献点子，开放、主动地提供思路，积极地参与到主题讨论中去。由于主题都是组织内部的事件和焦点，很容易引起员工的思考和关注，集体和团队讨论培养了他们的互助合作精神，管理者则在这一过程中扮演了教练和解释者等角色。这一过程触发了全体员工的主观能动性，激发了他们的创造力，导入了“积极、团队、创新”等理念，为新文化和价值观的导入夯实了基础。

2.2 白云支行行动学习的四大要素

白云支行行动学习的过程并非是独立的。通过过程分析，我们发现，白云支行文化重塑取得成功的关键在于，该支行的组织文化价值观体系、领导模式、变革控制和组织战略之间有紧密的互动影响关系（该重塑过程的一个核心、四大要素如图 5-3 所示）。

白云模式成功的关键在于利用行动学习（但并不仅仅是行动学习），把四个方面建设有机结合起来，形成战略协同，把白云支行的价值观、文化、理念、战略等组织精神，有效地植入支持领导、考核和奖惩体制、组织结构、队伍建设等实务中去。

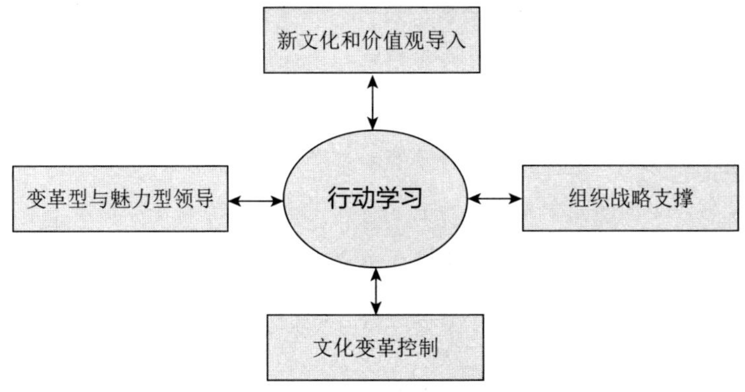

图 5-3 白云支行文化重塑的一个核心、四大要素

领导、考核、组织和队伍建设又进一步支撑、强化、提升了白云支行的价值观、文化和战略，形成了良性循环，从而取得了绩效倍增、文化重塑、组织变革等巨大进步。

行动学习是这一植入和提升过程的关键！白云支行以文化重塑行动为抓手，实际上实现了价值观建设、组织战略、领导模式、考核和奖惩机制、工作氛围、团队学习等多维一体的变革。

2.2.1 新文化和价值观导入：主题与修炼

第一个要素是组织学习过程导入了全新的文化和价值观。

这个过程以“凤凰涅槃·绩效倍增”为主题，以六项修炼为抓手，通过“快乐·感恩·分享”“理想·行动·坚持”“放下与执着”“批评与骂人，专业与专注”“淡定面对”“决定改变，就能改变”等修炼和辨析来逐步导入、渗透组织的文化观念。

实际上，这一过程中员工和管理层之间的信息互动改进了白云支行的文化内涵，导入了全新的文化和价值观体系，令人感觉耳目一新。

在这个新的文化体系下，工作氛围开始变得富有激情、执着、进取、专业，组织和团队开始变得具有活力、执行力和团队精神，员工逐步接受改变，士气也逐渐高涨。

2.2.2 变革型与魅力型领导：全面支持与解惑

第二个要素是领导者的变革型和魅力型领导行为。

重塑意味着放下旧观念，接受新思想，而且重塑的过程将会给员工带来困惑、迷茫和新的问题，这就需要管理者发挥领导作用。

从领导者的功能上来看，白云支行和兄弟支行的管理层扮演了丰富多样的角色（领导者在文化重塑过程中的角色体现如表 5-1 所示）。这些角色包括指挥者、导航者、看护者、教练、解释者、培育者等。

表 5-1 文化重塑过程中领导者的角色体现

领导者角色	主要任务和行动	体现指数
指挥者	变革战略决策和指挥、协调	****
导航者	变革控制、建立团队，把握方向	****
看护者	保护组织的完整性和有效性	**
教练	整合价值观念、技能和行动	*****
解释者	提供、解释价值标准	*****
培育者	培育、改善组织质量	***

第一，管理层是支持者和解惑者。每一次城镇会议上，W 行长都会做深刻的主题分享，他确立了“快乐·感恩·分享”的企业价值观，希望员工快乐工作、心怀感恩、乐于分享；用“放下与执着”的价值理念，勉励员工在冲刺阶段放下结果，执着过程。

第二，管理层率先德行垂范。自白云支行举办行动学习项目以来，支行行长、行长助理、主管部门领导从未缺席每一期，从会议第一天开始就参加，直到会议的结束。管理层的高度重视让全体中层管理人员都不敢怠慢，有利于企业文化能够及时传达给与会员工，进而下达到各位基层员工。

第三，管理层为大家请来了外部智力支持。作为合作方，咨询公司的专家每次都亲临会场，从而确保整个行动学习流程能够高质、高效地完成。为了提高行动学习的质量，专家团队还邀请总行领导、总行部门总经理、兄弟支行行长等嘉宾出席，为白云支行行动学习出谋划策，从而吸取各方所长，争取更大的进步。行领导、专家团队、兄弟支行有关领导亲自出席会议，支持解惑，使得会议能够高效开展，促进了企业精神文化的塑造与传承。

2.2.3 文化变革的动力与控制：考核与奖惩机制

第三个要素是管理层对文化变革过程的推动和控制。

管理层做好变革控制的困难在于，一方面要积极推进文化变革，另一方面要避免带来组织的剧烈动荡。为了配合行动学习项目，白云支行建立了合理的考核和奖惩机制，出台了《2013年公司业务效率考核办法》，明确了客户经理的业务的上报量和办贷效率的考核，定期进行督办通报，有效地激发了营销人员工作的积极性和主动性。

白云支行通过树立标杆、表彰先进等方式，提升了员工队伍的士气；通过建立荣誉体系，形成了多劳多得、及时认可的激励机制，使每个人都有客观指标衡量，使考核更加透明、公正、全面；建立了客户经理退出机制，形成了不进则退、优胜劣汰的淘汰机制。

截至6月末，白云支行中层干部提拔14人，淘汰1人；网点负责人提拔7人，淘汰6人；打造了一支极具战斗力的管理干部团队，为全年经营管理目标的实现提供了强大动力和支持。

此外，白云支行对于后进的团队没有采取简单粗暴的惩罚措施，而是通过另外的手段来进行更有效果的激励，如送“打气筒”勉励他们鼓舞鞭策、加油打气；送“乌龟”提醒他们跑得慢了，要加速；送“面具”希望他们努力突破，展现新面貌；“叉子”让他们认识到暂时的“差”并不可怕，要用专业的武器，“叉”回更多的客户；送“惨叫鸡”鞭策他们只有加油奋进才能摆脱“惨烈”的业绩，等等。

白云支行通过这些形象生动的、正反面的激励，让各团队能够树立起坚定的信心，把企业文化进一步融入日常工作中，从而取得更大的进步。

2.2.4 组织战略支撑：定战略、搭班子与带队伍

第四个要素是对文化重塑的组织战略支撑。

原来的机构庞大而又不规范化，决策制定相对较慢，员工参与的积极性低，形式主义严重，员工的创造性、主动性和潜能远未被开发、释放出来。种种问题困扰着白云支行的健康发展。

面对以上挑战，白云支行新的领导班子成立之后，带来了新的战略。

首先，回顾白云支行这一年走过的历程，我们可以知道，在塑造企业文化时，白云支行的内部管理可以总结为三个要素：搭班子、定战略、带队伍。新的领导班子进行大刀阔斧的人事变动，推选年轻有能力的员工担任中层管理干部，推进组织扁平化，促进工作效率的改进与相应比例的授权。同时，他们还重新梳理和调整了营销架构，搭建了“10+10”营销团队，明确了定位，强化了条线管理，确保专业专注。

通过行动学习，白云支行意识到了变革和重塑组织文化的需求；减少了不必要的工作，强化了时间管理，着力实施了严格内控、责任到基层人员等相关措施。其中最为经典的当属群策群力这一行动学习的核心所在，对问题进行剖析分解，分享交流并达成解决方案。

在会议上，要明确下一阶段目标及其战略，同时加强领导层的领导力，一把手的重视程度越高，效果越好。及时总结上一阶段的成绩，奖罚分明，适当地进行鼓励。

其次，通过实施组织氛围改进项目，白云支行有效地提升了中层管理人员的人本意识和团队建设能力，改变了员工和管理层之间的沟通模式，也培育了员工的主人翁精神，提高了员工的敬业度，为支行打造出了一支强大的“虎狼之师”。

这些学习增强了应变能力，激发了潜能，促进了白云支行从“落后·懈怠·低效”的企业文化向“快乐•感恩•分享”的企业文化转型（白云支行文化重塑的过程如图 5-4 所示）。

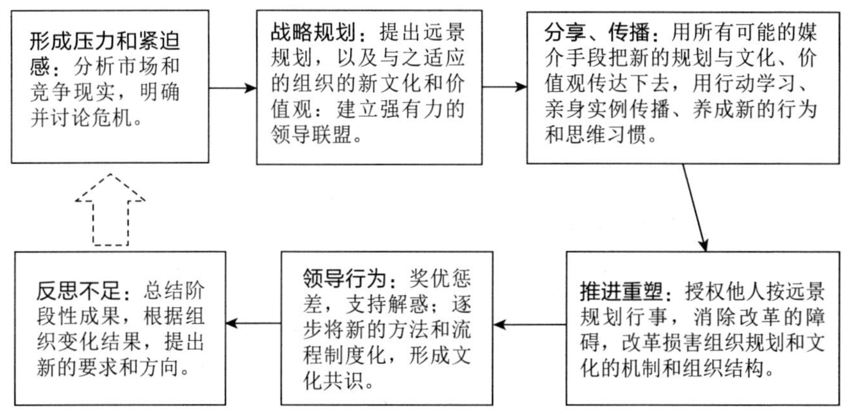

图 5-4 白云支行文化重塑过程

2.3 白云支行如何进行学习

2.3.1 通过分享来促进学习

首先，在行动学习课程中，各个片区的网点负责人、总监、业务各条线等都会在会中报告最近的业绩、分享成功的经验、交流存在的不足，以分享来促进大家的学习。分享是实践行动最有效的手段。

其次，每次行动学习小组汇报完毕后，大家都会邀请行领导与咨询公司负责人进行点评分享，对存在的问题给予反馈。

最后，同步安排相关课程来促进学习，如世界咖啡会议上用 GROW 对话模式探讨对公业务的出路，用鱼缸会议为自己“照镜子”等。

分享为组织内带来了可复制、流动的知识和信息流。员工的分享行为进一步传播、提升了这些经验，形成了嵌入组织内部的共同观念和知识，逐步形成了文化理念。

2.3.2 通过反思来提高自己

在行动学习会议上，各小组成员通过报告的形式，分享彼此的心得，给他人以反思的源泉；在工作之余，各小组也会定期召开小组会议，自行检查存在的问题与不足，坚持自查与互查机制；在部门中，老员工与年轻员工经过讨论，分析并定位出不同的客户群体，交流营销策略，从而更好地达到彼此提高的目的。

通过上述措施，白云支行从基层人员到中层管理干部，从零售条线到对公条线的人员，都能反思自己工作中的不足，从而在接下来的工作中提高自己。

2.3.3 通过行动来检验一切

在分享心得、反思不足的基础上，各部门、业务条线人员都能认真将学习到的东西融入工作中去，通过认真行动来检验学习到的一切，特别是在营销策略、维护好 VIP 客户关系这些方面上，做得比以往更加出色。最后，员工能够在“分享—反思—行动—再反思—再行动”这一反复循环的基础上，潜移默化地塑造出白云支行的文化价值，从心里到实际工作中逐步形成文化价值认同。

2.4 白云支行如何进行学习成果传播

2.4.1 坚持面对面交流、反馈

在行动学习上，参与者通过反馈、交流，及时地将基层网点、员工心声传递到行领导处，将无法解决的问题当场交由管理层探讨，由专家团队及行领导负责指点问题之症结所在。同时，专家团队还加强了班子会议、片区会议、网点周会的开展，由上至下进行信息传播。这两大措施保障了从上至下和从下至上的充分沟通。

在会议过程中，专家团队还将所有参会人员的手机都上缴保管，让大家在规定的时间内能够全心全意投入学习当中，认真学习会议所分享的内容，从而避免流于形式化。

2.4.2 借助信息技术交流、反馈

白云支行还创新性地与互联网技术相结合。比如，微信群的建立就为员工提供了一个及时沟通和交流的平台。

团队内部微信群可以让团队内成员共享信息，及时分享成功的经验，充分发挥团队优势帮助后进的同事，达到共同进步。

团队间的微信群可以形成片区间的良性竞争，通过各团队的业绩汇报及

时找出自己的差距，从而有针对性地采取相关的策略，以提升自己的工作业绩。

从支行到片区、各网点，每隔一个阶段（每天、每星期、每月、每季度），专家团队都会将该阶段的相关金融业务指标、相关业绩、成功经验、营销精英等各方面做出总结，通过报告会、OA、微信等传播途径进行传播。

据不完全统计，截至12月初，白云区内已建立的微信交流群达到20个以上，传播的信息高达上万条，能够及时让团队成员了解信息，加快文化的分享，从而更好地规划下阶段的学习，从而保证了从下至上的信息畅通。

每次共创和行动学习之后，综合管理部门都会及时整理相关资料，并且通过OA下发全辖区学习，让大家都能够重温或者学习会议的主要内容，从而更好地投入自己的工作中去。

2.4.3 信息发酵形成组织文化

无论是通过传统模式的面对面会议，还是现代信息技术手段进行传播，这些信息流在员工和管理层之间实现了多向对流，在领导者的有力推动下，慢慢地产生了“化学反应”，“发酵”出了白云支行的组织文化特征，比如团队精神、目标导向、积极进取、经验共享、士气高涨等，在交流和反馈的信息基础上逐步“发酵”出自身独特的文化。

三、组织变革的成果

白云支行行动学习项目成功的六大关键成果：

共同愿景：通过共同愿景的塑造，统一思想认识，推动个人和组织价值观的融合。

系统思维：让团队实现从局部思维到系统思维的转变；跳出框框，拓宽视野。

自动自发：让员工从被动到主动，从“要我做”到“我要做”，从遵循命令到自动自发地转变。

绩效倍增： 创造性地激发团队正能量，实现组织的高绩效目标，连续四年名列前茅。

开放心态： 通过积极引导和流程设计及完善教练辅导体系，降低了员工在组织变革中的抗拒心理和防卫心理，实现了心智模式的自我突破。

能力提升： 重塑了管理者的心智模式和行为模式，发掘了一批高潜力人才，并迅速提拔了他们；团队的领导力得到了极大地提升，同时为总行贡献了一批核心干部。

1. 工作绩效

白云支行的工作绩效从倒数第一上升到了第三名，终于实现了“保三争一”这个当时看似不可能的目标。

在零售业绩方面，白云支行从倒数第二上升到了第三名。

在对公业绩方面，白云支行从倒数第一上升到了第二名。

2. 内控绩效

3 月份新架构建立后，在总行相关部门的正确领导、白云支行新领导班子的带领和全体员工的努力下，白云支行紧紧围绕总行运营管理工作思路，通过抓规范、建队伍、常披露、勤跟踪、强培训、多沟通等措施，从 4 月开始运营质量逐步提升。

2.1　对账工作考核

月均对账回收率从 2012 年的 86.46% 提高至 2013 年的 97.64%（1—9 月）。2013 年对账回收率从 4 月开始已达到总行要求的 98%，并在往后的月份一直保持在 98% 以上。

2.2　业务差错考核

月均业务差错总笔数从 2012 年的 317 笔下降至 2013 年的 205 笔（1—9 月），降幅达 35%。网点月均差错笔数从 2012 年的 5 笔下降至 2013 年的 3 笔，降幅达 40%。2013 年月度差错笔数从 4 月的 320 笔减少至 9 月的 128 笔，降幅达 60%。

备注：1月因流程银行上线，总行统一对全行差错进行减免调整；2月因春节休假，网点营业时间只有3周。

2.3 运营主管考核

运营主管月度考评得分从2012年的92.42分提高至2013年的97.41分（1—9月）。2013年运营主管月度考评得分从第一季度的94.52分提高至9月的99.12分。

3. 组织氛围

文化重塑给白云支行的组织氛围带来了翻天覆地的变化。正如总行零售金融部张总所说，现在的白云支行无论是企业形象，还是员工的精神面貌，都发生了翻天覆地的变化，简直让人认不出来了。

原来相对保守封闭、士气低落、学习和创新能力不足的形象已成过去，一支士气高涨、积极进取、具有执行力、团队精神、创新能力的员工队伍正在“凤凰涅槃·绩效倍增”的主题下奋发进取。

文化重塑前后，白云支行的组织氛围主要有三个方面的提升。

3.1 士气高涨，积极进取

行动学习对员工的士气和工作状态影响巨大。同和片区廖总监认为，“行动学习让我的工作既有了目标，又有了详细的过程计划。”由此可见，在新的文化框架下，员工之间的共同分享、组织对个体的工作支持、行之有效的激励机制，使得组织目标和个体目标一体化，两者形成目标共同体。在实现共同目标的路途上，员工充分参与到学习和决策的过程中，充分理解了目标实现的战略与路径，他们对未来的道路、方向及所能得到的支持能够心中有数，自然士气高涨，积极进取。

3.2 高执行力和团队精神

在领导者的有力支持下，白云支行的组织文化重塑伴随着组织结构和战略的调整，铸就了一种执行力文化。这种文化以白云支行的战略、激励机制和组织结构为基础，有效地规范及引导了员工的目标导向行为，通过坚持不懈的行动学习塑造了这种强调落实和执行的文化倾向。

同时，行动学习以团队为单位，要求团队成员齐心协力，拧成一股绳，朝着同一个目标或为解决同一个问题而努力。

对团队中的个人来说，团队要达到的目标即是自己必须努力的方向，从而使团队的整体目标分解成各个小目标，在每个队员身上都得到落实。

白云支行通过员工在长期的实践中形成的习惯、信仰、动机、兴趣等文化心理，来沟通人们的思想，引导人们产生共同的使命感、归属感和认同感，逐渐强化团队精神，产生一种强大的凝聚力。

3.3 组织学习和创新能力

行动学习带来了全新的思考和行为模式，提升了组织学习和创新能力。面对工作中遇到的实际困难，白云支行以各职能部门和业务团队为行动单位，通过目标共识、行动计划设计、工具学习、培训辅导和经验总结等方式加强行动学习；利用“促分享、走出去、请进来”等形式多样的学习，系统地促进员工专业技能、风险意识、沟通学习能力等综合素质的提升；通过实施“月度留学计划”，每1~2月轮流派客户经理前往总行贷审、贸融等部门及转型业务业绩突出的兄弟支行跟班学习。

同时，注重引入科学的管理工具，如大力推广应用GROW对话模式，提升了中层干部的管理水平。通过形式多样的学习，白云支行不断提升客户经理的专业化素质，这些素质包括方案设计能力、流程操作能力，以及客户沟通能力。

客户经理林总在进行行动学习后说道：“作为新晋客户经理，行动学习让我学会减少依赖，独当一面。”

这些学习内容不断地提升员工的工作技能，更为组织带来了爱学习、能学习的氛围，提高了组织的创新能力。

四、各方评价

现在的S白云支行变化很大，我们行今年提出要打造一支“虎狼之师”，S白云支行却已经打造成功了，现在远胜过虎狼之师。

——N银行某支行　行长

现在的白云支行，无论是企业形象，还是员工的精神面貌，都发生了翻天覆地的变化，简直认不出来了。

——总行零售金融部　张总

现在S白云支行的网点形象漂亮了，服务水平很高了。

——某客户

当回顾自己所走过的历程时，曾经的委屈、不满、彷徨、苦闷、辛苦，仿佛瞬间化作一股清泉，一路浇灌着为了梦想而执着奋斗的心。

——零售金融部　陈××

生命的辉煌，拒绝的不是平凡，而是平庸！所以，春风得意时多些反思，只要别背叛美丽的初衷；窘迫失意时多些憧憬，只要别虚构不醒的苦梦。

——个贷中心　颜××

我庆幸2013年能在白云支行度过，能够感悟和成长。未来的工作和生活不管怎样，我坚信会继续用激情、行动学习的方式来完成。

——棠景支行　朱××

行动学习不是一场简单的培训，而是一个工作平台、一项管理工具、一套方法论。白云支行将行动学习变成组织的DNA，从而将白云支行打造成

"无边界组织"，推倒"部门墙"，实现政令畅通，无缝对接，直接贯穿至最底层。

如果让我们来总结行动学习，就是一句话——"行动学习=反思+成长"。

我们的心声：生命的意义在于对过程的坚持，用心过，努力过，才能体验成长的精彩！在转型奋战的关键时刻，我们要拿出百米冲刺的劲头儿，做最好的自己，爆发最大的能量，实现华美的绽放！

——白云支行行动学习项目组

○ 案例2　中粮集团××事业部"赢在管理·铸造卓越"行动学习项目

一、项目背景

1. 企业处于快速发展阶段

中粮集团××事业部旗下的××公司是国内最早从事糖果、休闲食品生产销售的大型食品企业之一。经过近30年的发展，××公司树立了较好的品牌美誉度，市场占有率目前稳居行业第二位。

2. 对人才培养的迫切需求

业务的快速发展对企业的中坚力量——中层管理干部的能力要求越来越高。为了配合公司的战略目标，建立组织果断、快速的反应机制，打破各部门之间的壁垒，培养职业化的管理队伍，公司启动了主题为"赢在管理·铸造卓越"的行动学习项目。

3. 对中层管理干部的培养主题

中粮集团××事业部在培养中层管理干部时以行动学习为核心，以业绩目标达成为主线，以能力提升为辅线，开展了为期半年的领导力行动学习项目。本次参与行动学习项目的中层管理干部基于中粮集团领导力模型测评结果，确定能力的提升主要紧紧围绕以下6个课题开展，即“中层管理者管理技能训练”“非财务经理的财务管理”“情境领导”“非人力资源经理的人力资源管理”“创意思维训练”“企业教练法——基于教练技术的员工辅导”。

二、项目实施思路

1. 以培养目标为中心

提升管理者的综合能力；

能够看懂“财务三张表”，以经营的眼光带好团队；

提升领导能力；

掌握部门绩效管理方法，提升团队绩效；

掌握创新思维的技巧和工具，可以在工作中进行创新及改进；

掌握企业教练的基本能力，有效地开展教练辅导工作。

2. 以能力补差设计课程为第一个基本点

通过前期调研及深度访谈挖掘中层管理干部的能力素质差距，再结合企业文化和战略对中层管理干部的能力素质要求，本次项目有针对性地设计了由6个主题构成的课程内容。

3. 以为成人学习搭建混合式学习平台为第二个基本点

基于公司中层管理干部分布于不同的区域，集中面授时间较难统一，结合成人学习的特点，本次项目定制了E-learning课程、书籍推荐、行动学习及项目交流会等混合式学习平台，从而实现了无时不在、无处不在的学习。

三、项目实施回顾

1. 项目调研阶段

调研的基本信息——调研方式、调研对象、时间安排。

调研结果——从学员访谈中发现中层管理干部能力素质的差距。

至于中层管理干部的能力素质，主要包括以下几个方面：

一是主动工作能力，具体表现为勇于承担工作责任；具有主动创新的意识和能力；发现为企业创造价值的机会，并敢于承诺和承担风险。

二是协作能力，具体表现为建立并运用共同目标及协作规则的能力，以及创造或积极融入合作、坦诚、双赢的工作氛围的能力。

三是解决问题和角色认知能力，具体表现为针对问题，确定和分析不足产生的原因，并达成最佳的解决方案；有效计划和组织的能力；良好的职业心态和职业理念。

四是沟通能力，具体表现为通过书面、口头方式传达真实全面准确信息的能力，以及有效倾听的能力。

2. 培训实施阶段

2.1 项目启动会工作坊

为了让学员进一步明确本次项目的背景、目标，以及学习主题、学习责任，项目于201× 年4月举行了启动会，促动师团队分享了人才培养的理念，行动学习的价值、理念，通过启动会工作坊输出项目的行动计划和能力提升计划，从而让学员备受启发，自动自发地在行动学习承诺墙上签下了自己的名字。启动会的成功召开标志着本次项目踏出了成功的第一步。

2.2 行动计划跟进、专题培训及能力提升辅导

促动师团队每个月都要集中进行对输出行动计划的复盘，同时安排专题式能力培训，并进行相关辅导。

其中,《行动学习指南》是本次项目的指引文件，用来指引学员在课后进行行动学习。它涵盖的内容有：走进中粮文化、项目缘起、行动学习、混合式学习的介绍、管理者的几大能力素质、课堂回顾与课后研讨、E-learning 学习收获、学员感言及培训建议、课程的培训总结、班主任邮件、评估报告等。

至于能力提升辅导，促动师团队需要在进行辅导之前了解中层管理干部

能力的实际情况（具体如表 5-2 所示）。

表 5-2 能力辅导开始前中层管理干部的能力情况

能力项	自评平均分	上司评平均分	综合平均分
客户导向	8.18	7.89	8.04
推动战略合作	7.79	7.48	7.63
说服力	7.66	7.53	7.59
建立工作伙伴关系	8.25	7.64	7.95
推动变革	7.67	7.44	7.55
建立组织人才优势	7.75	7.57	7.66
团队建设	8.10	7.81	7.95
绩效管理	7.75	7.50	7.62
制定战略	7.87	7.71	7.79
运营决策	8.02	7.45	7.74
调动资源	7.88	7.61	7.74
计划与组织	7.92	7.46	7.69
专业知识和技能	8.10	7.41	7.75
业绩导向	7.63	7.76	7.70
阳光诚信	8.93	8.14	8.54
责任感与激情	8.86	8.59	8.72

参与测评的十六项能力中，按照综合平均分的排序，最低的五项能力分别是推动变革、说服力、绩效管理、推动战略合作，以及建立组织人才优势（如图 5-5 所示）。

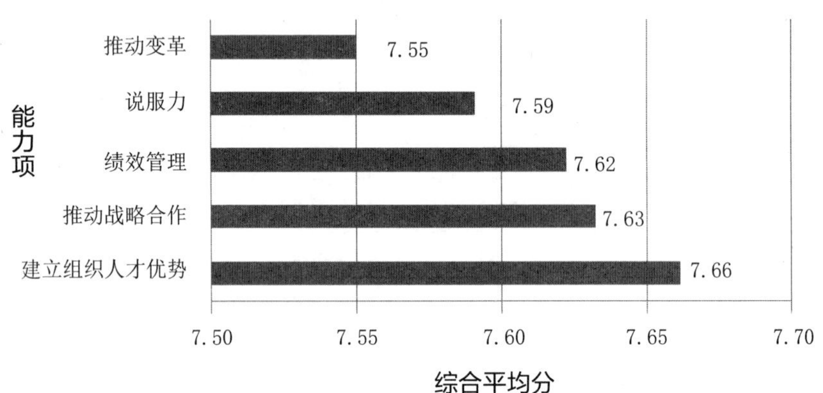

图 5-5 中层管理干部综合平均分最低的五项能力

2.3 辅导成果

经过辅导，中层管理干部在系统思维、全局把控能力、个人执行能力等方面都有了明显提升。

其中，系统思维能力的提升主要表现在对东北大区进行 SWOT 分析和就华北大区销售达成进行步骤分析；全面把控能力的提升主要表现在对西北大区的风险评估；个人执行能力的提升则表现在完美执行了第二季度的指标计划，成功实现了“开源节流，增加利润，优化产品结构，打造明星产品”的目标，创造性地完成了华东大区第二季度的销售任务。

2.4 辅导中应用的工具

2.4.1 促动技术

促动简述：

我们从想到出结果，经历了思维模式、情感模式、行为模式及最终的结果，并受到周遭环境的影响（如企业文化、氛围），具体如图 5-6 所示。

图 5-6　我们的感受、行为受环境的影响

传统的培训直接对行为模式进行修正，并未能真正使学员在思维上、情感上发生相应的自发性变化，其中包括接纳新知、新技能。因此，常见的现象就是“培训前激动，培训时感动，培训后不动”，又或者行为维持一段时间后衰退。

促动的最终目的就是通过一定的流程、方式方法，配合环境，通过思维模式的改变，引起情感模式的改变，影响行为模式，最后达到所要达到的结果（目的地）。

促动的特点：

全体全面参与；

一箭多雕；

共同解决问题；

全面提升拥有感与责任感；

减少瓶颈现象；

将有潜力的“步兵”诱发成“将才”；

加速多角度、深层次理解；

加强团体智慧（促动与团队的沟通如图 5-7 所示）。

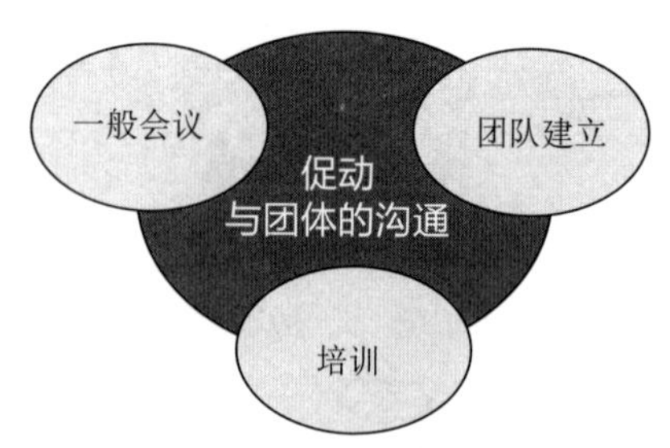

图 5-7　促动与团队的沟通

促动技术与教练技术的不同点如表 5-3 所示。

表 5-3　促动技术与教练技术的不同点

不同点＼技术	教练技术	促动技术
技术	团队辅导等	群策群力、聚焦式会话法、欣赏式探询等
描述	找出个人未发挥出来的能力，挖掘出个人潜能	找出团体间发生了什么事，挖掘出团队潜能
关注点	个人	团体
结果	个人目标 个人行为 个人绩效	团体目标 团体行为 团体绩效

2.4.2　行动学习

行动学习法又称“干中学”，就是通过行动来学习，即通过让受训者参与一些实际工作项目，或解决一些实际问题，来发展他们的领导能力，从而协助组织对变化做出更有效的反应。

行动学习建立在反思与行动相互联系的基础之上，是一个计划、实施、总结、反思，进而制订下一步行动计划的循环学习过程。简单地说，行动学习就是一个“寓教于行”的过程。

行动学习辅导形式：

群策群力、未来探索、开放空间、世界咖啡。具体将根据前期调研结果厘定辅导形式。

行动学习辅导特点：

工作坊缩短知识、技能获得及心态改善到员工绩效的距离。

工作坊并非发生在实际工作以外的非自然的学习，而是针对参与者在实际工作中面临的问题，运用不同的学习技术，进行行为干预及绩效干预，打破参与者的思考与行为惯性，并能固化这种提高工作绩效的新的心理及行为模式，带回至整个团队，改变团队的工作氛围，平衡团队的能量，激发团队的高绩效与创新能力。

本次使用到的技术：

深度会谈、教练技术、群策群力等。

2.5 辅导流程

2.5.1 制定个人 / 小区域目标

辅导中，促动师团队基于几门课程的知识和技能，结合大区方案，围绕项目既定的能力提升方向实际情况，组织学员对管理现状进行分析，在大区目标范围下对“自身可进行操作的部分”进行聚焦，以个人 / 小区域为单位制订有自身针对性的行动计划，实现知识和技能转化为结合实际的、可操作的行动（如图 5-8 所示）。

2.5.2 促动技术及其原理应用

行动学习及促动技术原理的重温、与学员实际管理方式的结合，便于学员理解项目的意义和价值，也便于学员把这套学习和管理方法带回自己所在的组织内部推广和应用。

其中，学员正是依据在辅导中掌握和巩固的方式方法进行个人 / 小区域问题聚焦、分析，以及制订行动计划，最好付诸实践的过程。

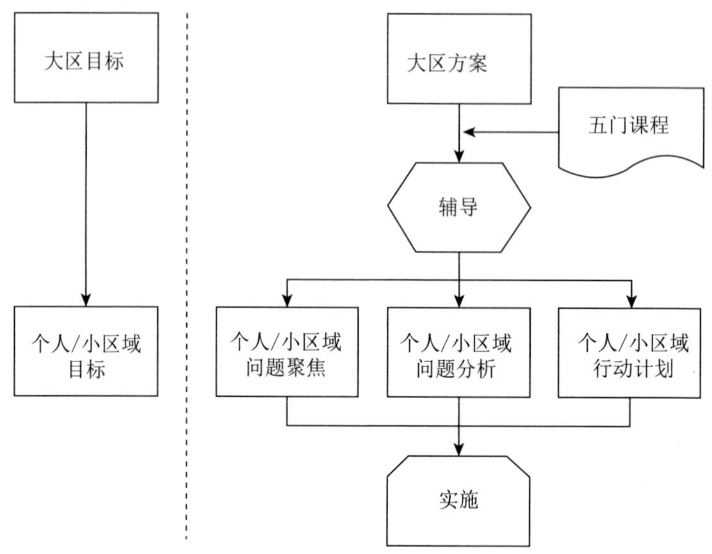

图 5-8　制定个人 / 小区域目标的流程

2.6　基于辅导的后续建议

一方面，学员在辅导过程中展现出积极的学习心态。促动师团队能够体会学员长期处于工作紧张状态，也意识到学习的重要性，主要聚焦在团队管理和员工辅导方面。另一方面，学员在基础的管理理论方面处于经验主义阶段——通过摸索的形式形成自己的管理风格和方式，其中有贴近优秀管理者的管理方式，也有部分仅仅是传统的家长式管理。

另外，在学员进行个人 / 小区域计划制订时，促动师团队发现学员明显存在较为局限的管理信念（如“此项计划公司肯定无法通过”“不用尝试，没资源支持”“我提议多遍，没用的”）。站在企业长远发展的角度来看，该状态并不适合企业的良性发展，也不利于培养创新型管理者；反之，则有利于塑造流程式、工具式的管理者。

基于上述情况，促动师团队提出了关于辅导的后续建议（如表 5-4 所示）。

表 5-4　基于辅导的后续建议

现象 / 现状	关键点	后续建议
普遍认为企业的现状及自身的管理现状不可改变	限制了创新性思维和随后的突破行动	学员直属上级需提供必要的资源支持及现状调整（在有可能的范围内）
不掌握管理理论（知识和技能），以家长式管理为主	未掌握知识和技能，更难以应用	【书籍】《管理学》《科学的工作方法》 【培训】基础管理类课程及知识点考试
未合理安排学习资源和学习时间（包括个人及企业）	学员基础不足，现状安排的资源不足以使学员在既定目标下 100% 成为管理梯队人才	【宣导】高层宣导学习重要性 【制度】对学习、显性的提升进行实质性的激励

2.7　调研分析报告适用范围

供学员直属上级参考；

供同层级课程设置参考；

为 IDP 制订提供依据；

为组织架构发展、变革提供参考依据。

2.8　行动学习交流与总结

在每次行动学习培训课题结束后，企业都要举办项目交流总结会，从而为学员提供交流总结的平台和项目成果展现的舞台，为本次项目画上圆满的句号。

四、项目成果汇报

行动学习培训项目化操作为企业沉淀和积累了培训管理的一套流程和方法，引入了中层管理干部的六门针对性课程和辅修材料，丰富了成人学习的方式和平台。根据“赢在管理•铸造卓越”项目的开展状况，结合对企业人才培养的理解和实践，基于企业人才培养需遵循“培训体系金三角”原理，企业以员工为核心，通过将行动学习项目的培训流程、培训课程、促动师培训师三方面有机结合，最终实现了最佳的培训效果。

1. 流程管理体系：积累了培训管理的一套流程和方法

促动师团队通过优秀管理者或骨干员工进行行动学习，全面了解了企业培训管理的现状，在企业中营造了专业的培训管理氛围，掌握了科学的培训管理方法，借鉴了优秀企业的培训管理经验，同时也借助专业顾问公司的力量进行了企业培训管理体系的搭建和梳理。

1.1　如何设定培训需求

培训需求可以通过项目团队面谈、网上问卷调研、高层访谈、学员代表面谈等形式来确定。

1.2　如何跟进培训过程

企业的培训效果离不开人力资源的训前、训中、训后管理。本次项目引入了“班主任机制”。“班主任”的职责包括培训前下发学习通知，培训中记录学员课堂表现及意见，培训后开展网上学习，辅助并巩固学员当天学习的知识，针对学员课后问题及时同学员进行电话沟通。

2. 引入了行动学习项目方式及有针对性的学习课程和专业辅导

本次项目在达成组织的绩效目标的同时，提升了所有参与者的专业能力及综合能力，沉淀了制定企业培训需求的方法、流程，积累了跟进培训过程的方法、工具（如行动学习指南、课后辅导等）。

3. 丰富了成人学习的方式和平台

本次项目关注了混合式学习平台的搭建，除了课堂学习外，还为学员配套设置了 E-learning 学习课题、管理书籍阅读等。

4. 培训课程体系

本次项目成功迈出了人才培养体系化的一大步，确定了中层管理干部的能力培养方向和部分课程，接下来需进一步完善中层管理干部的培训课程体系，同时引入基层管理者的匹配课程，继续完善高层管理者的培养方式，从而打造属于企业的管理层培训课程体系。

5. 促动师培训体系

企业内部促动师是内部员工培训的支柱、解决问题的专家、知识与经验传承的桥梁、企业文化的重要组成部分，他们来自于企业中业绩优异、经验丰富、技术精湛、潜力巨大的精英人才。企业经过多年的市场奋战，已经储备了一批可以充当内部促动师的人才。因此，培养一支企业的内部促动师队伍，无疑是发挥人才智慧和进行人才激励的有效办法。

内部促动师亦被称为内部导师、师傅、专家等，这也解决了以下的人才管理问题。

5.1　核心人才管理

在本次项目培训中，不少学员反馈了技术人才和有经验的人才流失的问题。人才是一家企业竞争力强大与否的关键性因素，促动师团队认为这不是仅靠培训能解决的问题，所以建议企业建立人才多通道发展的系统。

5.2 “80后”“90后”员工管理

本企业是一家大型企业，一线员工的管理是一个关键性话题，培训课程实施过程中有部分管理者提出“80后”“90后”员工难管理的困惑，促动师团队建议：在了解“80后”“90后”员工特点的基础上做一些管理工作。

人才培养是不断探索和完善的过程，打造体系化的人才培养模式是每家企业追求的目标，中粮集团××事业部通过本次领导力行动学习项目做出了有益的探索。

○ 案例 3 S 银行广州天河支行“聚焦客户·精耕细作”行动学习项目

一、项目背景

S 银行广州天河支行（以下简称“天河支行”）作为本埠重要的中心支行，无论在经营管理上，还是在员工学习发展上，均采取稳步规划与延伸的形式进行。

2010 年，天河支行对公业务面临转型、排名的压力，W 行长提出将对公客户经理人才建设作为 2010 年度工作重点。同年 3 月，促动师团队配合天河支行开展对公客户经理人才培养项目，培养出了不少业绩优异、排名骄人的对公客户经理。**相应地，促动师团队也发现过程中缺乏相应称职的客户经理管理者——团队长。**

2011 年，基于 2010 年取得的进步及后续发现的问题，天河支行要求不仅要打造个人营销精英，更要打造公司对公条线这支精英营销团队。同年 6 月，团队建设项目启动，至年底促使对公团队实现了从“个人英雄”向“英雄连”的转型，更树立了团队标杆和培养出了一批教练型团队长。**相应地，促动师团队发现，光是业务团队前方作战而未获得更多的后端其他管理支撑部门，是无法实现“全员营销”的。**

基于此，2012 年天河支行把以动员业务条线乃至管理支撑部门的**“全员营销”作为主线，以“聚焦客户·精耕细作”这一呼应大环境的战略步骤为载体，**开展为期 6 个月的新一轮行动学习项目。

二、项目需求

2011 年，天河支行通过行动学习项目，在组织内点燃了同事们的学习热情。2012 年，需要在此基础上把这种学习热情转化为生产力。

经过深度会谈，天河支行已将项目目标聚焦于“聚焦客户·精耕细作”的主题上。就天河支行的现状来看，大部分团队长为新提拔的团队长。面对角色改变，他们在管事方面的硬技能尚有不足，管人方面的软技能更为欠缺。要想达到客户建设的目标，天河支行必须在软硬技能方面都有培养措施。

1. 项目目标

从风险度、贡献度、忠诚度三个方面达成2012年客户建设业绩目标。

2. 项目亮点

一是硬技能的提升（管事的技能），包括分析问题、解决问题的能力，表现为团队执行力的提升；

二是软技能的提升（管人的技能），包括辅导个人（通过教练技术实现）、带领团队技能（通过促动技术实现）的提升。

3. 培养对象

培养对象主要包括行领导班子、支行行长＋一名副手、职能部门负责人＋一名副手，共计31人。参与者所属的岗位必须确保有管理下属的职能。

三、项目思路

1. 行动学习介绍

1.1　为什么要进行行动学习

1.1.1　知识的高遗忘性及组织惯性给学习带来的挑战

我们会发现，在传统培训中，知识的掌握往往只能体现短期效果。基于艾宾浩斯遗忘曲线，培训结束后一个月，大多数学员已经遗忘了80%以上的培训内容。只有通过持续的、基于实践的行动和学习，才能巩固学习成果并将其运用于工作中。

组织内有强大的组织惯性（“其他人都这么做……”“他也这样……”）。学习了新知识的员工很容易受环境的影响，逐渐又回到以前的状态，学习自然也就停止了。（组织惯性对人的影响如图5-9所示）

组织惯性

组织是由人组成的有目标的群体，人是有记忆和思维的，一群人长时间地在一起工作，必然会形成比较稳定的工作方式和习惯，也就形成了群体的记忆和思维。

图 5-9　组织惯性对人的影响

1.1.2　行动学习在关注知识和技能导入的同时，关注行为改善和绩效提升

传统培训由于无法长期影响个人行为改变，导致收效甚微，而行动学习模式基于一套心理干预模式，如一条绳子将培训引导至组织绩效提升。

1.2　行动学习是什么

行动学习就是一小组人带着组织存在的真实问题开始学习，学习的过程同步为组织解决问题，提升绩效。

行动学习项目是使知识技能和组织变革融合落地的工具，强调能力与绩效双提升。

行动学习包括以下五大要素：

要素一，AL=P（程序性知识）+Q（质疑）+R（反思）+A（行动）；

要素二，关键词——目标、计划、沟通、工具、控制、反馈、奖惩；

要素三，自动自发——通过促动技术进行行为干预和心理干预；

要素四，隐性知识共同化——挖掘企业的自生力；

要素五，发现问题—接纳问题—关注问题—改善问题。

2. 能力线与业绩线结合

能力线与业务线的关系如图 5-10 所示。

2.1　技能培养服务于业绩达成

硬技能：通过具体的工具、方法、流程，提升学员分析问题、解决问题的能力，从而提升学员的执行力，达成客户建设目标。

图 5-10 技能培养与业务问题解决的关系

软技能：从信念、价值观层面实现心智模式突破；通过九型人格、教练技术、促动技术提升团队长辅导员工、带领团队等管理人的能力，从而提升团队的凝聚力和执行力，达成客户建设目标。

2.2 形成一套业务问题分析与解决的工具、流程

过去营销人员解决业务问题多凭各自的经验，存在于个人的头脑中，在大客户建设方面尚未形成一套工具、流程。在业绩达成的过程中，他们必须形成一套工具、流程指引，以加速日后同类问题解决的速度及质量。

四、项目流程介绍

本次项目采用“126N1”的流程模式。

项目由“1”天深度会谈（+2 周调研）、“2”天启动会工作坊、“6”个月的过程实践跟踪与能力提升计划、“N”门知识补缺课程、“1”天成果汇报五个模块组成。下面将对每个环节做具体的介绍。

1. 调研 + 深度会谈——确定行动学习主题

【对象】行领导班子。

1.1 内容

促动师团队与天河支行高管进行深度会谈，确定行动的绩效主题，以及就如何衡量主题取得成功的标准达成共识。

促动师团队采用在线调研的方式，对学员的领导能力、管理模式及促动技术的掌握现状，进行信息搜集。

1.2 关键结果

行动学习的绩效主题与衡量其取得成功的标准，以此作为促动技术实践的主题。

学员能力调研。

1.3 需要的配合

行领导班子参与半天的深度会谈；

由天河支行与促动师团队共同组建项目组（跟催组、宣传组、后勤组、领导组、教练组）；

全部学员参与问卷调研。

2. 启动会工作坊

【对象】支行行长及与客户建设主题相关人员；

职能部门负责人及与客户建设主题相关人员（约 72 人）。

2.1 内容

邀请行领导向学员陈述本次学习的目的、主题和目标。

运用行动学习中的群策群力促动技术召开启动会，从“战略—战术—实操”层面分析自身制约和优势等关键问题，因应资源配置安排行动小组，鼓励学员分享信息、参与提升能力和达成目标的讨论和决策、达成共识。基于“聚焦客户·精耕细作”的战略，从策略、执行两个层面设计行动计划。

由高管与促动师团队组成评委组，采用城镇会议形式评审行动计划的可执行性。

2.2 关键结果

学员明晰本次学习项目的背景、目标、参与方式等诸多元素；

组建行动小组；

制订促动技术实践的载体——“聚焦客户·精耕细作”行动计划。

2.3 需要的配合

高层参与启动会；

高管在城镇会议环节以提问引发学员思考，不直接给予答案；

参与的学员全程投入。

3. 行动计划实践跟踪与能力提升计划 + 知识补缺课程

在6个月里，自始至终贯彻“能力线”和“业绩线”双线提升。具体表现为，无论是课程还是研讨，都包括两方面内容：知识或技能的补充介绍和具体业务/团队管理问题的解决（如图5-11所示）。

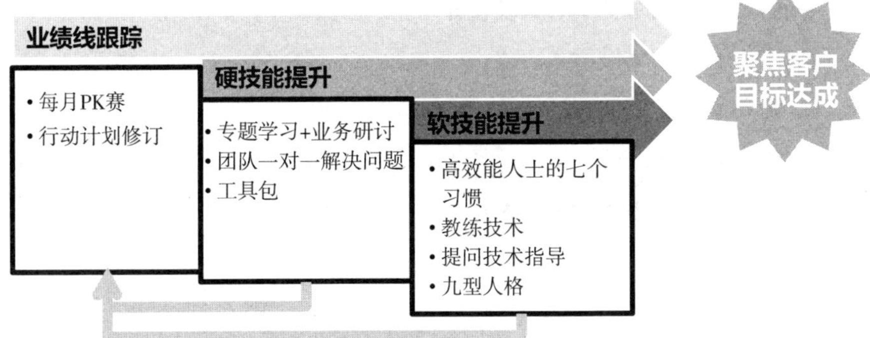

图5-11 行动学习计划始终贯彻“能力线”和“业绩线”的双线提升

3.1 软技能的提升计划

3.1.1 高效能人士的七个习惯

——从个人管理到人际关系实现由内而外的改变，实现心智模式的突破

【能力线】

大幅度提升经理人的自信和工作热情，提高直面困难和挑战困难的勇气，提升低迷的士气。

改变工作态度和思维方法，减少抱怨，把关注焦点从“环境的不利、条件的限制、他人的缺失等”转移到“自我反省、承担责任、立足现有资源和我能做什么”上来。

分清工作任务的轻重缓急，优先完成主要任务，提高工作效率。

培养双赢思维，把上对下的监督转化为下属的自我约束和管理。

掌握倾听与反馈技巧，真正听懂别人的意思并进行有效的反馈；对内减少无谓的人际冲突和工作失误，对外提升客户的满意度和忠诚度。

珍惜差异，学习建设性地整合差异的艺术，集思广益，实现“1+1>2”。

【业绩线】

解决参与者的工作烦恼。

课程完成后，35天持续跟进计划。

3.1.2 教练技术

【能力线】教练技术的回顾及提升

回顾2011年教练技术的内容；

分析教练技术的使用情况；

教练技术提升。

【业绩线】具体员工辅导问题练习及现场点评

课堂现场，以客户建设过程中关于任务下达、员工辅导等方面遇到的问题作为练习，促动师团队现场点评；

形成一套教练工具、模板（如生活平衡轮）；

布置实践作业。

其中，进行员工辅导时，促动师团队以“聚焦目标，正向思考”为主题，通过提问引导参与者从“不想要”的负向思维转向“想要什么”的正向思维。

这些提问包括以下内容：

“既然对现状有这么多不满意，那么你到底想要什么呢？”

“如果用一句话来概括，你的目标是什么？”

“你这样做有什么正面的动机？”

“你还想到有什么资源可以利用，来解决这次的问题？”

“这里的环境有哪些有利的因素呢？”

3.1.3 九型人格与领导力

【能力线】九种型格的性格解析

九种型格的性格辨析：型格特点、行为特点、人际风格；

九型人格对自我修炼的提示；

九型人格的沟通之道。

【业绩线】管理 / 业务问题的分析

如何使用九型人格更好地激励员工；

如何使用九型人格更好地推动销售。

3.2 硬技能的提升计划

3.2.1 专题学习与研讨

调研—发现问题—专题学习—焦点问题研讨—流程 / 工具整理。

通过调研，发现焦点问题，以焦点问题为主题开展专题学习和研讨。（可能的主题：SSM 销售方法论、OGSM、建立客户关系、发现销售机会、FAB 销售法……）

阶段调研，帮助学员发现问题的部分工具。

【能力线】知识 / 技能 / 工具的补充

对于知识、技能方面不足的模块，设计相应知识点的专家培训、案例分享（约 2 小时）；

通过体验，掌握问题分析与解决的工具（如因果分析网络图、鱼骨图等）；

整理一套问题分析与解决的工具、流程。

【业绩线】焦点问题研讨

聚焦焦点问题，通过一套工具流程，分析问题、解决问题；

复制使用工具流程，带领团队成员分析、解决团队个性化的业务问题。

可能使用的技术：

世界咖啡、开放空间、思维导图……

3.2.2 团队一对一问题解决

调研—确定主题—流程设计—问题分析与解决—评估 / 效果反馈。

通过调研，发现焦点问题，以团队存在的关键问题为主题开展研讨，分析并解决实际业务问题。使用的调研工具参考“专题学习与研讨”。

【能力线】促动技术体验

通过调研，找出客户建设在此阶段的关键问题；

从关键问题出发，确定促动研讨会的主题；

促动师教练设计流程，形成促动技术工具包；

通过宣传，对使用的促动技术进行推广；

团队长根据体验及工具包进行复制。

【业绩线】解决团队个性化问题

帮助团队发现问题，梳理思路；

以促动研讨的形式解决团队在客户建设方面的关键问题，帮助团队实现业务突破。

3.3 业绩线的跟踪

3.3.1 月度 PK 赛

【能力线】提问技术的实践及指导

领导班子及团队长通过提问进行 PK；

促动师教练对提问人的提问技术做点评及辅导；

促动师教练将 PK 赛固化成工具包，在天河支行内部进行复制。

【业绩线】定期跟踪业绩达成情况

定期跟踪业绩达成情况，形成相互追赶的氛围；

根据业绩完成情况及遇到的阶段性问题，及时修订行动计划。

3.4 成果汇报

3.4.1 内容

公布学员完成行动计划的目标执行情况和成果；

对方案的完成情况进行分析总结，完善与巩固好的操作方法和构思，在全行推广；

准备并规划下一阶段的行动学习。

3.4.2 关键结果

学员完成行动计划方案，进行能力与绩效成果的验收；

好的经验和案例集结成册，全行推广学习；

能力与绩效双提升。

3.4.3 需要的配合

天河支行领导班子参与方案陈述、成果验收。

四、项目流程图（略）

五、项目成果

天河支行在开展行动学习项目的两年时间内，连续在总行的年度KPI综合排名获得第二，零售条线连续两年获得总行条线KPI排名第一，对公条线连续两年获得总行条线KPI排名第二的佳绩。

天河支行不仅实现了业绩倍增，而且在两年中为总行贡献了一大批中高级人才。

○ 案例4　X银行泉州分行“心行动·新佳绩”（“行知动力”）零售业务行动学习项目

一、行动学习项目背景

1. 泉州分行现状

2013—2015年，X银行泉州分行（以下简称“泉州分行”）个人存款逐年增长，从105.2亿元发展到142.2亿元，年复合增长率10.56%，而储蓄存款规模一直在125亿~126亿元之间徘徊，呈现滞涨态势。进入2016年，结构性存款规模急剧下降，个人存款规模开始下滑。

2. 行动学习项目“三定”

“三定”即定主题、定团队、定目标。

定主题：储蓄日均新增；

定团队：7家支行+零售管理团队；

定目标：7家支行+零售管理团队KPI排名提升。

具体来说，分行营业部“保五争三”，泉秀支行“进入前十”，钟楼支行“保八争五”，晋江支行“保八争五”，南安支行“保八争六”，惠安支行“保二争一”，宝湖支行“保三争一”，而零售管理团队需要确保分行在单点城市三类行排名第一。

3. 管理期望

用心投入，全心行动，恒心固化；

统一思想，步调一致，激发团队强大合力；

转变模式，主动作为，激发团队内生动力；

知行合一，举一反三，固化团队作战模式。

二、行动学习项目具体实践过程

泉州分行“心行动·新佳绩”行动学习项目于2016年9月启动，2017

年3月结束，整个项目历时5个月。

1. 项目流程

1周深度会谈：实现“四定”，即定主题、定目标、定团队、定机制（宣传、项目管理、奖罚机制等）；

2天群策群力工作坊：完成“三共”，即共识目标及愿景，共创策略及计划，共诺责任及成果；

3个月复盘+每月微课：回顾目标，评估结果，分析原因，总结规律；

N天技能补差（培训+辅导）：从“要我学”转变到“我要学”，围绕任务目标由泉州分行人力部安排导入针对性培训；

1天兑现+总结：犒赏团队、总结成果，优化经营管理流程，进入“使命2017”，颁发奖状。

2. 项目目标

通过行动学习项目，泉州分行收获了三个变化，分别是团队面貌的改变、作战模式的优化、执行动力的提升，还在业绩上取得了显著突破。正是有了用心行动，才有了崭新佳绩。

三、行动学习成果

1. 行动学习目标达成情况

行动学习项目启动前，7家支行2016年8月年日均比年初仅新增0.17亿元，在分行的占比仅为4%；项目结束后，7家支行1—8月只比年初新增1688万元，10月1日至次年1月31日储蓄日均比基数（2016年8月年日均）新增高达2.35亿元，在分行的占比高达75%。

从2016年9月起，宝湖、钟楼两家支行呈现逐月递增态势。行动学习期间储蓄日均增长率，7家支行的平均增长率7.42%，是其他23家支行（3.47%）的2.14倍，是分行平均增长率（2.39%）的3.1倍。

2. 行动学习对分行的影响

2.1 对营销推动方面的影响

在行动学习方法的影响下，分行在各项业务的拓展中一直“狠抓不懈，勇攀高峰”，实现了业务转型方面的突破。

安愉储蓄：突破 8.88 亿元，全行第三名。

兴 E 付：突破 6000 台，全行第一名。

期缴业务转型：火炬传递接力赛，保费225万元，275件，134人出单；分行期缴保费位居单点城市三类行第一名。

营销系统升级：打破客户私有化，充分鼓励全员营销，加强交叉销售；拓展人与维护人可以不同，业绩双向记账，为客户分层维护，特别是贵宾客户专属维护，创造条件。

2.2 对客户管理维护方面的影响

零售核心客户：12 月末 19.87 万户，较年初新增 2.05 万户，新增量位居三类行第一，全行第四。

VIP 客户：12 月末 5.88 万户，较年初新增 5466 户，总量位居三类行第一。

钻石客户：12 月末 801 户，较年初新增 117 户，总量位居三类行第一，全行第八。

2017 年 1 月底，核心客户数达 21.05 万户，较年初新增 11781 户，新增量全行第二。

2.3 对团队管理及团队学习的影响

固化复盘工具：让总结反思深刻、有效、直击痛点。复盘不拘泥形式，固化而不僵化。

队伍潜能开发：强化考核、产能评价、末位淘汰，多用教练技术激发主观能动性。

落地靠前指挥：管理层靠前指挥、下沉一线，不再只是口号，而是实实在在的行动。

项目制促突破：参考直销银行保证金模式，对于重大、攻坚项目，分支合力，以项目制促突破。

3. 行动学习对支行的影响（7 个行动学习团队）

3.1 分行营业部

行动学习对分行营业部的影响表现在，重新分组、优化团队、勤思巧干，杨行长“沙场点兵”，唐主任严把过程，四支团队自发主动投入工作。

在业绩上，分行营业部储蓄目标完成率 63.8%，位居首位；储蓄日均新增 7316 万元，位居第二名；安愉储蓄余额 8230 万元，位居首位。

在创新上，积极思考优质房地产诚意金项目如何落地，先行试水直销银行保证金业务模式，分支联动从无到有探索出业务流程，一举获得几百个核心客户，并在全行全面推广。

在管理上，社区支行负责人竞聘先行，固化过程管理，跟踪扎实到位。分行营业部根据岗位职能，将所有人员进行分组（组建蜀九香、超人、火焰、梦想四支队伍）参与项目学习及 PK；通过每日晨会、夕会，每周例会，每月复盘会，加强产品业务培训，提升综合素质，鼓励先进，带动后进；建立了内部信息共享平台，自上而下、小组之间都有畅通的信息传达，避免了信息收集的重复和浪费，同时设立反馈机制与问责机制，提高各个环节的执行力。

3.2 惠安支行

行动学习对惠安支行的影响表现在，变摊派任务为群策群力，学会行动学习方法后能够举一反三，团队更主动，能力更强大，业务更全面。

在业绩上，惠安支行储蓄日均新增 7316 万元，位居首位；目标完成率 61%，位居第二名。

在服务上，荣获“2016 年度中国银行业文明规范服务千佳示范单位”称号，荣获分行“2016 年度服务明星支行”称号。

在转型上，郑行长抢先线上开讲，是行长微课第一人；惠安支行“新华保险火炬行动”连夜全员通关，取得连续 8 天出单的佳绩，将行动学习方法活用到保险期缴业务的突破上。

在创新上，开发乡镇合作项目，将客源从县城延伸到乡镇；积极打造微商平台，借助平台批量获取客户。

3.3 晋江支行

行动学习对晋江支行的影响表现在，储蓄日均进入前三名，私行业务频频突破，创新开展微沙龙。具体来说，包括以下三个方面：

第一，储蓄日均新增4757万元，储蓄目标完成率59.5%，安愉储蓄余额4582万元，均位居第三名。

第二，私人银行业务频频突破，创新项目落地数量第一名。项目期间成功落地全权委托业务3笔，已累计拿下3笔全委业务与1笔家族信托，出现了分行首位实现上述两项创新业务双签的营销精英吴××。

第三，创新开展厅堂微沙龙，先有厅堂客户经理发起，后有外拓客户经理主动加入，宣传的产品面广，积极打造特色专业的厅堂宣传窗口形象。

3.4 泉秀支行

行动学习对泉秀支行的影响表现在，储蓄日均有突破，私行业务有突破，家园文化重建设。具体来说，包括以下几个方面：

第一，储蓄日均新增2190万元，目标完成率43.8%，二者的完成度均位居第四名。

第二，项目期间支行第一笔全权委托业务3000万元成功签约，点燃了员工的营销热情。

第三，肖行长通过行动学习实现业绩突破，信心大增，重视家园文化建设，打造“温暖活力泉秀”。

第四，行动学习项目启动以来，要求支行员工的工作模式从原来的单兵作战过渡到团队行动，销售模式从原来的分散营销过渡到精准营销，客户的管理方式从原来的放羊式管理过渡到精细化管理。项目初期员工极度不适应，随着项目的推进，逐渐尝到了行动学习方法的甜头，支行业务稳步增长，员工也越来越有干劲儿。

3.5 宝湖支行

行动学习对宝湖支行的影响表现在，复盘“倒逼”潜能，行长率先垂范，许行长获得个人储蓄日均新增第一名、个人安愉储蓄余额第一名。具体来说，主要表现在以下几个方面：

第一，第一次复盘倒数第一，评委点评直击痛点，全行痛定思痛，第二、三次复盘分别位居第一名、第三名。总体上，储蓄日均新增1502万元，目标完成率12.5%，均位居第五名。

第二，2017年1月末安愉储蓄余额6979万元，位居第二名。

第三，项目期间许行长成功签约石狮区域首单家族信托业务。

第四，项目期间，宝湖支行是7家支行中实现储蓄月日均逐月增加的两家机构之一（另外一家是钟楼支行）。这两家机构中，宝湖支行是储蓄日均累计增长相对较多的机构。

第五，支行成功回收及化解不良贷款498万元。在许行长及陈科长的共同努力下，石狮泰禾广场楼盘按揭与支行实现100%合作。

3.6 钟楼支行

行动学习对钟楼支行的影响表现在，复盘触动大，知耻而后勇，新手行长带领有方，储蓄逐月稳步增长。具体来说，主要包括以下几个方面：

第一，第一次复盘倒数第二，行长上台领取黑旗和“惨叫鸡”，引起了支行员工的心理触动；全行知耻而后勇，第二次、第三次复盘，均位居第二名，集体上台领取红旗和坚果大礼包，成功逆袭。总体上，储蓄日均新增687万元，目标完成率11.5%，均位居第六名。

第二，分小组竞赛、由组长定期主持班组学习及开展团队活动，带领全体员工参与并熟悉行动学习的方法，帮助员工和团队共同成长。

第三，每天以红包的方式兑现业绩奖励，有效地调动了员工的积极性；外拓活动遇挫，员工之间互相鼓励打气，迎难而上，越挫越勇。

第四，支行的激励政策调动了全体员工的积极性，支行全体人员在活动期间均出单安愉储蓄产品，有柜员连续6天出单。

3.7 南安支行

行动学习对南安支行的影响表现在，综合考评变化大，区域内逆势增长，公司联动效果佳。具体来说，主要包括以下几个方面：

第一，南安支行2016年度综合考评位居第21位，比8月时排名提升了7位，在7家支行中提升幅度最大。在整个南安区域储蓄日均负增长6858万元的情况下，成为区域内唯一一家实现正增长的支行。总体上，储蓄日均新增664万元，目标完成率11.1%，均位居第七名。

第二，南安支行12月借助网点教练沙沙的促动，有效实现安愉储蓄当月销量突破，增长了1173万元。次年1月末，安愉储蓄余额达到3814万元。

第三，兴E付累计办理266台，为7家支行之最。

第四，建立了内部导师制，助推理财、个贷、兴业通+信用卡等业务的发展。

第五，深挖公私联动，包括获取支行授信企业清单，由支行牵头签订代发协议；定期进驻代发企业深耕代发客户，提升核心客户数及客户体验度；在企业高管上多下功夫，宣传配置支行高净值理财产品。

4. 行动学习对个人的影响

参与行动学习的7家支行合计有235名员工，期间个人储蓄日均新增前20名的营销人，合计新增1.71亿元、人均新增855万元，在7家行动学习支行新增量的占比高达73%。也就是说，8%的人贡献了73%的储蓄日均新增业务。

值得注意的是，第一，排在前20位的营销人中，人数最多的是柜员，有6名，合计增长了3300万元、占比19%。而当前柜员的管理归属于运营管理部，如何充分调动柜员的营销动能、挖掘柜员的业绩增长潜力，是值得条线探索的问题。第二，余下92%的人贡献的储蓄日均新增不到30%，人均储蓄新增量仅29.8万元。如何加强产能评估和末位淘汰，做好人员产能提升，也是分行要加强考虑的事情。

四、行动学习中大家的触动与感悟

行动学习法中头脑风暴法和团体列名法的应用，使我们在短短两天的时间里，就能掌握和运用这种全新的、富有针对性的、高效的讨论与决策方法。这次培训的时间毕竟是短暂的，随着各项工作的不断深入，我们还会在实践中发现一些新的问题。只要掌握了科学的学习与决策方法，就可以在工作岗位上，运用这些方法与队友们一起查找问题，寻求新的解决方案。在行动中学习，在学习中行动，不断提升自己发现问题和解决问题的能力，不断提高自己的工作效率与决策水平。

——扬帆起航队成员　陈××

我支行自参加总分行"行知动力"项目以来，截至目前，支行整体业绩及行风行貌都发生了颠覆性的变化。

10月份参加"行知动力"活动初期，因不良贷款影响，支行储蓄存款日均上升较慢，支行员工整体业绩拓展积极性不高，我们尚未理解"行知动力"活动的真正含义，未能在意识上引起对活动的重视，在各项工作策略的制定与开展中未起到监督与严格执行的作用。

经过第一次复盘，现场分行领导及老师的犀利点评，一语戳中我们的痛处，有痛才有反省，有反省才会进步。

第一次复盘后，我们立即邀请分行王总亲临支行开展"行知动力"项目启动会。支行全员参与了启动会后，有了更为切实的体验，每周一次的复盘更是让大家感受到了莫名的压力。通过分配协调、四个团队的分工协作，利用"安愉储蓄"这一大法宝，结合代发工资户、兴业通、泰禾楼盘等项目的交叉营销，支行储蓄业绩有了较为明显的提升，实现了石狮区域首单家族信托的成功签约。截至2017年1月底，安愉储蓄营销近6900万元，成绩斐然。

行动学习项目启动以来，带给团队最大的变化是：业绩分解后，明显感觉到团队的重要性，业绩的提升需要支行长，更要团队长的鞭策及督促，才能更好地完成。在这次学习中，变化最大的队员，我认为是四个团队的团队长，分别为营业厅主任徐××、零售一科陈××、零售二科王××、社区支行负责人邱××。自从“行知动力”项目的启动及首次复盘后，从以前单兵作战改变为现在的团队配合，从以前单纯的任务分配后任由其发展到现在的团队分配任务后的详细分解，到过程的跟踪、督促及鞭策一条龙的“行知动力”学习理论应用，到实际的工作实践中，这一改变可以说是质的改变，我作为支行的负责人也从中受益匪浅。

在业绩方面，四个团队业绩都有相对提升，特别是零售一科陈××团队更是增幅不少。在支行管理方面，我们还有很多不足之处，有待进一步提高。在接下来的一段时间内，我们将通过定期复盘、反思，及时调整方案，通过团结协作，一定还会有更大幅度地提升，一定能实现既定的目标！让我们拭目以待！

——宝湖支行行长　许××

行动学习开展以来，我支行迅速成立小组，并以组队PK的形式将行动贯彻执行到位，在全员群策群力的同时激发了员工的内生动力。虽然成绩不够出彩，但员工的积极主动性有了一定的提高，尤其是在安愉储蓄产品销售上，支行人员能做到“全员开口、全员营销、全员出单”。凭着这股劲儿，我支行的储蓄业务有了推动和发展，这也正是本次学习让我印象最深刻的事。

在这次学习中，我顶着各种压力引导着支行人员一起干，在学习过程中心情各种交杂，看着支行人员的努力很是感动，但更多的还是压力，想着如何让支行的储蓄业务更上一层楼，想着如何更好地管理团队，让团队力量发挥到最大限度。

这段时间以来，我在管控方法上有了改进，这对于我管理团队有一定的帮助。我设置了阶段性奖罚机制，并根据员工的反应情况和产品销售情况不断地进行调整，让员工成效最大化。由最先的月奖罚机制调整到微信业绩实时通报、微信红包机制，再到后来的微信红包、厅堂罚值的调整。这些不断调整的机制有效地促进了员工的销售积极性，带动了支行产品销售。

综合而言，本次行动学习，无论是对于支行人员，还是对我而言，都是一次全新的学习。2017年，我们将再接再厉，充分发挥支行及团队的优势，创迎新佳绩！

——惠安支行　郑××

南安支行参加了本次总分行组织的“行知动力”项目学习后，支行整体有了不小的改变，现从以下四个方面谈谈自身的感受。

一是所学。

行动学习是一种有效的学习方法，强调通过行动来学习，从而获得能够指导工作的知识和能力，学以致用，并在运用中通过新一轮的行动来开展新一轮的学习，形成良性循环。行动学习过程中，小组成员没有领导与被领导之别，也没有职务高低之分，将平等、开放、自由的理念贯穿于工作的全过程，有助于促进团队建设。

二是所做。

支行通过群策群力，大家一起动脑筋，解决工作中遇到的实际问题，形成提出问题、引导思考和最后决策的新型工作方式，让每个人都能承担领导的角色，改变以往独断专行的领导方式。

三是所惑。

对一个项目来说，目标大小应该如何设定会更加合理呢？虽然说梦想有多大，舞台就有多大，而如果目标脱离了实际情况过分夸大，是不是会因为目标无法达成而没有营销积极性？更重要的是，我们所有的行动策略及细化方案都是围绕着达成目标制定的，如果目标不合理，必然会影响到每个行动策略及每次的复盘反思。

四是所谏。

建议分行在培训中多引入营销精英经验分享及优秀案例学习，让大家能从实践中更多地学以致用。

——南安支行　刘××

行动学习的方法要举一反三，运用到业务的经营管理中。复盘是优秀企业的文化基因，要把复盘的工具实实在在地用到个人成长、团队共创及支行的日常运营当中去。

在当前市场流动性趋紧的形势下，2017年是总、分行储蓄存款攻坚年，储蓄定、分行定。2017年，分行将继续运用行动学习的方法，靠前指挥，强队伍、抓落地、促转型，不遗余力地打好储蓄攻坚战，坚持不懈地做好客户经营，通过产品绑定和资产配置，全面做好存量客户挖掘和提升。

——骆××

○ 案例5　N银行广州淘金支行"模式突破·绩效倍增"行动学习项目

一、项目背景

N银行广州淘金支行（以下简称"淘金支行"）曾经是全国N银行系统中名列前茅的标杆支行，只是随着金融大环境的变化，淘金支行渐入低谷，具体表现在：

2012年，在省行营业部16家中心支行排名中位于倒数第一，整体士气受到打击；

队伍中存在抱团"比落后"的思想，员工在公众会议场合负面议论较多，广泛存在抱怨、推诿现象，从而影响支行营销团队的士气；

纪律涣散，存在团队建设和团队管理不到位、主动学习意识薄弱、缺乏狼性营销意识、领导能力亟待提升等问题。

基于此，促动师团队与淘金支行联合开展行动学习项目，通过将实际经营管理中的问题变成学习项目、组成团队边干边学的方式，激发管理人员完成各项工作目标，进而带动个人思想意识的改变，提升经营管理水平。

二、为什么用行动学习项目来解决

1. 行动学习是什么（略）

2. 通过行动学习，我们要实现什么

一是心智改善提升，具体表现在提高团队成员的工作热情；激发团队人员积极主动的学习心态。

二是管理技能提升，具体表现在提高管理人员的管理水平、业务推动技巧，以及带团队的能力；拓宽管理人员思路，提升创新意识；提高零售团队的执行力。

三是业绩提升，具体表现在全面完成全年任务指标。

三、行动学习项目导入

1. 制定行动学习方案

针对本次行动学习的主体目标和衡量标准，同时也为了了解淘金支行的整体情况，2013 年 7 月，促动师团队对淘金支行行领导及部分支行行长进行了访谈，明确了行动学习项目的初衷、项目要实现的目标、目前面临的困难、市场的主要竞争对手、淘金支行的优劣势、行动学习参与者最需要提升的能力等，明确了行动学习所需提升的内容。

2. 创新活动形式

2.1 学习 + 行动，提升积极性

从 2013 年 7 月至 2014 年 3 月，组织各网点将实际经营管理中的问题变成学习项目，通过促动学习、跟进辅导、小组 PK、排名考核等形式，边干边学、边学边干，不断提升；每期进行奖惩，以鼓励鞭策并举的方式，极大

地调动了各支行的积极性。

2.2　全流程管理，成效显著

通过每月固定召开城镇会议，对上月经营情况进行系统性回顾，制定下月经营措施，并进行集中展示和评委点评，网点推动水平有了较大的提升。

通过综合对支行的每月跟进辅导，指导修改支行行动学习方案，强化督导，密切跟踪支行进展，定期调研，及时解决支行问题等方式方法，打通了总、支行的管理通道，加强了对支行的督导和把控能力。

四、行动学习具体实践

1. 项目回顾

本次项目从 2013 年 7 月开始至 2014 年 3 月结束，历时 9 个月，历经深度会谈、行动学习启动会、每阶段复盘会议及工作坊、行动学习实践及成果汇报四大阶段。

2. 工具学习（略）

五、项目评价

行动学习法的核心要点是，行动学习法需要人们在思想上实现根本性改变。同时，因为身处其中的学习者可以借此超越思想、行为、信仰的极限，把行为、信仰和价值观统一起来，使个人的行为更具效力。所以，它是塑造企业文化、推动企业变革、打造学习型组织和建立知识管理系统的关键。

行动学习在促动师的引导下，将结构化的深度对话渗透在“问题—反思—总结—计划—行动—发现新问题—再反思”的循环过程中。它能够使学习者及时将行动体验上升到认识水平，并将新认识及时转化为行动，继而在行动中检验认识，并产生新的学习体验。

在本次行动学习项目中，以下价值是值得我们共同参考的。

1. 共同愿景激发与价值观融合

共同愿景是大家共同希望的景象，是发自内心的意愿，是一个可以实现的目标。愿景可以分为三个层次：组织愿景、团队愿景和个人愿景。组织愿景由团队愿景支撑，团队愿景由个人愿景支撑。所以，要特别强调的是，作为学习型组织，必须鼓励组织成员发展自己的个人愿景，因为共同愿景是由个人愿景汇聚而成的。只有将个人愿景汇聚起来，才能使共同愿景获得能量，才能朝向个人及团体真正想要追求的目标前进。如果个人没有愿景，不仅个人没有创造力，团队也不可能有创造力。

在鼓励个人愿景时，组织必须注意不要侵犯个人自由，团队成员应该彼此尊重，特别是对别人的个人愿景，应当给予充分的尊重，不能将自己的个人愿景强加给别人，强迫他人发展。只有当组织成员的个人愿景能自由发展时，他们才能将共同愿景视为个人愿景的体现，才能为建立共同愿景贡献自己的智慧和才能。

要将领导层的愿景变成鼓舞组织成员的愿景。要使领导者创造的愿景被组织各个阶层的人真诚地分享，并凝聚这些人的力量，在不同的人之中建立起一体感。

在行动学习启动会中，要通过“愿景描绘”这一环节来体现愿景与价值观的融合。现场引导学员畅想实现组织目标后庆功会的场景，然后每个人动手亲自描绘这一场景，使其形象化地表达出来；每月复盘会议不断巩固愿景，激发团队共同愿景与组织价值观的融合。

2. 从局部思维模式到系统思维模式

系统思考是一种思维技巧，也是一种思维创新。系统思考就是以整体的观点对复杂系统构成组件之间的连接进行研究。系统思考解决问题的方式就是认识到复杂系统之所以复杂，正是因为系统各个组件间的联系。系统思考是解决复杂问题的工具、技术和方法的集合，是一套适当的、用来理解复杂系统及其相关性的工具包，同时也是促使促动师团队协同工作的行动框架。

行动学习从启动会开始至每个月的复盘会议，所采用的PPT模板均经过严密的设计，其内容包括已实施的步骤、延后实施的步骤、过程学习到悟到的专业领域信息；过程学习到悟到的管理信息、过程中遇到的疑惑、问题及改善点等内容，目的是通过不断地强化，使学员形成系统化的思维能力。

3. 从遵从命令到自动自发地奉献

传统的管理模式经常是上级指挥下级工作，下级的很多想法无法充分表达。因为是上级的要求，并非自我参与的选择，所以下级的执行力会打折扣。心理学研究也证明了这一点：人只会为自己的选择负责。

行动学习强调运用促动技术，使参与项目的学员参与工作计划的制订及决策，群策群力。由于每个人都有充分表达意愿的权利，所以学员能更好地参与到项目的执行中去，实现由“要我做”到“我要做”的转变。

4. 创造性激发团队能量和高绩效

行动学习中，每月一次为时一天的城镇会议方案PK，检核行动小组的工作执行情况；同行领导和外部教练通过质疑行动小组的工作思路和行为、促进学员反思行动，聚焦目标达成的关键核心，制订后续行动计划，这能很好地起到创造性激发团队能量和高绩效的作用。

5. 推进组织变革，降低组织变革过程中遭遇的抵御

行动学习是塑造企业文化、推动企业变革、打造学习型组织和建立知识管理系统的关键。在推进变革中，“当代实验社会心理学之父”卡特·勒温提出的“解冻、变革、再冻结”三个步骤有计划组织变革模型，贯穿于行动学习项目中。

第一步，解冻。这一步骤的焦点在于创设变革的动机。鼓励员工改变原有的行为模式和工作态度，采取新的适应组织战略发展的行为与态度，同时注意创造一种开放的氛围和心理上的安全感，减少变革的心理障碍，提高变革成功的信心。

第二步，变革。变革是一个学习过程，需要给员工提供新信息、新行为

模式和新的视角，指明变革方向，实施变革，进而形成新的行为和态度。

第三步，再冻结。在再冻结阶段，利用必要的强化手段使新的态度与行为固定下来，使组织变革处于稳定状态。

6. 发掘高潜质的管理者，重塑领导者行为和心智模式

行动学习中，复盘的目的是持续的心理和行为干预，令学员改变心智模式和行为模式。同时，行动学习是以真实的工作目标或组织难题为主题，在实现目标或解决难题的过程中，提升学员的能力，为企业发掘一批高潜质的管理者。

六、取得的成效

1. 员工积极性大幅提升

项目初期，淘金支行整体的士气比较低落，员工的责任意识和竞争勇气都处于低谷。通过开展行动学习，在多次的汇报会、辅导会，以及培训团队的启发和引导下，员工在分析问题、思考问题的时候，关注点从原来一味地强调客观原因转向从自身、从主观方面进行反思，并及时调整了工作思路。

在支行班子的带领和鼓舞下，“支行是我家，建设靠大家”的责任意识逐渐在员工当中树立起来了，“后台服务前台，前台服务客户”的意识也逐渐深入人心了，敢于面对目标客户、敢于冲击目标市场的竞争勇气，也逐渐在淘金支行各个营销团队的身上显露出来。

支行班子身先士卒，员工的执行力也得到了加强。中层干部执行支行的工作决定、员工执行部门网点具体分工，雷厉风行、说干就干的工作作风逐步树立起来，营销队伍敢闯敢拼，取得了进一步的进步。项目启动之时，淘金支行省营综合排名倒数第一位。在项目结束之时，跃升省营综合排名前五名，并获得“2013 年度城区支行综合考评进步支行”的殊荣。

2. 业绩增长显著

通过淘金支行全体的合理营销，2013 年年末新拓展的部分大客户，在 2014 年大幅提升了对淘金支行的综合贡献度。截至 2014 年 3 月 18 日，对公存款日均余额比去年净增 10.3 亿元，对公日均贷款实现比去年净增 7 亿元，两项核心指标将超额完成“开门红”计划。2014 年第一季度的中间业务收入完成率超过时间进度，第一季度实现 5400 多万元，超额完成“开门红”任务。个人业务也传来喜讯，2014 年第一季度实现了 10.6 亿元个人存款增量的傲人成绩，完成率达到 139%，排名省营第五。

3. 完善各项机制

一套完善健全的内部机制，是商业银行实现健康经营的根基，更是可持续发展的重要保障。各部门通过行动学习，在支行的统一领导下，在各项内部机制的建立健全和优化完善等方面积极行动起来。

人才选拔机制健全了，8 个中层副职通过公开竞聘脱颖而出，22 名营销后备人员逐步充实到基层的营销队伍当中，为支行营销管理工作发挥了积极的作用。

绩效考核机制完善了，以目标责任制与业绩计价相结合的方式实施绩效分配，有效提升了基层贯彻落实支行各项经营策略的执行力。客户经理、理财顾问、大堂经理三支队伍的考核方案，实行清晰的“分户到人、任务到人、业绩到人”的考核分配机制，促动了三支队伍执行力的提高。

协同作战工作机制建立起来了，业务联系单、网点经营分析会、网点服务机制、内控例会等一系列的机制建设，使得“部门服务网点，网点服务客户”“后台服务前台，前台服务客户”的理念逐步深入人心，务实到位、高效运作的机关作风和积极务实的企业文化逐步形成了。

4. 营销队伍得到提升

在行动学习会上，淘金支行强调了团队建设的重要性。2013 年，淘金支行在营销团队的建设上下了大功夫。通过选拔、优化劳动组合等方式，基层三支营销队伍已扩充至59人，营销队伍得到了进一步充实。通过行动学习项目，各业务条线团队的建设取得了初步的成效，尤其是营销团队的士气和凝聚力得到了提升。

七、学员心声

一开始，大家认为行动学习项目是省行从哪里找来的“整人项目”，经过一段时间的体验，发现原来不是，这个项目是真的希望帮助淘金团队成长和进步的项目。

——广州大道中网点主任　×××

经过行动学习，团队的士气有了明显的提升。

——淘金支行　周行长（分管对公业务）

作为支营，淘金的门面，通过行动学习，终于可以拿得出手了，支营负责人林×的变化很大，非常积极进取！

——淘金支行行长助理　唐×

通过行动学习，我感觉到我们支行，无论是在业绩上，还是在精神面貌上，都有了改观。行动学习是一个充满酸甜苦辣的过程，它逼迫着我们去学习、去突破、去提升。我相信即使行动学习结束了，这种改变对我们的影响仍然是深远的。

——庙前直街支行　张×

行动学习让我的眼界更开阔，也让我更深刻地理解公私联动的意识，从个人贵宾客户拓展了一个国际贸易的客户。我们整个团队在行长的带领下，团队意识更强了，营销氛围也更好了，大家有了更多的沟通和反思。我相信在行长的带领下，2014年我们团队的氛围会更好，业绩会比以前更上一层楼。

——登峰支行 吴××

发掘了人的心智。人是不甘落后的，现在抱团比先进，人人往前冲；认识自己、认识别人，寻找城区行的业绩增长模式；执行力大幅度提升。

——淘金支行 阮行长（分管零售业务）

○ 案例6 G银行青岛香港路支行“决战首季·决胜开门红”行动学习项目

一、行动学习项目背景

在2016年业绩大幅下滑的前提下，G银行青岛香港路支行（以下简称“香港路支行”）面临着经营转型的压力。2016年12月，香港路支行启动了“决战首季·决胜开门红”行动学习项目，开启了为期4个月的“开门红战役”，旨在围绕2017年的“开门红”工作，提升全员参与力，强化基层管理者抓业务、促发展的能力。

二、行动学习项目具体实践过程

1.项目流程

深度会谈：定主题—分团队—设定挑战性目标—成立行动学习委员会；

启动会：愿景—现状分析—承诺—团队共创—行动计划—城镇会议；

复盘：回顾目标—评估结果—分析原因—总结规律；

总结会：总结项目成功的经验，以及反思做得不够好的地方。

2. 项目目标

心智改善提升：激发中层和业务管理人员的热情，改善管理人员的学习心态。

管理技能提升：提高管理人员的管理水平、业务推动的技巧和能力，以及带团队的能力，提高零售团队的执行力。

业绩提升：全面超额完成“开门红”的任务指标。

三、行动学习项目取得的成果

香港路支行晋级为青岛分行唯一的最高等级支行，荣获2017年“万马奔腾—开门红”网点业绩竞赛优秀组织奖。辖内五家网点有四家荣获2017年“万马奔腾—开门红”网点业绩竞赛十强网点奖，分别是香港西路支行、东海路支行、五四广场支行、东海西路支行。东海西路支行同时荣获十佳进位网点奖，香港西路支行荣获2017年“万马奔腾—开门红”网点业绩竞赛战略贡献奖（存款及个人其他金融资产），东海路支行荣获2017年“万马奔腾—开门红”网点业绩竞赛战略贡献奖（消费金融奖）。

香港路公司条线荣获2017年公司金融“开门红”竞赛活动第二名。

香港路个金条线荣获“开门红”竞赛优胜单位三等奖。

四、行动学习项目的收获

1. 零售条线

1.1　行动学习开始前——困惑

怎样激发全行营销热情，全面推进个金指标发展？

怎样打破固有思维，进行产品和业务转型？

怎样改变部门人员从“要我做”变成“我要做”？

1.2　行动学习后——反思

团队方面：团队凝聚力迅速加强。

思想方面：要从不同渠道找方法。

执行方面：要从“要我做”变为“我要做”。

1.3 行动学习后——业绩

1.3.1 KPI 指标达成

人民币个人存款时点计划完成率排名第三，市场份额提升 × 个百分点，成功入围市行费用奖励；获得市行“开门红”竞赛优胜单位奖，共挣得竞赛费用 48.68 万元，考核排名上升了五位。

消费金融投放取得封顶分，竞赛期间投放总量排名第二，2017 年投放总量排名第一。

资产质量得到有效控制，个贷、银行卡不良率、不良额、关注率、关注额均实现降低的目标（即“四降”）。

1.3.2 重点指标走势

2017 年“开门红”人民币日均较年初新增额是 2016 年同期的 3.25 倍，“开门红”人民币日均余额较 2016 年同期新增 × 亿元。

2017 年消费金融投放额是 2016 年同期的 2.65 倍。

银行卡应收账款经过 2015 年、2016 年的连续下滑，在 2017 年逐步企稳回升。

个贷不良额较去年一季度下降 1504 万元，较年初下降 928 万元，不良额控制在近一年最低。

银行卡不良额较去年一季度下降 495 万元，较年初下降 320 万元，不良额持续下降。

1.4 扭转乾坤的关键策略

1.4.1 人员建设方面

全面打造优化客户经理、理财经理、大堂经理三支队伍；

培养全体个人客户经理的自主营销意识和能力。

1.4.2 条线职能方面

分析研究市行政策和导向，正确引导网点快速发展；

坚持每日通报业绩，形成“赶、学、比、超”的氛围和热情。

1.4.3 过程管理方面

将计划任务分解至每月、每周、每日，对于持续落后的网点和个人加强调度和帮扶；

通报表扬突出业绩和重点贡献，供全行学习借鉴。

1.4.4 营销模式方面

坚持“走出去”的营销思路，条线配合网点全面实现保障服务；

深耕挖掘重点合作单位，一揽子营销，“一网打尽”，一举收获。

2. 公司条线

2.1 行动学习开始前——困惑

公司存款日均-1.7亿元，怎么办?

公司条线人员变化大，怎么带?

对公指标这么多，怎么调度?

2.2 行动学习后——业绩

香港路支行公司条线从项目初的青岛分行排名最后一名进入前二，荣获2017年公司金融“开门红”竞赛活动第二名。存款日均新增第一，公司授信同序列第二；消费金融市行竞赛活动中排名第二；获得市行“开门红”竞赛优胜单位奖，共挣得竞赛费用67万元。考核排名提升了13位。

2.2.1 存款突破

自上而下，通力协作：

总工会7000万定期存款；

国信5.05亿元全额质押保函。

月末冲刺，不负众望：

一季度每个月末时点都保持高额正增长；

公司部把握总盘，统筹全行存款。

抓大不放小，多点开花：

天泰、建安、昌盛、澳柯玛、盛泰丰等都很给力。

2.2.2 培训沟通

加强对新人的培训；

定期召开条线会，统一认识；

老客户经理对新人进行“传、帮、带”。

2.2.3 过程控制

日汇报，周通报，月督促；

列措施，定时间，按时完；

自上而下，与市行保持紧密沟通。

2.3 扭转乾坤的关键策略

2.3.1 加强管理方面

打造专家型团队；

劳逸结合，增强团队凝聚力；

强化条线掌控力；

细化指标调度管理。

2.3.2 稳定存款方面

挖掘产品，寻求存款稳定性；

向贷款规模要存款；

继续内挖外拓，扩大客户基础；

贷款转贸易融资，增加保证金存款。

2.3.3 突击中收方面

扎实营销福费廷、结售汇等传统中收的来源；

推进 LPR 掉期、非标理财、发债业务、资产证券化业务及租赁保理等创新业务，探寻中收新的增长点。

2.3.4 提升代发方面

对未实现代发的授信户尽快寻找突破口；

加大对拆迁、商业返租等项目的营销。

五、行动学习中大家的触动与感悟

1. 行动学习开始前的困惑

怎样使网点人员从“要我做”变成“我要做”？

怎样改变只靠传统业务带动中收的局面？

怎样实现从尽力而为到全力以赴的转变？

怎样优化客户结构，提升 VIP 客户贡献度？

2. 行动学习后有哪些改变

老师的话，改变了我们的思维；

学习方法，改变了我们的模式；

不断反思，改变了我们的深度。

在这个舞台上，我们学会了主动承担，直面不足……

在这段时间，我们学会了分享，学会了什么叫“齐心协力，共同成长”……

在努力的过程中，我们发现了不一样的自己，收获了不一样的感动……

3. 学员心声

通过行动学习，我行更能坦然地面对挑战，集合团队智慧战胜困难，超越自我，步步高。

——五四广场支行　孙行长

G 行的发展，从夯实客户群、拓展思路、丰富渠道做起。

——东海路支行　肖行长

凝聚产生力量，团队诞生希望，行动成就梦想。

——营业部　金主任

在任务完成方面，首先要带头，全员想办法，调动团队的力量，最终完成。另外，寻找亮点，点燃大家斗志，即使完成有困难，也要全力以赴，绝不能输掉士气。

——东海西路支行　陈行长

生命不是用来比较，而是用来完成的。2017，让我在澳门路的团结中感受到幸福，不忘初心，笃定前行。

——澳门路支行　李行长

攻城易，守城难！成败关键在于团队，逆境中更能展现团队的凝聚力和战斗力！

——香港西路支行　高行长

办法总比困难多，不要为落后找借口。

——个金部　刘主任

本次行动学习收获了知识，收获了动力，也收获了满满的感动和信心。相信我们在接下来的征途上一定会走得更好。

——公司部　张主任

○ 案例 7　N 银行湖北应城支行行动学习项目

一、项目过程总体回顾

行动学习的标准流程是“深度会谈—项目启动会—每月复盘—年度总结复盘”。

1. 启动阶段

2016年3月下旬，N银行湖北应城支行（以下简称“应城支行”）召开了深度会谈会议，对中层干部情况进行了摸底，初步统一了对本次项目的认识。

紧接着，2016年4月6日至7日召开了支行启动会，4月11日召开了基层启动会。项目启动会的人员包括应城支行领导班子成员、机关管理人员，7家网点的主任及员工等。

在启动会上，省行领导刘行长做了重要讲话，市分行领导和省农银大学项目组到会为大家打气，鼓励大家在干中学，学中干，积极献计献策。会上明确了“保三争一”的目标，也明确了本次行动学习项目的领导小组成员。

领导小组由孝感分行和省农银大学项目组的有关领导组成，其中张行长为执行委员会主席，熊行长为督导组负责人，王行长为宣传组负责人，李行长为秘书长兼后勤保障组负责人。

2. 实施阶段

从5月开始，参与者历经7次复盘和1次预复盘，频率基本保持在每月1次。

每次复盘中，由极富行业经验的刘世龙老师担纲主教练和促动师，王老师及其团队配合，坚持做好会议的各个环节工作。每次复盘现场都对上个月的优秀团队和个人进行了嘉奖，对落后团队也有发黑旗等象征性惩罚。

中间，教练组还召开了两次网点的主题工作坊来解决存在的问题，召集了3次由不同层面员工参加的座谈会。教练组走访了所有7家网点，约谈了各网点主任、部分大堂经理等岗位人员，并对班子成员进行了多次辅导性谈话和召开小型会议研究对策。

其间，省农银大学安排蒋科长常驻应城督导项目实施。

3. 总结阶段

总复盘是在全年业绩数据出来以后，安排在2017年2月19日举行的。

会上，各团队做了成果汇报，班子全体成员做了工作总结和汇报，给予先进团队和个人颁奖和颁发奖金的激励，最后教练组做了“发动一闪念，保有两思维，发挥三优势”的总结行动学习发言，提醒大家多使用提问技术来促进思考，保有正反两面的思维来观察处理事物，发挥人的学习、沟通、记忆三大基本优势来凝聚人心，不断推进学习，提升能力来战胜困难，让应城支行的明天更美好。

二、项目成果

1. 本次项目对团队能力提升的主要表现（主要业绩亮点）

在应城市9家当地银行政府综合考核中从第六名提升至第二名，进入先进银行的行列。

其所属孝感分行KPI考核排名实现了从下游到中游的晋级。

全省穿透式考核提升18个位次（从原来的第69位上升至第51位，从摆尾的下游进位到中游）。

对公业务方面，贷款增速等重要指标分行排名第一。

个人业务方面，汽车分期、掌银等5项产品销售指标在孝感分行的8家支行中排名第一，有5项指标排名第二。

2. 本次项目对团队学习方面的拉动

班子成员开始主动反思，班子的凝聚力有所提升。

中层干部的各项管理能力有提升，如抗洪救灾荣获省行先进集体的荣誉。

员工信心有所提升，涌现了大量先进个人和先进事迹。

3. 行动学习的过程亮点

启动会顺利召开，确立了本次行动学习的目标，凝聚了人气，用微信易企秀的方式宣传了启动会的宗旨。

第一次出了行动学习宣传专刊，对行动学习中涌现的先进事迹做了宣传，对行动学习中出现的问题提出了讨论意见，并提倡了批评和自我批评的作风。

无论是教练组，还是支行班子及各团队，在困难面前没有退缩，不回避矛盾，不断解决问题，坚持使用了复盘技术来紧盯管理过程，来反映过程中的问题，来固化学习成果。目前，各团队已基本掌握了这个技术。此外，对管理中的团队共创技术、教练提问技术、行动计划技术、五步辅导法技术也多有应用。

三、教练组及班子成员的反思总结

1. 以“支行再造”行动学习为契机，拉动业务发展进位

针对应城支行强县弱行现状，省分行在该行实施了历时近 9 个月的“支行再造”行动学习，以绩效发展、业务进位为目标，提升了全行的营销能力与氛围。

1.1　主体业务指标稳中有进

一是各项存款。年末时点余额 31.68 亿元，同比增长 1.32 亿元。日均余额 31.03 亿元，增长 1.12 亿元。

二是各项贷款余额 13.63 亿元，较年初增长 2.87 亿元，四行增量市场份额 55.71%，存量份额上升 2.91 个百分点，业绩超过了建行。其中，法人贷款净增 2.62 亿元，增量市场份额 91.79%，存量份额上升 4.18 个百分点。

三是中间业务收入 985 万元，同比多增 211 万元。

四是不良资产压降 530 万元，不良率压降 0.83 个百分点。

五是实现拨备后利润 5000 万元，同口径同比增加 650 万元。

六是县域支行考核进位至 51 位，较上年提升 18 位。

1.2　市场竞争能力逐步提升

1.2.1　做实客户建设

一是搭建客户分层维护体系。

落实个人贵宾客户四分维护工作，出台操作规程、管理办法和考核机制，并严格兑现奖惩，调动员工的营销积极性。明确对公客户管理层级，以“四个一”要求抓好日常维护。全行完成新增法人有效账户 147 户，5 万元

以上优质客户31户。

二是重点客户和重点项目亲自抓。

在锁定绕城高速建设资金、促成华能热电热网项目提款、跟踪城投发债及棚改项目进展、稳住工商局质监局账户、抢挖安监局国土局电视台等优质客户这些方面，均取得了一定的成效。

1.2.2 做实产品建设

一是巩固优势产品的地位。

在代理保险和汽车分期业务营销上，应城支行通过重点倾斜、防范风险等手段，保持了孝感分行的领先位次。

二是提升短板业务的贡献。

缩小与先进行的差距。国际业务实现突破，城镇社保卡实现快速增长，代发工资业务通过全员营销奋起直追。

三是加快新产品的应用进程。

全年营销“E农管家”交易量2.1亿元，薪通卡发卡500余张，锁定存款800余万元，实现分期交易额555万元。

1.2.3 做实服务建设

一是督促制定了《营业网点各岗位人员绩效考核办法》，完善了《员工日常行为管理规范》，落实了网点考勤制度。

二是强调了“神秘人检查”和服务满意度考核的严肃性，加强对正反典型员工的奖惩。

三是提高产品培训宣传力度，先后开展行外吸金、营销标杆导入、四分维护技能培训、掌银功能体验等10余次大中型活动，实现每名员工都能开口营销，柜员营销成功率显著提升，卡电产品完成率后来居上。

2. 教练组对应城行动学习项目的经验总结

2.1 事前“三保”

一方面，由于行动学习项目是“一把手工程”，是全局一盘棋，需要兵马未动，粮草先行，因此对项目运作资金包括奖励基金的使用政策要有保证；另一方面，对班子团队的领导力要有基本保证，对团队执行力要有基本保证。

比如，班子成员和中层及基层员工的参会人数要有要求，因为行动学习项目能更好地致力于技术性问题的解决，例如如何搞好不良清收工作等，而不是人的思想态度问题的解决。加之因为该项目进展很快，如果没有参加启动会，后面执行起来就会一头雾水，毕竟和传统授课有很大区别。

2.2 事中“三全”

行动学习领导委员会必须从一开始就全力推进，全员参加，全线（培训辅导）压上。因为气可鼓不可泄，一旦泄掉，气场很难再聚。

2.3 事后“三思”

事后“三思”即思亮点，思不足，思下步杠杆点。要做好每次复盘的三思，尤其是分管领导、分管条线领导。对于网点的工作和存在问题，网点主任要三思；对于支行层面的问题，班子要三思；对于上级行存在的问题，上级领导要三思。各级领导的三思比员工的三思重要得多。本次行动学习主体是支行班子，其次是中层干部，再次是基层员工。

2.4 永远保持“三心”

责任心、虚心和恒心是做好行动学习项目，也是做好一般工作必须秉持的心态。

责任心是指各级领导要负起该负的责任。珍珠再好，也要细线把它们串起来，才能成为美丽的珍珠项链。管理就是服务，如何把管理落到实处，如何真正做到为员工服务、为客户服务是每个管理者必须思考和解决的问题。一味地层层分解业绩指标的做法势必缺少人情味，缺少对人的关心。人心不齐，泰山就不能移。

虚心是要好学，秉持空杯心态，才能向一切可能的机会学习，向每一个人学习其长处。没有谦虚的心态，我们就看不到别人所长，不知道自己所短，进步就不会快。对行动学习项目而言，此点更是重要。

恒心就是做事学习，要坚持不懈，没有一件事情是容易完成的。尤其是在当前经济下行的情况下，银行的日子并不好过，困难很多，这更需要各级领导有恒心和耐心。“事上练心”就是指要通过一件件事情的处理，来磨炼自己的心性，所以也说“工作就是修行”。行动学习尤其讲究“知行合一”，知道做不到，就是不知道。在“不知道”的情况下，每个人都必须加紧学习，才能跟得上时代前进的步伐。

○ 案例8　广百集团“能力提升·业绩倍增”行动学习项目

一、项目背景

1. 企业面临的困难

广州广百股份有限公司（以下简称“广百股份”）是广百集团（以下简称“集团”）旗下的核心企业。它一直非常重视门店人员的培训，过去几年也采购了很多培训课程，但还是遇到了不少困难，具体如下。

第一，每家门店所在区域不同，面临的问题不一样，培训难以有针对性。

第二，培训开展很多，但是员工回到岗位后的行为改变，离组织的期望差距很大，不能用于解决工作中的实际难题，更难以衡量对组织绩效的促进作用。

第三，门店分散，难以开展集中性培训。

第四，员工数量多，流动性较高，培训成本高。

是否有一种人才培养模式，能让门店员工能群策群力，自动自发地解决工作中的问题，并由此提升员工的能力及门店的绩效？基于此种考虑，广百股份决定引入行动学习。

2. 企业未来的战略目标及规划

2.1　未来的战略目标

一业为本，连锁经营，区域做强。

2.2 未来的战略规划

立足广州，拓展华南，面向全国。

3. 项目对象

3.1 学员组成

一是门店（指百货商场）。

考虑到使主题顺利落实到具体执行层面，同时培养储备人才，本次采取一家门店两个层级的人员“1+1”参与方式，即1名门店负责人+1名运营经理，形成1个独立小组，参与项目。

注：促动师团队将会对其中4家门店进行重点跟进。

二是事业部。

4个事业部安排相关人员根据对应门店所属属性，分散参与各个独立小组中，共同策划、执行、跟进本项目。

3.2 人数（34人）

门店8家（主要是考虑数量和质量）：8个独立小组，店长、经理两个层级人员共同参与（计24人）。

事业部4个：百货4人、超市2人、电器2人、购物中心2人（计10人）。

辐射范围：各门店店长以下管理层级。

4. 行动学习项目主题

针对高管团队提出的五方面的提升，考虑到资源、时间及聚焦，促动师团队建议，在项目当中着重关注执行力的提升，沟通协调能力、分析研究（思考）能力次之，其他能力再次之。

二、项目历程

基于时间及资源考虑，本次行动学习项目分为项目调研（深度会谈，约两周）、启动会工作坊（3天）、过程辅导（复盘，3个月）、能力提升

（N）、成果汇报（总复盘，1天）五个阶段。

1. 调研（约两周）

1.1 调研内容

调研内容主要包括了以下三个方面：

一是与集团高管深度会谈；

二是对行业的调研及对参与学员的调研；

三是进行了能力测评的前测，涉及面包括高管、学员、学员下属等。

1.2 阶段成果

一是获得了参与者的能力提升方向；

二是了解了参与者的能力现状；

三是掌握了业态（竞争对手）现状；

四是取得了项目信息导入。

1.3 工作重点

项目组首先为集团高管导入行动学习理念、方法论及工具介绍，获得了集团高管对行动学习的理解与支持。

通过与集团高管的深度会谈，项目组确定了本次行动学习所要达到的业绩指标和能力提升要求，即确定了检验行动学习是否取得预期目的的标准，并分析了绩效提升的可行性，制定了能确保项目顺利操作的项目配套奖惩机制。

建立学员IDP，有利于记录学员在行动学习过程中的表现，以及上司、高层和项目顾问对其的阶段性评估，见证学员能力的提升，同时可作为HR部门后续提拔人员参考。

建立IDP需要投入的资源较多，需HR部门、学员上司等配合完成相应部分。可根据自身实际情况参考是否建立学员IDP，也可选择单纯采取项目期间记录积分的形式，最后完成对学员的学习评估。

2. 启动会工作坊（3 天）

2.1 群策群力

启动会是集团高层对项目重要性及如何顺利推进项目进行宣导的关键手段。在工作坊中，促动师就深度会谈结果对项目成员进行促动，包括聚焦主题、确立愿景、SWOT 分析、关键行动确立、行动方案细化、城镇会议六大环节。

通过工作坊制定出的行动方案，是否符合公司战略、是否满足项目主题需求、是否具有执行的意义，这些都需要通过高管们的评审。高管评审会一方面提供了完善的意见和建议，另一方面也确保了最终的行动方案与公司发展、项目主旨相一致。

根据促动师的要求，高管们更多的是运用促动方式与教练方式做提问，而非直接给予答案，即“告知引起争辩，提问引起反思”。

该阶段的重点包括四项，即输出行动计划，让参与者掌握一定的促动技术（也是领导力的技术），解决各店现存的普遍问题，完成行动学习理念及工具方法论导入。

2.2 工作坊启动流程

工作坊启动流程具体如图 5-12 所示。

第一步，启动。

工作坊的启动需要做好三件事，即了解企业的愿景，引发领导的关注，确立本次工作坊的主题。

第二步，问题选择。

在问题选择方面，教练组需要带领大家先对问题进行定义，再对问题进行症状描述，最后才能确认急需解决的问题是什么。

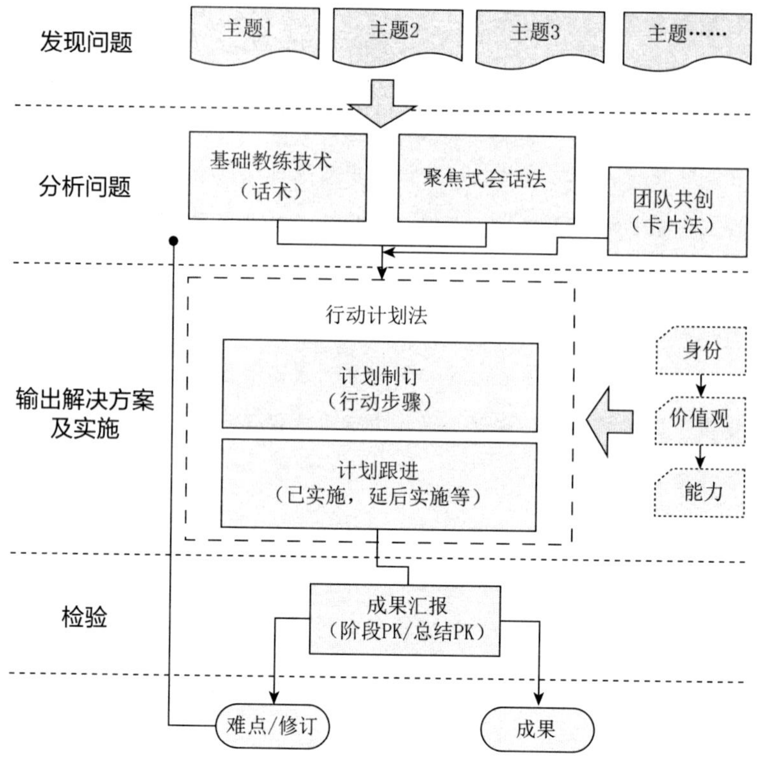

图 5-12　工作坊启动流程（示例）

第三步，澄清原因。

要找到问题出现的原因，需要分四步走：

一是自由讨论问题——找到导致问题的成因 / 改善的方向；

二是聚焦重要问题——找到核心问题；

三是区分能力范畴——控制圈与影响圈；

四是应用工具分析。

第四步，策略分析。

在策略分析这一步，教练组需要带领大家做好两方面的工作：一是针对问题拟定应对策略；二是分解策略下的子目标。

第五步，行动计划。

在行动计划这一步，教练组需要带领大家共同定义子目标轻重缓急的标准，并把目标转为行为。

2.3　启动会工作坊的重点事项

形式：工作坊。

应用的促动技术：

一是聚焦式会话法，即从数据、体验、理解、决定层面重新架构前期行动框架；

二是卡片法，即通过确定主题、头脑风暴、组织分析、群组命令、赋予意义，重新理解群体讨论，达成共识的真意。

2.4　关键结果

一是学员理解并初步掌握运用促动技术，为后续的行动计划落实提供技术支持；

二是行动计划细化。

3. 过程辅导（3 个月）

俗话说，知易行难。前面只是“播种”环节，“种子”如何才能发芽并成长为“参天大树”呢？需要促动师进行心理和行动的干预。在方案的实践过程中，促动师通过集中式辅导和分散式辅导两种方式（如图 5-13），从策略分析到细节执行进行全面的促动，使所指定的行动方案最终落实到实践中。同时，在历时 4~6 个月的月度辅导中，项目成员进一步通过团队学习的方式获得了成长。

在行动方案的推进过程中，为了弥补项目成员的能力短板，项目组也安排了相应的培训课程进行能力短板补缺。如教练式促动课程培训，它依据项目成员的能力现状，以及行动方案实施中的具体需求，进行有针对性的补缺。根据经验，培训课程可在深度会谈阶段确定，也可依据具体项目推进实际安排。

该阶段的重点包括四个方面，即对参与者进行促动辅导、情景规划、方案再优化、阶段 PK，发现问题总结经验，不断解决业绩提升过程中的难点，同时不断聚焦，找到自己的特色发展途径，最后让参与者掌握系统思维能力。

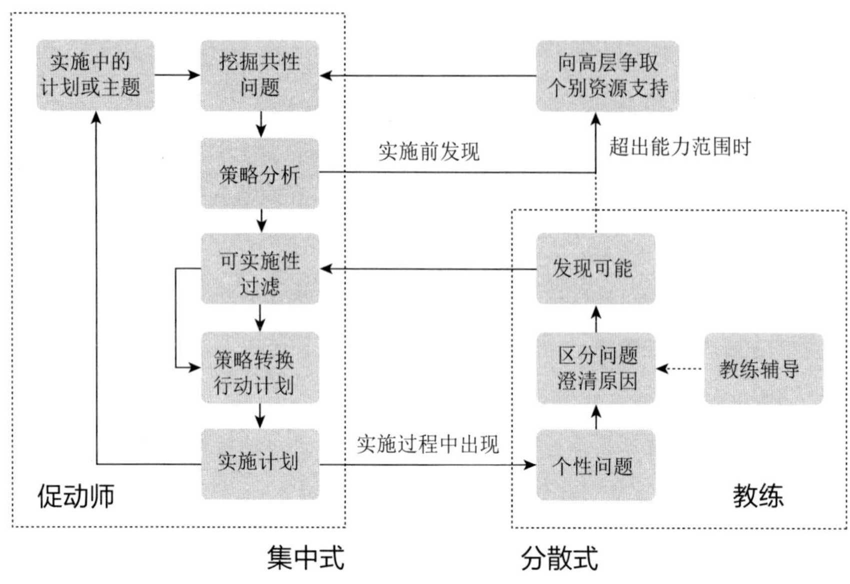

图 5-13　集中式辅导与分散式辅导

行动学习全程以小组形式推进。分组原则如下：

一是 5~7 人一组；

二是小组内常备1名内部教练（由小组成员担任）和1名外部教练（顾问）；

三是人力资源部作为行动学习委员会成员同步推动；

四是高层作为支持者同步推动项目。

本项目计划设计每月两次辅导：一次为集中式辅导，一次为分散式辅导。项目实施中涉及的行动和学习元素，促动师均要求学员亲力亲为，务求真正做到在学中做，在做中学，并乐在其中。

每个月进行周而复始的复盘与辅导，最后不断精进。

三、项目成果

1. 能力提升方面

360 度评估又称为多渠道评估，是指通过收集与受评者（主要是管理者）有密切工作关系的来自不同层面的人员的评估信息，全方位地评估反馈受评者的工作行为与表现过程。360 度评估反馈系统是一种领导力开发的工具，更多地用于员工的反馈与领导力的开发与提升。

本次项目前后测评将选取学员本人及他的下属两个层面，进行360度测评。

测评的 12 项能力包括推动执行、沟通协调、学习创新、分析研究、建立信任、持续改善、计划组织、辅导、发挥最高绩效、运营决策、制定策略、责任感和激情（如表 5-5 所示）。

表 5-5 学员对自己 12 项能力的前后评价分析

12 项能力前后测概况（自评）			
能力项	前测平均分	后测平均分	前后测分数差值
推动执行	8.58	9.08	+0.50
沟通协调	7.90	8.95	+1.05
学习创新	8.16	8.62	+0.46
分析研究	8.03	8.81	+0.78
建立信任	8.87	9.28	+0.41
持续改善	8.25	8.71	+0.46
计划组织	8.48	8.95	+0.47
辅导	8.31	8.67	+0.36
发挥最高绩效	8.28	8.68	+0.40
运营决策	8.57	9.10	+0.53
制定战略	8.26	8.78	+0.52
责任感和激情	9.07	9.43	+0.37
注：前后测分数差值 = 后测平均分 – 前测平均分			

其中，沟通协调能力分数提高最多，为1.05分。

由表5-6，我们可以看到：对比前测，在下属评中，12项能力后测分数均有所提高，平均提高0.4分。其中，辅导能力分数提高最多，为0.54分。

表5-6 学员下属对上司12项能力的前后评价分析

12项能力前后测概况（下属评）			
能力项	**前测平均分**	**后测平均分**	**前后测分数差值**
推动执行	9.17	9.46	+0.29
沟通协调	9.07	9.40	+0.33
学习创新	8.96	9.25	+0.30
分析研究	8.94	9.32	+0.38
建立信任	9.08	9.41	+0.33
持续改善	8.90	9.28	+0.39
计划组织	9.01	9.41	+0.40
辅导	8.79	9.32	+0.54
发挥最高绩效	8.88	9.34	+0.46
运营决策	8.97	9.47	+0.50
制定战略	8.94	9.39	+0.45
责任感和激情	9.05	9.53	+0.48
注：前后测分数差值＝后测平均分－前测平均分			

通过4个月的行动学习，对比参与项目之前，学员目前12项能力均有所提升。其中，提高最多的前五项如表5-7所示。

表5-7 测评总结

自评前后提高最多的五项	提高的分值	下属评前后提高最多的五项	提高的分值
沟通协调	1.05	辅导	0.54
分析研究	0.78	运营决策	0.50
运营决策	0.53	责任感和激情	0.48
制定战略	0.52	发挥最高绩效	0.46
推动执行	0.50	制定战略	0.45

沟通协调和辅导能力。在行动学习项目推进期间，广百股份通过深度会谈等技术的导入与反复练习，有效提高了学员的沟通管理能力，以及辅导下属的能力。如北京路男服商场在交班会议上运用深度会谈，与下属探讨男服销售计划的实施和推进，辅导下属开展相关促销工作。

运营决策和制定战略。在4个月的学习中，教练组从门店整体管理行动计划逐步细化，最后聚焦于门店重点主题行动计划。在运营决策和制定战略上，寻求最大程度上发挥门店店长及其下属的智慧，管理计划的实施不断贴合各门店的发展需求。如新大新北京路店从最初的主题“百日销售提升”逐步聚焦，最后形成具有门店特色的“文化营销”思路，明确了门店发展定位和思路。

分析研究和推动执行。从项目最初的“门店店长工作探讨”开始，教练组组织学员就目前行业现状，以及门店发展现状做出了初步分析。在项目推进的过程中，通过运用思维导图、情景模拟等形式，有目的、有步骤地组织学员就百货行业的发展和门店经营思路深入探讨，有效地拓宽了店长的管理思维。同时，通过导入项目管理的工具，如WBS、甘特图等，结合定期的行动计划汇报，更好地推动了计划的执行。如新大新三水店运用WBS工具，就促销、品牌调整、开源节流和新员工入职培训四个方面的工作内容进行流程和人员管理。

责任感和激情、发挥最高绩效。学员不但要发挥自己的主动性，更要最大程度上调动下属的积极性，倡导与下属共同探讨完成相关主题探讨，如珠江新城GBF店与下属共同探讨品牌推广工作，得出具体可实施的工作细节。下属从中体会到店长对门店管理工作的深入思考和管理激情，群策群力，提升门店业绩。

2. 业绩提升方面

2.1 行业状况

200× 年至201× 年，社会消费品零售总额平均增幅16.47%，百货行业的统计数据显示，行业整体销售收入的平均增幅是16.52%，和社会消费品零售总额基本持平，略高一点。

商务部监测的数据显示，201× 年 1 月至 12 月，全国 3000 家重点零售企业的销售额同比增长 18.1%。

中国百货业正处于地区割据的状况，其未来发展面临着诸多的商机和挑战。在这个群雄争霸的“战国时代”，百货业即将进入结构重新调整的阶段，同时必将孕育出新的商机。通过本次调研，我们认为，中国百货业目前正逐渐从高费用、强促销、一切从供应商要利润的竞争方式走向注重内化管理和树立百货自身品牌的模式。

2.2 项目期间业绩状况

在本次项目进行期间，广百股份旗下的 17 家门店 4—7 月的业绩，与去年同期相比都有了一定的增幅，整体平均增长了 27.5%。

2.3 项目成果汇报及整理

项目成果汇报环节，是检验整个项目成效的重要一环，也是展示项目团队和个人形象的最佳时机。在促动师的引导下，项目组通过成果汇报得到了管理团队的认可，同时也在企业中进一步宣扬了行动学习的理念。

在成果汇报环节中，项目组则向高管团队同时报告项目整体提升的业绩，以及项目成员能力提升的情况。在行动学习项目结束后，项目组还通过整理各项目小组的学习成果，编撰学习成果集。

这次行动学习项目取得了非常好的效果，在业绩提升方面，参与行动学习的百货门店收入同比整体增幅达 21.21%，利润同比增长 35.65%；在能力提升方面，通过 4 个月行动学习，学员的沟通协调能力、分析研究能力、运营决策能力等 12 项能力均有所提升。

成果集一方面沉淀了企业知识，另一方面对于学习活动及企业大学的宣传也具有正面意义。

○ 案例9 Z银行淄博分行“突破自我·亮剑淄博”行动学习项目

一、项目调研背景

1. 企业面临的困难

2017年3月13—15日，广州觉知行刘世龙、王自生等三位老师，在Z银行淄博分行（以下简称“淄博分行”）李行长等有关领导的陪同下，对分行营业部，以及周村、人民路、开发区、桓台和张店等多家支行进行了走访，他们收集的情况和发现的问题如下：

第一，支行管理层对绩效管理不尽满意，如支行权力小，人员调岗频繁，用人无淘汰机制，没有全员竞聘上岗，绩效计算不够透明，中层管理者对过程管理中如何紧盯办法不多。

第二，在人员配置方面，人员配套不齐，9家支行的支行长中有两位上任不到一周，对基层情况不了解，大堂经理外包，营销主动性欠缺，高柜人员归运营条线管，上级政策在是否开口营销方面有矛盾。营业经理缺位，在9家支行中只有两家有此岗位人员。

第三，在士气和氛围方面，几位老师和行领导观察了营业部的晨会之后发现了一些问题：员工着装不太统一，有的穿羽绒服，有的穿正装，有的系扣，有的不系扣；“Z行红舞”已经练习了一个月，但没有做到动作的整齐划一；员工虽有意愿干好，但在营销上无坚持精神，精神风貌有提升需要；员工对收入不满意，人心涣散。虽然淄博支行从去年来已经走出了低谷，但有如何让员工看到希望、如何凝聚人心的问题急需解决。

第四，在营销能力方面，人员的营销技能明显偏低，业务不熟。去年流失了不少营销骨干，系统培训不足，存量客户的维护覆盖率偏低，不到50%，以至于客户到访量有的支行每天不到50人。

第五，在硬件设施方面，设备设施较完善，有员工餐厅、阅览读书、贵宾理财室等区域设置，但贵宾理财室大多闲置，有的支行厅堂面积大显得空旷，不利于开展联动营销，不聚人气，亟待加强动线设计，重新布局。

第六，在客户营销方面，外拓营销、厅堂阵地营销、交叉销售、渠道拓展、公私联动营销等均开展乏力，获客引留状况亟待改善。

2. 项目目标

根据以上状况，项目组制定了如下项目目标：

一是全市D类支行业绩考核提升至C类；

二是打造让员工满意、客户满意和上级满意的银行。

二、行动学习项目过程

1. 两天一夜的启动会

通过零售条线员工参加的项目启动会，主导促动师刘老师通过愿景描绘、SWOT分析、承诺、团队共创、行动计划制订、城镇会议等六大环节，把群策群力的方法用到极致。最后，各团队都针对各自的行动计划做了详尽的修订，并开始投入实战检验。

2. 支行基层启动会

王老师带领的支行辅导团队开始进驻各网点召开基层启动会，从基层发动群众，制订合理的工作计划和岗位要求。此外，还针对支行负责人展开教练式的绩效辅导谈话，帮助支行负责人厘清工作思路，督导下属完成既定目标。

3. 心智模式培训

传统培训对个人行为的改变很难完成，转化率只有10%~15%，而个人行为改变又需要长时间的跟进；传统培训很难做到适时的跟进辅导，培训的最终目的组织发展更难形成。行动学习则是基于一套心理干预模式，以终为始，将组织发展的某一重要任务设定为行动学习项目，以其为中心开展团队学习和绩效改善活动。

行为及行为模式改变的背后是心智模式的改变。心智模式就是我们对客观世界的看法和待人处事的套路。固有的心智模式能给我们的管理带来快捷和便利。比如，成熟的企业组织架构可以使每个人都能驾轻就熟地开展自己的每一项工作，使工作变得简单化、程序化。但是，正因为架构、流程、团队，以及思想、意识的过度稳定和固化，导致经营过程下意识或无意识化，管理人员懒于思考并疏于改进，在环境发生变化的时候，往往会后知后觉，甚至不知不觉，最终陷入的困境。只有心智模式发生改变，才会带来行为的转变、能力的提升、业绩的倍增。

4. 复盘会议

复盘的价值主要体现在：知其然与知其所以然，同样的错误不要再犯，传承经验和提升能力，总结规律和固化流程。柳传志说：“学习能力是什么呢？不断地总结，打一次仗，经常复盘，把怎么打的边界条件都弄清楚，一次次总结后，自然水平越来越高，这实际上算是智慧，已经超出了聪明的范围。”

刘老师为大家讲解了如何更好地吸取其他团队的亮点，结合自己团队的情况做出分析与行动计划。由临淄分行领导班子和刘老师组成的评委小组，对各团队的工作汇报进行了点评。他们在肯定了各团队在成长过程中取得成绩的同时，也指出了团队中存在的不足，引导大家认知自我的同时，找准方向，理清工作思路。

“当你觉得有些不舒服的时候，你可能是在进步。”这是刘老师在复盘时送给大家的一句话。

三、行动学习项目成果

截至6月30日，经过大家的努力，全口径余额达到25.27亿元，超出6月末任务目标1.07亿元。

淄博分行从项目初的9个支行除了一个是B类网点，其余8个全部是D类网点。排名D类网点意味着要大力整改或面临被裁撤的命运。到6月底，

D 类网点数量减少到仅为 1 个，3 个升级为 B 类网点，其余 5 个全部升级为 C 类。

淄博分行从行动学习项目开始的异地分行排名的倒数第一，变成增速最快的异地分行。

四、为什么行动学习能带来业绩提升

借助行动学习，是因为行动学习重在激发内生智慧。行动学习通过挑战性目标和全员参与来点燃每个人的梦想，在行动中补充知识短板，让团队伙伴的愿景和价值观融合统一，让个人的局部思维转化成团队的系统思维，让团队能量和绩效出现创新性突破。这样，淄博分行才能真正建立起群策群力、相互信任的氛围，打造自身的核心竞争力，进而实现新的跨越发展。

行动学习给淄博分行带去的，不仅是业绩、营销技能的提升，更是管理能力、服务能力的提升。行动学习帮助淄博分行塑造了共同愿景，激发了团队正能量，转变了逻辑思维，推动了组织变革，重塑了心智模式。

1. 同呼吸，共荣辱

在复盘辅导会上，有少数团队提出来，工作压力太大，感到力不从心。他们发出了疑问："当初制定的任务目标是否贴合实际？是否可操作可达成？梦想固然美好，目标固然伟大，但现实如此骨感，条件如此贫乏，我们如何能够达成？"记得第一次复盘拿到黑旗的营业部团队迟迟不想上台拿"奖"，从来没有获得如此"奖励"的伙伴们，想必内心是抗拒的。

此时，刘老师提出："成功的路不是一帆风顺的，不是确定了一个目标，就能够顺风顺水地实现它的。过程中有怀疑，这很正常，但在充满怀疑的年代，我们依然要坚定自己的信念。很多光辉的业绩，很多耀眼的成功，就是因为有了明确的目标，并且能够坚定不移地去执行，才有可能最终实现。当然，并不是有了坚持，就一定能成功。更加关键的是，在努力的过程中，不断反思、质疑，从而改进、成长。这才是行动学习对于每位员工的价值。”

最终，第一次复盘辅导会结束后，营业部的全体员工在新任行长郭行长的带领下，更加坚定地把行动学习和自己的日常工作高度融合，并且通过日常的小范围复盘，不断修正和完善自己的工作计划，向着目标大步前进。

在第二次复盘的时候，营业部的伙伴们再也没有畏惧上领奖台了，因为这次他们拿到的是红旗。站在台上分享的郭行长也从一开始的质疑、不自信到坚定、不卑不亢，多了一份从容、淡定。

2. 同分享，共成长

在行动计划实施的过程中，各个团队的压力非常大，复盘时更需要集中精力自我剖析和吸取他人精华！第一次复盘汇报时，细心的项目组同事发现，恰逢当天有位小伙伴过生日。于是，一场“地下工作”悄悄展开……

复盘汇报开始前，行领导正襟危坐。这时候，主持人突然宣布今天有位寿星，这时 DJ 配合唱起了《生日歌》，进而转成百人大合唱！现场气氛忽然从复盘的专注严谨，变得亲近柔和起来，一辆插满了蜡烛的生日蛋糕小车缓缓驶入。行领导送了一束鲜花给寿星。

寿星从惊讶到感动，可爱地告诉大家：“我今天可不止 ×× 岁，天天忙到自己都要忘记的生日，真的没有想到，居然可以让这么多同事为我庆生，这是我在淄博分行工作以来最幸福难忘的一天。”

这是集体的情意，这是团队的关爱。

行动学习项目不仅让员工学会了在压力面前换位思考和自我排解，更让大家感受到该行关注员工成长、以员工为本的企业文化。

3. 同克难，共拼搏

6 月末，在最后一周的跨月理财销售中，离目标还有一段差距。这时候，零售部的团队起到了作用，“努力推动本次行动学习活动确定的核心任务目标任务达成，由单一目标管理向过程管理过渡，培养好的营销习惯和工作态度。”这是零售团队行动学习项目一开始为自己制订的行动计划。

于是，各支行挂点负责人积极组织各基层复盘。基层复盘保证了各网点全员都能够参与到行动学习项目中来。本次项目通过复盘让大家能够更好地总结经验，明确目标。

济南分行领导不仅现场帮助大家梳理工作思路，还把分行的支持政策现场讲授给每一位员工，为大家打气。

基层复盘之后，各支行积极调整节奏，抢购跨月理财额度，实现跨月理财销售 1.8 亿元，在到期客户承接、新客户理财销量方面都有了较大幅度的增长，为月末存款增长形成了有效的支撑。

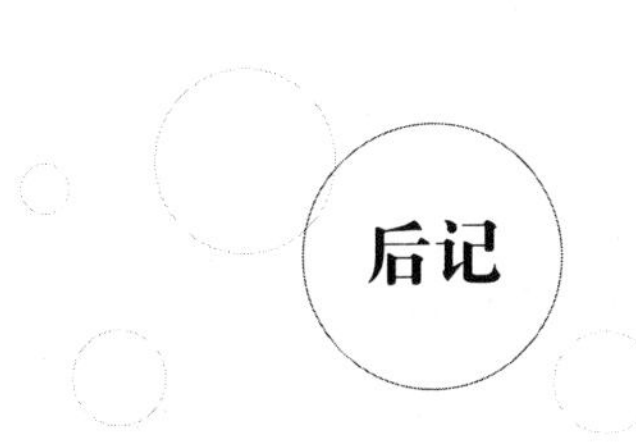

后记

行动学习是一种在解决实际问题的过程中实现学习的方法，这是一种同传统的理论学习、案例分析不同的学习方式。其终极目的就是改变人的行为，提高解决实际问题的能力，进而提升企业的业绩。因为我们每个人都有自己独特的学习方式，所以在差异中学习，从共同的经验中学到不一样的事情，才更能拓宽我们的视野。行动学习让我们从自己过去的经验中可以学得最好，拥有帮助和指导他人的能力，从试验、错误和反馈中获益。

没有一门现成的课程，能够帮助所有的人解决他们所面对的问题或是确认可能的机会。每个人的价值信念、个性、经历、意愿、思维方式等都不同，这一切都会影响到思考和判断问题的倾向，以及解决问题的方式。仅仅靠主要由专家开发的课程，并不能帮助人们解决他们在现实情境中遇到的大量问题与挑战。在“不确定环境下提出有洞察力的问题”的能力才是更有用的学习方法。

应用行动学习意味着：首先，学习主题直接针对现实的环境和任务；其次，反思做的结果，以及“事情是怎样做的”。用时下流行的话来说，腾讯改变了人们的沟通方式，淘宝改变了人们的购物方式，余额宝改变了人们的存钱方式，支付宝改变了人们的支付方式，滴滴改变了人们的出行方式，行动学习改变了人们的学习方式。

觉知行行动学习项目中，小组或团队成员通过不同视角的询问，同时通过分享他们做的过程，以及为什么如此。通过体验共同尴尬或苦恼，通过提供相互的心理支持，他们会产生瞬间的顿悟，以及正在增加的自信。

获取新知识对改变行为的贡献是微不足道的，持续的行为改变更多是来自于人们对自己过去经历的重新认识或重新建构。

一个人行为的改变来自于个人希望改变的意愿和决心。除非自己愿意，否则其他人无法影响一个人的学习。

正如 GE 运用群策群力行动学习法，帮助打破组织藩篱，发掘员工的智慧，迅速解决组织中的问题，实现变革与高绩效管理，我们期待中国的组织藉由觉知行行动学习项目创建一个更具学习能力的组织。在这个组织里，新型的、扩展性的思考模式得到培育，集体的热望得到释放，大家不断地学习如何开创自己真心向往的成就！

1. 戴维 •L. 达特里奇，詹姆斯 •L. 诺埃尔 . 行动学习：重塑企业领导力 [M]. 王国文，王晓利，译 . 北京：中国人民大学出版社，2004.

2. 达夫 • 尤里奇，史蒂夫 • 克尔，阿恩 • 阿什肯纳斯著 . 通用电气案例：“群策群力”的企业文化 [M]. 柏满迎，牟未丹，史鹏，译 . 北京：中国财经出版社，2005.

3. 陈中 . 复盘：对过去的事情做思维演练 [M]. 北京：机械工业出版社，2013.

4. 布莱恩 • 斯坦菲尔德 . 聚焦式会话艺术：在工作中获得集体智慧的 100 种方法 [M]. 杜文君译 . 上海：复旦大学出版社，2005.

5. W. 提摩西 . 加尔韦 . 工作学习地图 [M]. 郭宝莲，译 . 北京：机械工业出版社，2003.

6. 约翰 • 惠特莫尔 . 绩效辅导（第三版）：成就人员、绩效和目标的方法 [M]. 孙璐璐，廉晓红等，译 . 北京：中国人民大学出版社，2006.

7. 部分信息来源于互联网。